JOHN MACARTHUR

O EVANGELHO SEGUNDO DEUS

A VERDADE ESSENCIAL E PROFÉTICA SOBRE AMOR, GRAÇA

hagnos

The Gospel according to God:
Rediscovering the most remarkable
chapter in the Old Testament

Copyright © 2018 de John MacArthur
Publicado por Crossway, editora do
ministério Good News Publishers
Wheaton, Illinois 60187, U.S.A.

Esta edição é publicada sob licença da
Crossway. Todos os direitos reservados.

Edição em português: Copyright © 2018
de Editora Hagnos Ltda.

1ª edição: outubro de 2018
1ª reimpressão: fevereiro de 2021

TRADUÇÃO
Iara P. P. Vasconcellos

REVISÃO
Josemar S. Pinto
Raquel Fleischner

CAPA
Rafael Brum

DIAGRAMAÇÃO
Sonia Peticov

EDITOR
Aldo Menezes

COORDENADOR DE PRODUÇÃO
Mauro Terrengui

IMPRESSÃO E ACABAMENTO
Imprensa da Fé

As opiniões, as interpretações e os conceitos emitidos nesta obra são de responsabilidade do autor e não refletem necessariamente o ponto de vista da Hagnos.

Todos os direitos desta edição reservados à
EDITORA HAGNOS LTDA.
Av. Jacinto Júlio, 27
04815-160 — São Paulo, SP
Tel.: (11) 5668-5668

E-mail: hagnos@hagnos.com.br
Home page: www.hagnos.com.br

Dados Internacionais de Catalogação na Publicação (CIP)
Angélica Ilacqua CRB-8/7057

MacArthur, John

O evangelho segundo Deus: a verdade essencial e profética sobre amor, graça e redenção / John MacArthur; tradução de Iara Piza Vasconcellos. — São Paulo: Hagnos, 2018.

ISBN 978-85-7742-238-8

Título original: *The Gospel according to God*

1. Bíblia. A.T. Isaías 2. Bíblia. N.T. 3. Jesus Cristo — Crucificação 4. Profecias I. Título II. Vasconcellos, Iara Piza

18-1578   CDD 224.106

Índices para catálogo sistemático:
1. Bíblia. A.T. Isaías 224.106

Editora associada à:

Para Stan Broder, meu amigo e amado companheiro de jugo — um israelita, de fato, em quem não há dolo! Há quase quatro décadas, Stan fundou o ministério internacional *Grace to You*, ampliando o alcance do meu ministério de pregação para a Índia, África do Sul, Austrália, Nova Zelândia, Cingapura, Inglaterra e, finalmente, a todas as regiões de língua inglesa no mundo. Ninguém em nosso ministério serviu há mais tempo, presenciou mais frutos ou foi mais fiel, tampouco mais universalmente amado, do que ele. *Pois, irmão, tive grande alegria e conforto no teu amor, porquanto o coração dos santos tem sido reanimado por teu intermédio* (Fm 7).

sumário

INTRODUÇÃO
A história completa da salvação nas profecias • 7

PARTE 1
O SERVO SOFREDOR

capítulo um
O mais notável capítulo do Antigo Testamento • 17

capítulo dois
A quem o profeta se refere? • 31

capítulo três
Surpreendente! • 47

capítulo quatro
E se não crerem? • 63

capítulo cinco
O Servo substituto • 87

capítulo seis
O Servo silencioso • 107

capítulo sete
O Servo sofredor e exaltado • 129

capítulo oito
O Servo que carregou o pecado • 147

PARTE 2
A VIDA E A ÉPOCA DO PROFETA ISAÍAS

capítulo nove
Eis-me aqui! Envia-me a mim! • 165

capítulo dez
A queda de Judá • 183

AGRADECIMENTOS • 199

APÊNDICE
"O homem de dores": um sermão de Charles Spurgeon • 201

ÍNDICE GERAL • 219

introdução

A HISTÓRIA COMPLETA DA SALVAÇÃO NAS PROFECIAS

Perguntaram, certa vez, ao sr. Moody se ele tinha a sua profissão de fé impressa. De seu jeito característico, ele respondeu: "Tenho sim! Você poderá encontrá-la no capítulo 53 de Isaías". Há uma Bíblia inteira condensada nesse capítulo. Temos ali o evangelho completo.

CHARLES SPURGEON[1]

---

[1] SPURGEON, Charles H. *The metropolitan tabernacle pulpit*, 63 vols. London: Passmore & Alabaster, 1893, 39:22.

O nome "Isaías" significa "O Senhor é salvação". É um nome adequado para o profeta, porque ele predisse a mensagem do evangelho em vivos e precisos detalhes.

Até agora, todas as previsões registradas em Isaías foram cumpridas. As únicas profecias que ainda não se realizaram são as que pertencem ao futuro reinado do Messias, quando *o Senhor Deus fará brotar a justiça e o louvor diante de todas as nações* (Is 61.11). As pessoas *farão de suas espadas arados, e de suas lanças foices. Uma nação não mais pegará em armas para atacar outra nação, elas jamais tornarão a preparar-se para a guerra* (2.4). E, finalmente, toda a humanidade redimida entrará em uma eternidade de perfeita felicidade em que o céu e a terra se unirão, quando Deus diz: *Crio novos céus e nova terra; e as coisas passadas não serão lembradas, nem serão mais recordadas* (65.17).

A esse respeito, Isaías endossa firmemente o valor de conhecer bem as Escrituras para que se note o cumprimento das profecias. Levando em conta todas as profecias messiânicas do Antigo Testamento de forma coletiva, os temas sofrimento e glória caminham lado a lado e já eram de difícil compreensão antes da crucificação de Cristo. Mesmo depois da ressurreição, quando Cristo apareceu a dois de seus discípulos no caminho de Emaús, eles estavam intrigados e claramente desencorajados com tudo que ocorrera. *Nós esperávamos que fosse ele quem havia de redimir a Israel* — eles disseram (cf. Lc 24.21).

A resposta de Jesus foi uma leve censura: *Ó néscios e tardos de coração para crer em tudo* (grifo do autor) *o que os profetas disseram! Porventura, não convinha que o Cristo padecesse e entrasse na sua glória?* (Lc 24.25,26). Então ele começou a discorrer sobre as muitas profecias messiânicas do Antigo Testamento: *E, começando por Moisés, discorrendo por todos os profetas, expunha-lhes o que a seu respeito constava em todas as Escrituras* (v. 27).

INTRODUÇÃO

Não há nenhum registro sobre o conteúdo específico desse discurso, mas acreditamos piamente que o Messias ressuscitado os levou até Isaías 53. E é muito provável que ele tenha se demorado bastante tempo ali, mostrando-lhes que tudo o que sofrera fora claramente anunciado. Sua morte na cruz não foi um acidente, nem uma interrupção no plano de Deus, mas ele *foi entregue pelo determinado desígnio e presciência de Deus* (At 2.23), de tal forma que *agora, porém, ao se cumprirem os tempos, se manifestou uma vez por todas, para aniquilar, pelo sacrifício de si mesmo, o pecado* (Hb 9.26).

Em todo o Novo Testamento, Isaías é o mais citado de todos os profetas do Antigo Testamento. Jesus e os escritores do Novo Testamento o citam pelo menos 65 vezes, e seu nome é mencionado 22 (contrastando com isso, o nome do profeta aparece apenas dezesseis vezes nos livros históricos do Antigo Testamento). Temos poucas informações sobre o próprio Isaías. Examinaremos sua vida e ministério na segunda parte deste livro.

As profecias de Isaías são ricas e fascinantes, cheias de imagens e temas doutrinários que constituem as verdades cardinais do evangelho cristão: a depravação humana, a graça divina, a justificação, o sacrifício expiatório substitutivo e muito mais. Jerônimo, o teólogo e historiador do século 4 que traduziu a maior parte da Bíblia para o latim, disse uma frase que ficou famosa: "Isaías deveria ser chamado de evangelista em vez de profeta, porque ele descreve todos os mistérios de Cristo e a igreja tão claramente que se pensaria que ele está contando uma história do que já aconteceu, e não profetizando o que está por vir".[2]

De fato, Isaías previu eventos vindouros com uma precisão tão notável que muitos racionalistas e céticos da comunidade acadêmica insistem, obstinadamente, que o livro que leva o seu nome foi escrito por pelo menos três autores que viveram em diferentes séculos e que eles realmente estavam escrevendo história em vez de profecia. Um desses críticos afirmou, de forma arrogante, que "praticamente ninguém pode afirmar que o livro inteiro (ou mesmo sua maior parte) foi escrito por uma só pessoa".[3]

---

[2]Do prólogo de Isaías na *Vulgata*, in: WEBER, Robert, ed. *Biblia Sacra: Iuxta Vulgatam Versionem*, 2 vols. Stuttgart: Deutsche Bibelgesellschaft, 1975, 2:1096.
[3]PETERSEN, David L. *The prophetic literature: an introduction*. Louisville: Westminster John Knox, 2002, p. 48.

Essa afirmação emergiu novamente com a tola presunção do modernismo. Porém, todos os cristãos fiéis que aceitam a Bíblia como palavra de Deus (juntamente com inúmeros estudiosos judeus) mantêm a autoria única de Isaías. Na verdade, durante pelo menos 2.400 anos após a época do profeta, ninguém, que tivesse alguma relevância, sequer sugeriu que mais de uma pessoa pudesse ter escrito Isaías. O próprio Jesus, juntamente com todos os escritores dos Evangelhos do Novo Testamento, manteve inequivocamente que Isaías era uma única pessoa. O evangelho de Mateus, inclusive, cita vários textos de Isaías e sempre os atribui às palavras do profeta.[4]

A crítica moderna está enraizada no racionalismo do filósofo holandês Baruch Spinoza (1632-1677). Spinoza questionou a autoria mosaica do Pentateuco e a época em que ele foi escrito. Ao longo do século seguinte, vários estudiosos europeus aplicaram a abordagem agnóstica e conjectural de Spinoza ao texto bíblico (conhecido hoje como *método histórico-crítico* ou *alta crítica*). Finalmente, essa abordagem foi adotada e desenvolvida ainda mais pelo teólogo alemão Friedrich Schleiermacher (1768-1834). Em meados do século 20, críticas mais profundas dizimavam as comunidades acadêmicas religiosas da Europa. Elas, por sua vez, ajudaram a gerar o liberalismo teológico que destruiu inúmeras denominações tradicionais no século 20.

Isaías é o alvo favorito dos críticos mais ferrenhos, precisamente porque eles não conseguem manter seu ceticismo antissobrenatural se reconhecem a estranha precisão das previsões do profeta. E em lugar algum a origem sobrenatural do texto bíblico é mais óbvia do que em Isaías 53, com sua poderosa representação profética do sofrimento e morte do Messias.

Um sério golpe para o ceticismo crítico ocorreu quando os manuscritos do mar Morto foram descobertos em 1947. Entre os primeiros e mais bem

---

[4]Mateus 13.14,15 é uma citação de Isaías 6.9,10, e Mateus 15.8,9, uma citação de Isaías 29.13. Em ambos os textos, Jesus declara especificamente o nome do profeta Isaías. O próprio Mateus cita repetidamente Isaías (Mt 3.3 cita Is 40.3-5; Mt 4.15,16 é de Is 9.1,2; Mt 8.17 cita Is 53.4,5; e Mt 12.18-21, Is 42.1-4). Em cada caso, Mateus diz: "como foi dito pelo profeta Isaías". O Evangelho de João inclui uma pequena passagem (12.38-41) em que o apóstolo cita a partir de Isaías 53.1 e 6.9,10. Sem exceção, todos os críticos liberais afirmam que essas duas partes de Isaías foram escritas por diferentes autores, mas João atribui ambas ao "profeta Isaías".

INTRODUÇÃO

preservados documentos descobertos estava um pergaminho completo de Isaías (conhecido como o Grande Roteiro de Isaías, atualmente em exposição permanente no Santuário do Livro, uma ala especial do Museu de Israel). O pergaminho é mais de mil anos mais antigo do que qualquer outro manuscrito existente. Ele data de mais de um século antes de Cristo — algo entre 150 e 125 a.C. Um segundo pergaminho de Isaías também foi encontrado. Não é tão antigo (mas ainda de um tempo não mais recente que o final do século 1 a.C.). Está bem preservado, mas não completo. Pesquisas subsequentes identificaram fragmentos de pelo menos vinte outros pergaminhos de Isaías. A existência de tantos fragmentos confirma o que o Novo Testamento sugere: a profecia de Isaías foi altamente valorizada e conhecida no século 1.

O estudioso evangélico Gleason Archer examinou meticulosamente os pergaminhos de Isaías da coleção do mar Morto e escreveu:

> Embora as duas cópias de Isaías tenham sido descobertas na caverna de Qumran 1, perto do mar Morto em 1947, mil anos antes do manuscrito datado mais antigo anteriormente conhecido (980 d.C.), eles mostraram ser idênticos à nossa Bíblia hebraica em mais de 95% do texto [...]. Os cinco por cento da variação consistiam principalmente em falhas óbvias da caneta e variações na ortografia.[5]

Nota-se, antes de mais nada, que, quase duzentos anos antes do tempo dos apóstolos, o livro de Isaías já estava consolidado e completamente *documentado exatamente na forma e no conteúdo atuais*. Foi universalmente considerado como uma peça única, escrita por um único autor, e não uma antologia compilada ao longo do tempo.

Além disso, o argumento dos críticos modernos depende, em grande parte, da afirmação de que ninguém poderia prever eventos futuros com o nível de precisão existente no livro de Isaías. Por exemplo, Isaías 13.17-22 é uma profecia que declara que os medos destruiriam a cidade da Babilônia: *Babilônia, a joia dos reinos, glória e orgulho dos caldeus, será como Sodoma*

---

[5]ARCHER, Gleason. *A survey of Old Testament introduction*, ed. rev. Chicago: Moody, 2007, p. 29.

e Gomorra, quando Deus as transtornou. Nunca jamais será habitada, ninguém morará nela de geração em geração (v. 19,20). Quando Isaías fez essa profecia, a Assíria era o império dominante, e os medos eram fracos e divididos. Dentro de cem anos após a morte de Isaías, a Babilônia tornou-se a maior cidade do mundo. Para qualquer observador da política mundial na época, a profecia de Isaías parecia pintar um cenário impossível.

Porém, mais de trezentos anos após o registro de Isaías, a profecia foi realmente cumprida. A queda da Babilônia começou no tempo de Daniel: *Naquela mesma noite, foi morto Belsazar, rei dos caldeus. E Dario, o medo, com cerca de sessenta e dois anos, se apoderou do reino* (Dn 5.30,31). A Babilônia foi finalmente destruída pelos medos, exatamente como Isaías previu, e até hoje o local (a cerca de 80 quilômetros ao sul de Bagdá) permanece desabitado. Embora tenham sido feitas tentativas de reconstrução (mais recentemente de 1983 a 2003 por Saddam Hussein), a Babilônia hoje é, em grande parte, um acúmulo de detritos com algumas estruturas inacabadas. Por séculos não tem havido ali nenhuma cidade habitável, assim como Isaías previu.

Profecias ao longo de todo o livro descrevem com precisão vários outros eventos que ocorreram após a época de Isaías. A exatidão desses escritos é, exatamente, a única razão pela qual os críticos afirmam que partes do livro foram escritas após o tempo de Isaías por diferentes autores e com intervalos de séculos entre eles.

Ocorre, no entanto, que Isaías 53 desfaz essa hipótese dada a maneira detalhada com que descreve perfeitamente o evento mais épico (a crucificação de Jesus) ocorrido quase duzentos anos *após* a descoberta do primeiro rolo de Isaías. Essa é a passagem que receberá a maior atenção neste livro. Seria preciso um coração muito frio e intencionalmente descrente para estudar Isaías 53, com algum grau de cuidado, e concluir que esse capítulo não tem nada que ver com os eventos descritos nos Evangelhos do Novo Testamento. Um comentarista, com razão, diz que Isaías 53 "fala tão eloquentemente da obra de Cristo que, mesmo que seu nome tivesse sido citado, isso acrescentaria muito pouco à extensão de sua divulgação".[6]

---

[6]GROGAN, Geoffrey W. "Isaiah", in: GAEBELEIN, Frank E., ed. *The expositor's Bible commentary*, 12 vols. Grand Rapids, MI: Zondervan, 1986, 6:305.

INTRODUÇÃO

O capítulo 53 pode ser mais familiar para os leitores cristãos do que outras partes do livro de Isaías, mas o livro inteiro tem implicações significativas para a fé cristã. Muitas doutrinas essenciais ao cristianismo são iluminadas por passagens em Isaías.

O livro de Isaías, por vezes, é chamado de "o quinto Evangelho", mas na verdade é mais do que isso. Ele contém em microcosmo toda a gama da verdade redentora. É como um compêndio em miniatura da Bíblia. Na verdade, existem alguns paralelos interessantes entre o modo em que o livro de Isaías é apresentado e a forma como a própria Bíblia é composta como um todo.

Naturalmente, não havia capítulos nem versículos nos manuscritos hebraicos originais. (Eles foram adicionados em meados do século 16, quando as Bíblias estavam sendo produzidas em massa e impressas em máquinas para tornar as Escrituras acessíveis às pessoas comuns.) No entanto, a divisão em capítulos e versículos geralmente segue a composição lógica do texto e, às vezes, revela a incrível simetria da estrutura da Bíblia de maneira extraordinária.

Isaías é dividido em duas seções. A primeira contém 39 capítulos, e a segunda, 27. A Bíblia também é dividida em duas partes: os 39 livros do Antigo Testamento e os 27 livros do Novo.

A segunda grande divisão de Isaías começa e termina exatamente onde o Novo Testamento começa e termina. Ele inicia-se com o ministério de João Batista (Is 40.3-5), assim como o Novo Testamento (Mt 3.3; Mc 1.3; Lc 3.4-6; Jo 1.23). Depois, conclui com os novos céus e a nova terra (Is 65.17; 66.22), que é também como o Novo Testamento termina (Ap 21—22). Portanto, a incrível profecia de Isaías antecipa com precisão e prefigura o fluxo do Novo Testamento, embora tenha sido escrita séculos antes do nascimento do Messias.

A segunda parte de Isaías inclui quatro cânticos proféticos sobre o Messias, que é chamado de Servo do Senhor. O primeiro encontra-se em 42.1-9 e mostra que ele será escolhido por Deus e capacitado pelo Espírito Santo. O Servo trará justiça, retidão e salvação ao mundo, libertando os prisioneiros cegos do escuro calabouço do pecado.

O segundo cântico profético é encontrado em 49.1-13. Aqui se vê a autoridade do Servo sobre as nações dos gentios, a quem ordena que o ouçam e prestem atenção. Ele será um homem, e não um ser angélico, porque Deus o chama quando ele ainda está no ventre de sua mãe. Ele trará a salvação a Israel e aos gentios, e será glorificado.

O terceiro cântico (50.4-11) introduz o sofrimento do Servo, por meio do qual ele será finalmente vindicado. Os detalhes fornecidos sobre ele aqui são mais completos e mais surpreendentes do que os dos textos anteriores.

O quarto e último cântico é o texto que receberá nossa maior atenção: Isaías 52.13—53.12. Essa passagem revela detalhes precisos da missão do Servo que não seriam conhecidos por mais ninguém, além de Deus. Aqui fica claro que o Servo é mais do que simplesmente alguém escolhido por Deus e capacitado pelo Espírito Santo, e que aprendeu a obediência por meio da humilhação e do sofrimento. Ele é o Messias, aquele que trará justiça e salvação ao mundo — e ele morrerá em sacrifício pelo pecado.

A glória plena não seria revelada até que ele padecesse. Esse fato em si era surpreendente, inesperado e desconcertante para a maioria dos leitores judeus. Eles achavam impossível que o Ungido do Senhor fosse um Servo sofredor antes de se tornar um rei conquistador.

Mais escandalosa ainda era a ideia de que o Servo do Senhor não sofreria por nenhum mal que ele tivesse feito, mas pelos pecados de outros. Ele seria um substituto, morrendo em lugar de outras pessoas que (ao contrário dele) mereciam aquele sofrimento. *Designaram-lhe a sepultura com os perversos, mas com o rico esteve na morte, posto que nunca cometeu injustiça, nem dolo algum se achou em sua boca. Todavia, ao Senhor agradou moê-lo, fazendo-o enfermar; quando der ele a sua alma como oferta pelo pecado...* (Is 53.9,10). Ele assumiu a culpa de seu povo. *Ele foi ferido por causa das nossas transgressões, e moído por causa das nossas iniquidades* (Is 53.5).

Hoje, as palavras de Isaías continuam sendo inacreditáveis para os ouvidos não arrependidos, e sua mensagem tão vital como sempre para a salvação. Estas páginas representam o meu melhor esforço para explicar Isaías 52.13—53.12 em um volume legível e de tamanho gerenciável. À medida que caminhamos juntos pelo texto, espero esclarecer o contexto histórico e profético dessa passagem, assinalar algumas das características surpreendentes que nem todos podem conhecer e (ao comparar escritura com escritura), tentar inferir a essência do que Jesus poderia ter dito sobre esse texto no dia da sua ressurreição, enquanto procurava explicar aos discípulos no caminho de Emaús que o Cristo teria de sofrer todas estas coisas antes de entrar na sua glória.

parte um

O SERVO SOFREDOR

capítulo um

O MAIS NOTÁVEL CAPÍTULO DO ANTIGO TESTAMENTO

Este é um dos capítulos do coração das Escrituras. É o "santo dos santos" da palavra divina. Retiremos os sapatos de nossos pés, pois o lugar em que estamos é sagrado. Este capítulo 53 de Isaías é uma Bíblia em miniatura. É a essência condensada do evangelho.

CHARLES SPURGEON[1]

---

[1] SPURGEON, Charles. *The metropolitan tabernacle pulpit*, 49:189.

Nenhum texto em todo o Antigo Testamento é mais importante do que Isaías 52.13—53.12. É uma profecia que começa e termina com a voz do próprio Javé. Ele chama nossa atenção para uma pessoa singular: *Eis meu Servo* (52.13) e *meu Servo, o justo* (53.11).

O Servo é o Ungido de Israel — o Messias. Sabemos isso por vários motivos. Para começar, essas palavras de abertura são um eco nítido de Isaías 42.1: *Eis aqui o meu Servo, a quem sustenho; o meu escolhido, em quem a minha alma se compraz; pus sobre ele o meu Espírito, e* ELE PRO-MULGARÁ O DIREITO PARA OS GENTIOS (grifo do autor). Na introdução, observamos que Isaías escreveu quatro passagens semelhantes aos salmos, com foco em uma pessoa a quem o profeta chama de Servo de Javé: Isaías 42.1-9; 49.1-13; 50.4-11; e 52.13—53.12. Todos eles (muitas vezes chamados de cânticos de Isaías) falam da maneira gentil do Servo e de sua missão mundial. Todos os quatro são claramente profecias messiânicas.

Essas passagens de Isaías soam da mesma forma que Zacarias 3.8, outra famosa profecia messiânica: *Eis que eu farei vir* O MEU SERVO (grifo do autor), *o Renovo*. Sobre essa mesma pessoa, Isaías havia escrito anteriormente: *O governo está sobre os seus ombros; e o seu nome será: Maravilhoso Conselheiro, Deus Forte, Pai da Eternidade, Príncipe da Paz; para que se aumente o seu governo, e venha paz sem fim sobre o trono de Davi e sobre o seu reino, para o estabelecer e o firmar mediante o juízo e a justiça, desde agora e para sempre* (Is 9.6,7).

Assim, as palavras introdutórias de Isaías 52.13 deixam claro que se segue uma profecia a respeito do Messias, o prometido Redentor de Israel: *Eis que o meu servo procederá com prudência; será exaltado e elevado e será mui sublime.*

A passagem inteira, então, se concentra no Servo do Senhor — descrito em termos simples como uma pessoa específica. A passagem não é sobre o martírio de uma nação, tribo, grupo ou pessoas oprimidas. É sobre o sofrimento de uma pessoa específica, o Servo do Senhor, e continua assim até o final de Isaías 53.

Como também foi dito na introdução deste livro, a divisão de capítulos e versículos em nossas Bíblias modernas não é encontrada nos manuscritos originais. Então, embora útil e conveniente, essa divisão do texto em capítulos e versículos não foi divinamente inspirada. No caso do nosso texto, a quebra entre os capítulos foi inserida em um lugar bastante infeliz. A profecia claramente muda de assunto depois de Isaías 52.12. Tanto o contexto quanto o conteúdo deixam claro que os três últimos versículos de Isaías 52 introduzem a passagem que abrange todo o capítulo 53 e fazem parte dela. Assim, por conveniência, por favor, entenda isso ao longo deste livro. Quando falo em termos gerais de Isaías 53 sem citar versículos específicos, tenho em mente todo o assunto, incluindo os três últimos versículos do capítulo 52.

O TEXTO

A seguir encontra-se a passagem completa, formatada de forma que mostre que de fato Isaías foi escrito em versos poéticos:

> Eis que o meu servo procederá com prudência; será exaltado e elevado e será mui sublime.
> Como pasmaram muitos à vista dele (pois o seu aspecto estava mui desfigurado, mais do que o de outro qualquer, e a sua aparência, mais do que a dos outros filhos dos homens), assim causará admiração às nações, e os reis fecharão a sua boca por causa dele; porque aquilo que não lhes foi anunciado verão, e aquilo que não ouviram entenderão.
> Quem creu em nossa pregação? E a quem foi revelado o braço do Senhor?
> Porque foi subindo como renovo perante ele e como raiz de uma terra seca; não tinha aparência nem formosura; olhamo-lo, mas nenhuma beleza havia que nos agradasse. Era desprezado e o mais rejeitado entre os homens; homem de dores e que sabe o que é padecer; e, como um de quem os homens escondem o rosto, era desprezado, e dele não fizemos caso.
> Certamente, ele tomou sobre si as nossas enfermidades e as nossas dores levou sobre si; e nós o reputávamos por aflito, ferido de Deus e oprimido.

Mas ele foi traspassado pelas nossas transgressões e moído pelas nossas iniquidades; o castigo que nos traz a paz estava sobre ele, e pelas suas pisaduras fomos sarados.

Todos nós andávamos desgarrados como ovelhas; cada um se desviava pelo caminho, mas o Senhor *fez cair sobre ele a iniquidade de nós todos.*

Ele foi oprimido e humilhado, mas não abriu a boca; como cordeiro foi levado ao matadouro; e, como ovelha muda perante os seus tosquiadores, ele não abriu a boca.

Por juízo opressor foi arrebatado, e de sua linhagem, quem dela cogitou? Porquanto foi cortado da terra dos viventes; por causa da transgressão do meu povo, foi ele ferido. Designaram-lhe a sepultura com os perversos, mas com o rico esteve na sua morte, posto que nunca fez injustiça, nem dolo algum se achou em sua boca.

Todavia, ao Senhor *agradou moê-lo, fazendo-o enfermar; quando der ele a sua alma como oferta pelo pecado, verá a sua posteridade e prolongará os seus dias; e a vontade do* Senhor *prosperará nas suas mãos.*

Ele verá o fruto do penoso trabalho de sua alma e ficará satisfeito; o meu servo, o Justo, com o seu conhecimento, justificará a muitos, porque as iniquidades deles levará sobre si.

Por isso, eu lhe darei muitos como a sua parte, e com os poderosos repartirá ele o despojo, porquanto derramou a sua alma na morte; foi contado com os transgressores; contudo, levou sobre si o pecado de muitos e pelos transgressores intercedeu.

Esse breve, mas importante, trecho de Isaías é uma profecia cristalina sobre o ministério, morte, ressurreição e coroação do Messias, escrita mais de sete séculos antes de sua vinda. É o evangelho segundo Deus. De todas as profecias messiânicas do Antigo Testamento, essa se destaca por sua riqueza sublime e nitidez incomparável. Em particular, Isaías pinta um quadro profético preciso dos sofrimentos do Messias. Ele também explica em detalhes o verdadeiro significado da morte do Messias como sacrifício expiatório pelos pecados de seu povo.

Muitos detalhes históricos importantes, referentes aos eventos que cercam a morte do Messias, são expressamente declarados nessa passagem. Por exemplo, Isaías fala da brutalidade selvagem das feridas que foram a ele infligidas (52.14), o silêncio total diante de seus acusadores (53.7), sua morte (53.8,9), o lugar do seu sepultamento (v. 9) e o triunfo final de sua obra concluída (v. 11). O profeta até faz alusão à ressurreição dos mortos: *... prolongará os seus dias, e a vontade do SENHOR prosperará nas suas mãos* (v. 10).

A passagem também é carregada de temas doutrinários: o sacrifício substitutivo (v. 4-6,10), o perdão dos pecados por meio do derramamento do sangue do Messias (v. 5), a impecabilidade desse Servo "desprezado e rejeitado" que morre por seu povo (v. 9), a iniciativa soberana de Deus em propiciar expiação aos pecadores (v. 10,11), a justificação de muitos (v. 11) e a obra de intercessão daquele que oferece a si mesmo como sacrifício (v. 12).

QUEM É ESSE SERVO SOFREDOR?

Comentaristas judeus antigos reconheceram e aceitaram o significado messiânico de Isaías 53. Alguns rabinos criam, inclusive, que o Messias seria pálido e doente — como um leproso — dada a descrição do Servo sofredor em Isaías 53.3: *desprezado e rejeitado* [...] *como um homem de quem os homens escondem o rosto*. O Talmude é um compêndio repleto de ensinamentos rabínicos com vários séculos de tradição, comentários, opiniões jurídicas, filosofia, ética e outras questões dos costumes judaicos. Ele data do século 5 depois de Cristo, mas possui, também, um registro de tradições orais de dois ou três séculos antes de Cristo. Uma seção do Talmude apresenta uma discussão sobre o Messias e como ele deveria ser chamado. "Qual é o nome dele?", pergunta o escritor. Alguém responde "Siló", baseado em Gênesis 49.10 (*O cetro não se arredará* [...] *até que venha Siló*). No entanto, diz o escritor: "[os nossos] rabinos continuam afirmando que seu nome é 'o leproso da escola do rabino Judá, o Príncipe', como é dito: *Certamente, ele tomou sobre si as nossas enfermidades e as nossas dores levou sobre si; e nós o reputávamos por aflito, ferido de Deus e oprimido*".[2] Claramente, esses rabinos reconheceram o

---

[2] *Talmude Bavli*, tratado *Sanhedrin* 98b. Esta tradução é citada em Yehoiakin ben Ya'ocov, *Concepts of Messiah: A study of the messianic concepts of islam, judaism, messianic judaism, and christianity*. Bloomington, IN: Westbow, 2012, p. 34.

significado messiânico de Isaías 53, embora tenham entendido mal seus principais detalhes.

Aqui, temos um exemplo de como Isaías 53 foi usado em uma oração judaica formal, extraída de uma liturgia do século 9 d.C. para o Dia da Expiação:

> O Messias, nossa justiça (ou "o nosso justo Messias"), nos abandonou: O horror caiu sobre nós e não temos quem nos justifique. Ele levou o jugo de nossas iniquidades e transgressões, e está ferido por causa da nossa transgressão. Ele leva os nossos pecados sobre os seus ombros, para encontrar perdão para nossas iniquidades. Nós seremos curados pelas suas feridas no momento em que o Eterno o criar (Messias) como uma nova criatura. Oh, traze-o do círculo da terra, levanta-o de Seir para nos reunir pela segunda vez no monte Líbano, pela mão de Yinnon.[3]

Um rabino muito culto e altamente estimado do século 16 pesquisou a literatura judaica sobre Isaías 53 e observou que, de uma perspectiva estritamente judaica, a passagem é "difícil de ser fixada ou ordenada de forma literal". Ele, no entanto, reconheceu que "nossos rabinos, unanimemente, aceitam e afirmam sua opinião de que o profeta está falando do rei Messias". Como tradicionalista, portanto, o rabino escreveu: "Nós também devemos aderir à mesma visão". No entanto, para não admitir que a passagem fala de Jesus, ele acrescentou rapidamente: "O Messias, naturalmente, é Davi".[4]

Para aqueles que viveram na época do Antigo Testamento, era compreensível certa medida de confusão sobre como interpretar essa passagem. Como a maioria das profecias do Antigo Testamento sobre a vinda do Messias, Isaías 53 foi um tanto envolto em mistério até que o cumprimento da profecia tornou claro o seu significado. O apóstolo Pedro reconhece que mesmo *os profetas indagaram e inquiriram* [...]

---

[3] Acredita-se ter sido composto por Eleazar ben Kalir. "Yinnon" era um nome rabínico para o Messias. Citado em BARON, David. *The servant of Jehovah: the sufferings of the Messiah and the glory that should follow*. New York: Marshall, Morgan & Scott, 1922, p. 14.
[4] EL-SHEIKH, Mosheh (comumente conhecido como Moisés Alshech), in: DRIVER, S. R. e NEUBAUER, A., trads. *The fifty-third chapter of Isaiah according to the Jewish interpreters*. Oxford, UK: Parker, 1877, p. 258.

investigando, atentamente, qual a ocasião ou quais as circunstâncias oportunas, indicadas pelo Espírito de Cristo, que neles estava, ao dar de antemão testemunho sobre os sofrimentos referentes a Cristo e sobre as glórias que os seguiriam (1Pe 1.10,11).

E não se engane, o Antigo Testamento é cheio de profecias sobre o Messias que apontam apenas para Jesus. Ele é o tema central não apenas da mensagem do Novo Testamento (At 5.42; 8.12; 9.27; 11.20; 17.18; Rm 16.25; Tt 2.8), mas também da profecia do Antigo Testamento. Depois que Jesus chamou Filipe para segui-lo, este se encontrou com Natanael e lhe disse: *Achamos aquele de quem Moisés escreveu na lei, e a quem se referiram os profetas: Jesus, o Nazareno, filho de José* (Jo 1.45). Verdadeiramente, *o testemunho de Jesus é o espírito de profecia* (Ap 19.10).

Em João 5.39, Jesus disse aos líderes religiosos judeus: *Examinais as Escrituras, porque julgais ter nelas a vida eterna, e são elas mesmas que testificam de mim.* Mais tarde, sobre esse mesmo assunto, o Senhor acrescentou: *Porque, se, de fato, crêsseis em Moisés, também creríeis em mim; porquanto ele escreveu a meu respeito* (Jo 5.46). Em Mateus 5.17, ele disse aos que ouviam o Sermão do Monte: *Não penseis que vim revogar a Lei ou os Profetas; não vim para revogar, vim para cumprir.* E ele repetiu essa declaração durante todo o seu ministério terreno (Mt 26.24,31,54,56; Mc 9.12; 14.26,27; Lc 4.16-21; 18.31; 22.37; Jo 13.18; 15.25; 17.12; 19.28).

O MESSIAS NO ANTIGO TESTAMENTO

De fato, o Antigo Testamento é tão cheio dos ensinamentos sobre o Messias, que, quando os discípulos estavam confusos sobre a morte de Jesus e despreparados para sua ressurreição, ele os repreendeu por desconhecimento das Escrituras. Devemos nos lembrar de que, após a sua ressurreição, quando se encontrou com dois dos discípulos no caminho de Emaús, ele lhes disse: *Ó néscios e tardos de coração para crer tudo o que os profetas disseram! Porventura, não convinha que o Cristo padecesse e entrasse na sua glória? E, começando por Moisés, discorrendo por todos os profetas, expunha-lhes o que a seu respeito constava em todas as Escrituras* (Lc 24.25-27). Mais tarde, naquela mesma noite, o Senhor disse aos onze apóstolos remanescentes que estavam reunidos no Cenáculo:

São estas as palavras que eu vos falei, estando ainda convosco: importava se cumprisse tudo o que de mim está escrito na Lei de Moisés, nos Profetas e nos Salmos. Então, lhes abriu o entendimento para compreenderem as Escrituras; e lhes disse: Assim está escrito que o Cristo havia de padecer e ressuscitar dentre os mortos no terceiro dia e que em seu nome se pregasse arrependimento para remissão de pecados a todas as nações, começando de Jerusalém (Lc 24.44-47).

Como podemos notar na introdução, as Escrituras não registram o conteúdo específico dos ensinamentos de nosso Senhor dados naquela tarde no caminho de Emaús. No entanto, creio ser possível afirmar que ele citou tanto as previsões objetivas e específicas a respeito dele mesmo quanto os muitos símbolos que o representavam. Entre os símbolos, provavelmente ele incluiu a arca de Noé, que o representa como a verdadeira arca, na qual os pecadores entram e ficam seguros das águas do julgamento divino (cf. 1Pe 3.20,21); o cordeiro que Abraão ofereceu como substituto de seu filho Isaque (Gn 22.13); os cordeiros da Páscoa, que apontavam para Jesus como o cordeiro de Deus, o sacrifício final (Êx 12; Nm 9.12; cf. 1Co 5.7; Jo 1.29); o maná no deserto (Êx 16), que o retratou como o verdadeiro pão do céu (Jo 6.32-35); a serpente de bronze que foi levantada (Nm 21.4-9; cf. Jo 3.14), simbolizando a sua crucificação; e as cinco principais ofertas em Levítico (holocaustos, ofertas de cereais, ofertas pacíficas, ofertas pelo pecado e ofertas pela culpa), das quais ele é o cumprimento. O Dia da Expiação o retrata tanto no sacrifício do altar quanto no bode expiatório que carregava o pecado (Lv 16.7-10). A rocha da qual saía água no deserto (Êx 17.5,6; Nm 20.8-11) prefigurava-o como a fonte de provisão espiritual para o seu povo (1Co 10.4). E o emergir de Jonas após os três dias e três noites no estômago de um grande peixe foi uma imagem profética da ressurreição de Jesus dentre os mortos (Mt 12.39-41).

Jesus é a pedra angular rejeitada (Sl 118.22; cf. Mt 21.42; At 4.11; Ef 2.20); *o pastor do rebanho condenado a ser abatido pelos comerciantes de ovelhas* (Zc 11.4-14); a pedra cortada sem mãos humanas, que destruirá o Império do anticristo em sua segunda vinda (Dn 2.34,35,44,45); e o ramo da árvore genealógica de Davi — *um rebento do tronco de Jessé*

(Is 11.1-5; Jr 23.5; 33.15; Ez 17.22,23; Zc 3.8; 6.12). O Salmo 72 retrata o reinado milenar de Cristo como Rei (veja especialmente os v. 7,17). Em algumas das profecias messiânicas, Jesus é referido como "Davi", já que ele é o maior dos descendentes de Davi, o cumprimento final da promessa de Deus a Davi em 2Samuel 7 e o ponto culminante da linhagem de Davi (Jr 30.9; Ez 34.23,24; 37.24,25; Os 3.5). Desde que todas as profecias que se referem ao Messias como "Davi" vieram muitos anos após a sua morte, elas claramente se referiam a alguém que ainda viria e que personificaria o que o trono de Davi deveria simbolizar.

Naturalmente, o Antigo Testamento também contém muitas previsões diretas sobre a primeira vinda de nosso Senhor. No protoevangelho (o "primeiro evangelho") registrado em Gênesis 3.15, ele é a semente da mulher (cf. Gl 4.4) que destruirá Satanás (1Jo 3.8). Ele é o grande profeta sobre quem Moisés escreveu (Dt 18.15-22; cf. Nm 24.17-19; At 3.22,23). Daniel 7.13,14 descreve-o como o glorioso Filho do Homem (título que Jesus usou, sobre si mesmo, mais de oitenta vezes nos Evangelhos). Este é o Messias que retornará nas nuvens do céu (Mt 24.30; Mc 14.62; Ap 1.7). Como o Antigo Testamento predisse que o Messias seria, Jesus era da linhagem de Abraão (Gn 12.1-3; cf. Gl 3.16), da tribo de Judá (Gn 49.10; cf. Ap 5.5) e descendente de Davi (2Sm 7.12-16; 1Cr 17.11-13; cf. Mt 1.1).

Isaías 7.14 previu que o Messias nasceria de uma virgem. Miqueias 5.2 predisse que ele nasceria em Belém (cf. Mt 2.6). Jeremias 31.15 prenunciou o choro que acompanhou a matança dos filhos do sexo masculino, em Belém e arredores, ordenada por Herodes (Mt 2.16-18). Isaías 40.3,4 e Malaquias 3.1 e 4.5,6 predisseram a vinda de seu precursor, João Batista (cf. Mt 3.1-3; 11.10,14; 17.12,13; Lc 1.17, Jo 1.23). Salmo 69.8 profetizou sua rejeição por membros da própria família (cf. Mt 12.46-50; Jo 7.3-5).

O Antigo Testamento está repleto de pistas sobre o Messias de Israel. Entre elas há referências a ele como o Deus encarnado (Sl 45.6,7; cf. Hb 1.8,9), como rei soberano e eterno sumo sacerdote (Sl 110.1-7; cf. Mt 22.43,44; At 2.33,34; Hb 1.13; 5.6-10; 6.20). Outras referências sutis ao Messias aparecem em frases que servem como imagens que descrevem como ele seria odiado sem causa (Sl 69.4), dependurado no madeiro, amaldiçoado por Deus e retirado antes do pôr do sol (Dt 21.22,23).

A profecia das setenta semanas de Daniel (Dn 9.24-27) predisse o dia exato de sua entrada triunfal em Jerusalém.[5] Zacarias 9.9 chegou a descrever como ele montaria em um jumentinho durante aquele evento (cf. 21.4,5).

O Antigo Testamento predisse muitos detalhes importantes (e alguns, aparentemente, menos importantes) sobre eventos específicos relacionados à crucificação. Os profetas predisseram a traição de Judas (Sl 41.9; 55.12-14), incluindo a quantidade exata de dinheiro que o traidor receberia e o que faria com ele (Zc 11.12,13); a dispersão de seus discípulos após ele ter sido traído e preso (Zc 13.7; cf. Mt 26.31,56); os espancamentos e abusos que sofreu (Mq 5.1) na casa do sumo sacerdote (Mt 26.67,68), da guarda do templo (Mc 14.65) e nas mãos dos romanos (Mt 27.27-30); a cena da cruz (Sl 22) — incluindo os soldados romanos lançando sortes sobre suas vestes (Sl 22.18); o vinho azedo que lhe deram para beber (Sl 69.21); o fato de suas pernas não terem sido quebradas (Êx 12.46; Nm 9.12; Sl 34.20; cf. Jo 19.31-33,36); e o seu lado ter sido transpassado por um soldado romano (Zc 12.10). Salmos 2.7 e 16.8-10 predisseram sua ressurreição (cf. At 13.34-37). Salmo 109.8 prefigurou a escolha de Matias para substituir Judas como um dos apóstolos (cf. At 1.20). E Salmo 68.18 refere-se à ascensão de Cristo (cf. Ef 4.8).

Porém, em nenhum outro lugar, no Antigo Testamento, a vinda do Messias, o Senhor Jesus Cristo, é mais completa e claramente revelada do que nas profecias registradas por Isaías. Isaías o revela como o Filho de Deus encarnado, Emanuel (7.14; 8.8); o Maravilhoso Conselheiro, Deus Forte, Pai da Eternidade e Príncipe da Paz (9.6); o ramo (4.2; 11.1); e, mais frequentemente, o Servo do Senhor (42.1; 49.5-7; 52.13; 53.11).

Isaías predisse que ele nasceria de uma virgem (7.14), e ele nasceu (Mt 1.20-23); que a criança nascida de uma virgem governaria as nações do mundo (9.6), e o fará (Ap 11.15; 19.11-21); que o Espírito Santo repousaria sobre ele de um modo único (11.2), e assim ocorreu (Mt 3.16; cf. Is 61.1,2 e Lc 4.18,19). Isaías também revelou que ele seria rejeitado pela nação de

---

[5] Para uma contagem confiável de como as setenta semanas de Daniel revelam a data da entrada triunfal de Jesus, veja HOEHNER, Harold. *Chronological aspects of the life of Christ*. Grand Rapids, MI: Zondervan, 1977, p. 139.

Israel (Is 8.14,15; cf. 28.16). De fato, *veio para o que era seu, e os seus não o receberam* (Jo 1.11; cf. Mc 12.10; At 4.11; Rm 9.32,33).

Isaías 9.1,2 predisse o ministério de Jesus na Galileia (cf. Mt 4.14-16). O próprio Jesus citou Isaías 29.18 (cf. 35.5,6; 42.6,7) como a profecia sobre a cura que ele realizava em favor de pessoas surdas e cegas (Mt 11.5). Isaías 42.1-4 descreve o caráter do Messias, revelando como ele era manso e gentil e que estabeleceria a justiça até para os gentios (Mt 12.18-21). Isaías 50.6,7 descreve sua perfeita obediência à vontade do Pai —mesmo diante de um brutal tratamento nas mãos de seus inimigos — e sua inabalável determinação de continuar obedecendo até a cruz. Por meio de sua morte e ressurreição, ele cumpriria a promessa de salvação da nova aliança para o seu povo (55.3; cf. 61.1,2 [citado por Jesus em Lc 4.18,19]; 2Co 3.6-18; Hb 8—10).

Isaías também apresentou o papel do Servo — como a principal pedra angular do plano de salvação de Deus (28.16); a libertação dos pecadores perdidos da cegueira espiritual e da servidão (9.2; 42.7); e o abuso físico que ele sofreu nas mãos das autoridades judaicas e romanas (50.6).

Todas as profecias em Isaías são maravilhosas, mas a do capítulo 53 se eleva acima de todas as outras. É uma descrição majestosa do sacrifício de Cristo pelos nossos pecados. Alguns comentaristas a chamam de o texto mais importante em todo o Antigo Testamento. Isaías 53 recebeu muitos elogios ao longo da história da igreja. Policarpo, o pai da igreja do século 2 e discípulo do apóstolo João, referiu-se a ele como "o texto áureo sobre a paixão de Cristo no Antigo Testamento". Agostinho chamou o livro todo de Isaías de "o quinto Evangelho", e esse título aplica-se, particularmente, ao capítulo 53. Há uma série de sermões de João Calvino baseada em Isaías 53 e intitulada de "O Evangelho Segundo Isaías".[6] Martinho Lutero declarou que todo cristão deveria memorizar a história de Isaías 52.13—53.12. O famoso comentarista do Antigo Testamento do século 19, Franz Delitzsch, escreveu: "Esse texto já derreteu a dureza do coração de inúmeros israelitas! Parece que foi escrito à sombra da cruz,

---

[6]CALVIN, John [CALVINO, João]. *The gospel according to Isaiah*. Trad. Leroy Nixon. Grand Rapids, MI: Eerdmans, 1953.

no Gólgota [...]. É o que existe de mais central, mais profundo e mais sublime já apresentado pela profecia do Antigo Testamento".[7]

Embora faça parte do Antigo Testamento, esse importante capítulo das Escrituras Sagradas apresenta verdades fundamentais de toda a doutrina cristã. Sua terminologia se tornou parte do vocabulário cristão, e essa passagem tem sido, mais do que qualquer outra do Antigo Testamento, utilizada como tópico para pregação, conteúdo para livros e temas musicais. Muitos chamam esse capítulo de "o monte Everest do Antigo Testamento". É a preferida de todas as profecias messiânicas, o ápice do livro de Isaías e "a joia da coroa" dos profetas em geral. É, de fato, o coração das Escrituras hebraicas.

Isaías 53 é exatamente a passagem que o eunuco etíope estava lendo no deserto de Gaza quando Filipe o encontrou. O eunuco lia a seguinte parte em voz alta: *Foi levado como ovelha ao matadouro...* (At 8.32). Então ele fez uma pergunta a Filipe — e foi a pergunta certa, a chave que abre toda a passagem: *Peço-te que me expliques a quem se refere o profeta. Fala de si mesmo ou de algum outro?* (At 8.34).

Então, Filipe explicou; e, COMEÇANDO POR ESTA PASSAGEM DA ESCRITURA (grifo do autor) [Isaías 53], *anunciou-lhe a JESUS* (At 8.35) — o evangelho segundo Deus!

Isaías 53 é um capítulo que sempre intrigou os fiéis de todos os tempos. Os cristãos do Antigo Testamento lutavam para entendê-lo, e sabiam que era uma profecia de enorme importância. Essa passagem ofereceu elucidações à grande questão não respondida da soteriologia do Antigo Testamento — ou seja, o problema de como um dia o pecado da humanidade poderia ser completa e efetivamente reparado, sobrepondo-se à condenação geral de todo pecador. Como poderia algum sacrifício ser suficiente para fazer uma expiação completa e definitiva? Como um Deus justo e santo poderia redimir os pecadores sem comprometer sua justiça própria e perfeita?

A persistência inabalável da culpa humana e o preço incrivelmente alto da redenção eram verdades embutidas no sistema sacrificial do Antigo

---

[7] KEIL, Carl Friedrich e DELITZSCH, Franz. *Biblical commentary on the prophecies of Isaiah*, 2 vols. Edinburgh: T&T Clark, 1873, 2:303.

Testamento. Era óbvio (ou deveria ter sido para qualquer um que tivesse o mínimo de bom senso) que é impossível que o sangue de touros e bodes remova pecados (Hb 10.4). Afinal, *todo sacerdote se apresenta, dia após dia, a exercer o serviço sagrado e a oferecer muitas vezes os mesmos sacrifícios, que nunca podem remover pecados* (Hb 10.11). A repetição implacável desses sacrifícios deixou claro (por séculos a fio) que o trabalho da expiação ainda não estava terminado. E a realidade sangrenta de tantos sacrifícios de animais deixou claro que o verdadeiro custo da expiação era mais alto do que qualquer alma mortal poderia pensar em pagar.

À primeira vista, Isaías 53 não parece ser um texto provável para se encontrar uma profecia com uma resposta triunfante para o dilema do pecado. Superficialmente, o tom da passagem é sombrio. O Servo é descrito como *desprezado e rejeitado* [...] *homem de dores* [...] *que sabe o que é padecer* [...] *um de quem os homens escondem o rosto* [...] *e dele não fizemos caso* (v. 3). Essa não era a imagem do Messias que a maioria das pessoas em Israel esperava. Eles o imaginavam como um rei conquistador que libertaria seu povo, derrubaria seus adversários e viria *para exercer vingança entre as nações e castigo sobre os povos; para meter os seus reis em cadeias e os seus nobres, em grilhões de ferro; para executar contra eles a sentença escrita* (Sl 149.7-9). Mas Isaías 53 fala de um Servo humilde como o cordeiro, que seria duramente perseguido e morto: *Por juízo opressor foi arrebatado* [...] *foi cortado da terra dos viventes* (Is 53.8).

No entanto, essa profecia continha brilhantes raios de esperança para os leitores fiéis que já sentiam o peso de seu próprio pecado. Descreve, claramente, alguém que sofreria pelos outros: *Ele foi transpassado por nossas transgressões* [...] *moído pelas nossas iniquidades* (v. 5). O castigo que ele recebeu sobre si é o que nos traz paz. A sua alma fez uma oferta pela culpa (v. 10). O ponto culminante dessa passagem é o texto de 53.11: *Ele verá o fruto do penoso trabalho de sua alma e ficará satisfeito; o meu servo, o justo, com o seu conhecimento, justificará a muitos, porque as iniquidades deles levará sobre si.*

Para qualquer pessoa familiarizada com o relato do Novo Testamento sobre a vida, morte, ressurreição e intercessão sacerdotal do Senhor, não deve haver mistério sobre o que Isaías 53 significa. É o evangelho completo em forma profética, uma predição impressionantemente explícita sobre o que o Messias faria para afastar os pecados de seu povo para sempre. É o evangelho segundo Deus, apresentado nas Escrituras hebraicas.

Nos capítulos que se seguem nos aprofundaremos nos detalhes dessa incrível profecia. E o objetivo principal deste estudo é fortalecer a nossa fé, intensificar nosso amor por Cristo e aprofundar a compreensão do que Jesus Cristo fez por seu povo por meio de sua morte.

capítulo dois

A QUEM O PROFETA SE REFERE?

Nenhuma pessoa, a não ser que seja preconceituosa, cega ou intoxicada com o orgulho do conhecimento humano, pode evitar remeter as palavras de nosso texto àquele que *foi entregue por causa das nossas transgressões e ressuscitou por causa da nossa justificação* (Rm 4.25). O profeta não teve a menor dúvida quando declarou a causa dos sofrimentos do Messias; muito pelo contrário, ele afirmou com a mais plena confiança: *Certamente, ele tomou sobre si as nossas dores* (Is 53.4). *Pois também Cristo morreu, uma única vez, pelos pecados, o justo pelos injustos, para conduzir-vos a Deus* (1Pe 3.18).

CHARLES SIMEON[1]

---

[1] SIMEON, Charles. *Horae homileticae*, 21 vols. London: Holdsworth and Ball, 1832, 8:353.

Se o leitor de Isaías 53 estiver vagamente familiarizado com o registro do Novo Testamento sobre a crucificação de Jesus, reconhecerá imediatamente o significado dessa incrível passagem do Antigo Testamento. Ela descreve vividamente a brutalidade medonha do flagelo dos verdugos romanos e a terrível condição física de alguém que está morrendo na cruz: *O seu aspecto estava mui desfigurado, mais do que o de outro qualquer, e a sua aparência, mais do que a dos outros filhos dos homens* (Is 52.14). Isaías retrata com precisão o comportamento de Jesus ao enfrentar uma morte cruel que não merecia: *Ele foi oprimido e humilhado, mas não abriu a boca; como cordeiro foi levado ao matadouro; e, como ovelha muda perante os seus tosquiadores, ele não abriu a boca* (53.7). O texto vai desde a menção de que ele *foi transpassado pelas nossas transgressões e moído pelas nossas iniquidades* até *o castigo que nos traz a paz estava sobre ele* (v. 5) e afirma que, em sua morte, o Servo sofredor faz *uma oferta pelo pecado* (v. 10). Declara, também ali, a doutrina da justificação pela fé: *O Justo, com o seu conhecimento, justificará a muitos, porque as iniquidades deles levará sobre si* (v. 11). Então o capítulo termina dizendo que esse Servo dedicado de Deus *intercedeu pelos transgressores* (v. 12).

Nem o acaso nem a intuição humana podem explicar a exatidão profética de Isaías 53. Encontramos aqui uma prova conclusiva de que Deus é o autor das Escrituras (2Tm 3.16). Quem, a não ser Deus, poderia descrever com tanta perfeição os detalhes de seu plano de redenção centenas de anos antes que alguém mais tivesse alguma ideia de como o Cordeiro de Deus tiraria o pecado do mundo? Todos os detalhes minuciosos da profecia de Isaías são cumpridos precisamente na vida, morte, sepultamento, ressurreição, ascensão, intercessão e coroação do Senhor Jesus Cristo. *Designaram-lhe a sepultura com os perversos, mas com o rico esteve na sua morte*

(Is 53.9). *Depois disso*, Isaías diz: *Prolongará os seus dias; e a vontade do* SENHOR *prosperará nas suas mãos* (v. 10).

Qualquer pessoa que tenha o conhecimento básico do evangelho perceberá a quem Isaías se refere. Negar isso é rejeitar o claro testemunho das Escrituras e da história, visto que Cristo, sozinho, cumpriu todas as previsões realizadas. Como Apocalipse 19.10 diz: *O testemunho de Jesus é o espírito de profecia*. Jesus é a figura central de todas as tipologias e profecias do Antigo Testamento. Mas em nenhum outro lugar isso é mais evidente do que em Isaías 53.

O próprio Jesus foi o primeiro a estabelecer essa conexão em Lucas 22.37, ao citar Isaías 53.12. Ele disse a seus discípulos: *Pois vos digo que importa que se cumpra em mim o que está escrito:* ELE FOI CONTADO COM OS MALFEITORES (grifo do autor). *Porque o que a mim se refere está sendo cumprido*. Os escritores do Novo Testamento passaram a citar Isaías 52.13—53.12 mais seis vezes:

- Romanos 15.21 cita 52.15.
- João 12.38 e Romanos 10.16 citam 53.1.
- Mateus 8.17 cita 53.4.
- Atos 8.32,33 cita 53.7,8.
- 1Pedro 2.22 cita 53.9.

Observe o seguinte: há quinze versículos na profecia ampliada. No total, o Novo Testamento apresenta frases diretamente de sete delas — quase a metade. Estudantes atentos da Bíblia encontrarão mais de cinquenta alusões adicionais, no Novo Testamento, de palavras ou conceitos encontrados em Isaías 53.

Não é de admirar que os escritores apostólicos voltem a esse capítulo com tanta frequência. É insuperável em clareza e precisão — não apenas para descrever a crucificação de Cristo, mas também, e mais importante ainda, como explicação completa de *como* a morte de nosso Senhor na cruz comprou a expiação para o seu povo. Isaías nos dá a soma e a substância do evangelho. Toda doutrina essencial do evangelho baseia-se em algum fato histórico, alguma verdade ou artigo de fé declarado em Isaías 53. Nenhum estudo sério de temas relacionados ao evangelho poderia omitir essa parte das Escrituras.

VOCÊ ENTENDE O QUE ESTÁ LENDO?

Isaías 53 está tão embebido da verdade do evangelho que aqueles que veem a passagem pela primeira vez podem pensar que estão lendo o Novo Testamento. O povo judeu, cuja exposição às Escrituras limita-se a textos lidos em voz alta em suas sinagogas a cada semana, não está muito familiarizado com Isaías 53. Essa passagem é sempre omitida das leituras públicas programadas.

Todos os sábados, em todas as sinagogas mundiais, duas porções das Escrituras são determinadas a ser lidas em voz alta — uma do Pentateuco (a *Torá*) e a outra (a *Haftará*) uma seleção de textos extraídos dos profetas. O mesmo cronograma de leituras é realizado em todas as sinagogas, ano após ano. Ao longo de um ano, o ciclo de leituras abrange todos os trechos da *Torá* em ordem canônica. Porém, as leituras da *Haftará* são mais seletivas. Um dos trechos em destaque da *Haftará* é Isaías 51.12—52.12. A próxima leitura do ciclo é Isaías 54.1-10. Isaías 52.13—53.12 *nunca é lido publicamente nas sinagogas*.

Como resultado, Isaías 53 é uma passagem desconhecida para multidões de judeus devotos. Em meados de 2015, uma comunidade messiânica (cristã) de origem israelense conhecida como *Medabrim* divulgou um vídeo na Internet intitulado "O 'capítulo proibido' no *Tanakh*" (Bíblia hebraica), apresentando um número de israelenses lendo Isaías 53 do texto hebraico original. Todos eles o estavam vendo pela primeira vez. O espanto é óbvio em cada rosto. Porém, a surpresa logo dá lugar a uma reflexão pensativa. E, quando um entrevistador pediu que colocassem em suas próprias palavras as implicações captadas da passagem, tornou-se óbvio que cada um deles fez a conexão entre a profecia e o que está registrado no Novo Testamento sobre Jesus.

Os cristãos também deveriam refletir mais sobre Isaías 53. Essa profecia é como "um poço sem fundo" de verdades bíblicas. Quanto mais a estudamos, mais perceptível se torna que jamais um pregador ou comentarista bíblico humano poderá penetrar totalmente em sua surpreendente profundidade. Essa passagem chamou minha atenção, pela primeira vez, quando eu era jovem e, até hoje, todas as vezes que volto a ela, fico impressionado com a nova e fresca riqueza de suas verdades.

O PONTO DE VISTA DOS PROFETAS

Antes de iniciarmos um estudo mais cuidadoso deste texto, é importante que tenhamos uma compreensão precisa do ponto de vista do qual Isaías escreveu. Foi-lhe dado, mais do que a qualquer outro mero mortal, um vislumbre profético da cruz e uma visão mais profunda da razão da morte de Cristo, antes que o evento realmente acontecesse. De fato, se o Novo Testamento tivesse sido perdido, exceto pelo registro histórico da crucificação de Jesus, os pecadores poderiam ser levados à salvação por meio da explicação da expiação do capítulo 53 de Isaías. É simplesmente a mais profunda revelação da obra do Salvador já dada a qualquer profeta.

Ainda assim, há uma característica essencial da profecia de Isaías que é muitas vezes ignorada por comentaristas e estudantes da Bíblia. Não incorra no mesmo erro. Veja isso: *o profeta está descrevendo o sacrifício do Servo sofredor de um ponto de vista que remete a uma época futura, mesmo a partir de nossos tempos*. Ele está vendo a cruz de uma perspectiva profética, perto do fim da história humana. Ele está profetizando a resposta coletiva do povo judeu quando eles finalmente verão, entenderão e *crerão* que aquele a quem rejeitaram é, verdadeiramente, o Messias prometido.

As Escrituras nos dizem claramente que a etnia de Israel virá, um dia, em massa para Jesus Cristo. *Até que haja entrado a plenitude dos gentios. E, assim, todo o Israel será salvo, como está escrito: Virá de Sião o Libertador e ele apartará de Jacó as impiedades* (Rm 11.25,26).

Esse evento será conectado com a segunda vinda de Cristo. Eles olharão *aquele a quem traspassaram, e chorarão por ele como quem chora a perda de um filho único, e lamentarão amargamente por ele como quem lamenta a perda do filho mais velho* (Zc 12.10). Como resultado, *Naquele dia uma fonte jorrará para os descendentes de Davi e para os habitantes de Jerusalém, para purificá-los do pecado e da impureza* (13.1). *Depois disso os israelitas voltarão e buscarão o* Senhor, *o seu Deus, e Davi, seu rei. Virão tremendo atrás do* Senhor *e das suas bênçãos,* nos últimos dias (grifo do autor) (Os 3.5).

Isaías estará profeticamente em pé naquele mesmo dia, perto do fim da história humana, literalmente milhares de anos *depois* da crucificação de Jesus. Ele, portanto, fala da morte de Cristo na cruz como um evento passado. Isso explica por que todos os verbos no capítulo 53, do versículo 1 até a primeira parte do versículo 10, estão no tempo passado!

Em outras palavras, precisamos compreender essa passagem não somente como uma descrição da crucificação em si; ela é, literalmente, o lamento do povo de Israel no futuro. Ele estará arrependido, olhará para o Messias que rejeitaram por tanto tempo e, finalmente, o abraçarão como seu Senhor e Rei. Isaías 53 dá voz profética à dramática confissão de fé que o remanescente crente de Israel fará naquele tempo. Ezequiel escreveu que o Senhor declara: *Eu os separarei daqueles que se revoltam e se rebelam contra mim* (Ez 20.38). Depois dessa separação, todo judeu que estiver vivo naquele dia reconhecerá Jesus como o verdadeiro Messias.

O restante do mundo também contemplará esse reconhecimento: *Reis calarão a boca por causa dele. Pois aquilo que não lhes foi dito verão, e o que não ouviram compreenderão* (Is 52.15). Muitos reis e nações gentias que se colocaram contra ele persistirão em sua rebelião, e ele empreenderá uma guerra contra essa incredulidade. *De sua boca sai uma espada afiada, com a qual ferirá as nações. Ele as governará com cetro de ferro. Ele pisa o lagar do vinho do furor da ira do Deus Todo-poderoso* (Ap 19.15).

Naturalmente, Isaías está descrevendo especificamente a resposta do seu próprio povo, os judeus. Ele verbaliza o profundo pesar do coração e da consciência deles ao, finalmente, reconhecerem Jesus como o Messias. Isaías 53 é, portanto, uma canção melancólica, um lamento. No entanto, esse hino que está em tonalidade menor constitui a maior e mais triunfante confissão de fé que jamais será feita na história humana.

Será um momento significativo no, ainda, futuro e final ato da história da redenção. A única comunidade étnica mundial que se voltará para Cristo em *multidões, como um grupo*, será Israel. E, quando o fizer, as palavras de Isaías 53 serão sua confissão.

A TRÍPLICE PROMESSA DE LIBERTAÇÃO

Essa perspectiva é importante, dado o contexto no qual Isaías 53 está estabelecido. É necessário ter em mente que, do capítulo 40 até o final do livro, o profeta dá uma visão ampliada da obra salvífica de Deus. Esses são os capítulos das boas-novas da profecia de Isaías (uma espécie de "paralelo profético" ao Novo Testamento tanto em estrutura quanto em mensagem). Enquanto esses 27 capítulos têm um único tema unificador — *libertação* —, eles estão cheios de promessas divinas desde a libertação dos judeus da Babilônia do século 6 a.c. até o reino terreno de Cristo durante o futuro reino milenar e, mesmo além disso, até os novos céus e a nova terra (65.17). Visto que Isaías olhava para trás, poderíamos dizer que sua visão do cenário profético se estendia desde o fim da história humana até seu próprio tempo.

Agora, temos aqui outro ponto importante sobre a estrutura literária de Isaías: a parte das boas-novas (caps. 40—66) é um tríptico extenso. Essa parte da profecia se divide, naturalmente, em três seções de nove capítulos cada uma. As subseções, por sua vez, prometem, cada uma, um tipo diferente de salvação para o povo de Deus. Os primeiros nove capítulos (40—48) predizem *a libertação de Judá do cativeiro babilônico*. Os nove capítulos seguintes (49—57) focam *a redenção do pecado*. A última seção (caps. 58—66), aspirando ao reino milenar e eterno de Cristo, fala da *emancipação completa da maldição da queda de Adão*.

Em contraste com o tema de libertação, cada subseção termina com uma advertência sobre a condenação para os ímpios. As duas primeiras divisões concluem com maldições quase idênticas: *Não há paz alguma para os ímpios, diz o* Senhor (48.22). *Para os ímpios não há paz, diz o meu Deus* (57.21). A terceira, e última divisão, termina o livro de Isaías com uma expressão que o próprio Jesus usou para descrever o inferno, a morada eterna dos iníquos: *seu verme não morrerá, e o seu fogo não se apagará, e causarão repugnância a toda a humanidade* (66.24).

No entanto, perdão, e não condenação, é o ponto principal desses capítulos. O assunto surge logo nos versículos iniciais do capítulo 40, bem no momento decisivo da mensagem de Isaías: *Consolem, consolem o meu povo, diz o Deus de vocês. Encorajem a Jerusalém e anunciem que ela já cumpriu o trabalho que lhe foi imposto, pagou por* sua iniquidade, e recebeu da mão do Senhor em dobro por todos os seus pecados (40.1,2). Essa palavra sobre o perdão pela iniquidade prepara o terreno para o que vem à frente — até o final de Isaías 66.

Este é um exemplo clássico em que a disposição de capítulos e versículos nas Escrituras nos ajuda a ver a simetria pertinente ao texto. Isaías 53 é o capítulo do meio, do segundo movimento, do tríptico de Isaías sobre a salvação. Em outras palavras, está centralizado diretamente entre duas maldições divinas que declaram que *não há paz para os ímpios*. Esse capítulo é a história abençoada de como o Servo do Senhor *traz paz* ao povo de Deus. É evidente que o povo de Deus também foi mau! (Os primeiros 39 capítulos de Isaías falam repetidamente sobre isso.) Mas eles se arrependem de sua iniquidade e recebem perdão pleno e gratuito, não como recompensa pelo arrependimento (ou por qualquer outra coisa que tenham feito). Eles são abençoados por causa do Servo. Tudo o que foi necessário para lhes dar paz foi feito por ele, por amor a eles. E esta é a sua confissão: *Mas ele foi transpassado por causa das nossas transgressões, foi esmagado por causa de nossas iniquidades;* O CASTIGO QUE NOS TROUXE PAZ ESTAVA SOBRE ELE (grifo do autor), *e pelas suas feridas fomos curados* (Is 53.5). Finalmente, a nação enxerga que a sua morte foi para a própria salvação deles.

Esse versículo é o núcleo do capítulo 53 e o coração do evangelho segundo Deus. É o princípio da *substituição penal* expresso em termos inequívocos. O ensinamento aqui é que o Servo do Senhor (Cristo) redime seu povo tomando seu lugar e sofrendo o castigo devastador por sua culpa. *Ele levará as suas iniquidades* (v. 11). A realidade do sacrifício substitutivo foi claramente retratada no sistema sacrificial do Antigo Testamento, mas Isaías 53 deu a primeira indicação clara de que o próprio Messias seria o verdadeiro cordeiro de Deus que tiraria o pecado do mundo. Embora *Ele não* [tenha cometido] *pecado algum* (1Pe 2.22), sofreu a punição integral pelo pecado — a punição equivalente a uma eternidade no inferno — em lugar do seu povo.

Se tomarmos o bloco de texto de quinze versículos — Isaías 52.13 a 53.12 —, o versículo 5 será, literalmente, o principal de toda a passagem: MAS ELE FOI TRANSPASSADO POR CAUSA DAS NOSSAS TRANSGRESSÕES, FOI ESMAGADO POR CAUSA DE NOSSAS INIQUIDADES; O CASTIGO QUE NOS TROUXE PAZ ESTAVA SOBRE ELE, E PELAS SUAS FERIDAS FOMOS CURADOS (grifo do autor). Em outras palavras, a doutrina da expiação penal substitutiva é o ponto crucial do versículo principal, no capítulo intermediário do painel central, no tríptico de Isaías sobre a libertação. É o coração e foco de tudo o que o livro de Isaías tem a dizer sobre o perdão dos pecados. Isso é apropriado, porque não há verdade mais vital no evangelho.

A simetria literária é perfeita e o foco é nítido. Você pode vê-lo de todos os pontos de vista possíveis. Se olharmos para Isaías 53 isoladamente, considerando a seção de nove capítulos onde o perdão é o tópico principal, ou expandindo nossa perspectiva para incluir toda a seção de boas-novas do livro, a cruz estará sempre, e literalmente, no centro. E ali ela permanece, como um brilhante holofote da doutrina da expiação penal substitutiva.

Naturalmente nunca haveria libertação para ninguém se Deus não perdoasse o pecado. A libertação de Judá da Babilônia seria irrelevante sem o perdão pelos pecados que trouxeram julgamento em primeiro lugar. De fato, o reinado do Messias nos novos céus e nova terra seria sem sentido sem pessoas redimidas leais a ele.

Além disso, *sem derramamento de sangue não há perdão dos pecados* (Hb 9.22). Portanto, toda promessa de perdão e livramento que Deus já fez depende de uma expiação completa e eficaz. É por isso que, até hoje, os crentes veem a cruz de Jesus Cristo como o ponto principal de toda a história humana.

O PERDÃO ABUNDANTE

O tema graça e perdão flui através da seção intermediária do tríptico de Isaías: o capítulo 49 apresenta o segundo dos Cânticos do Servo, em Isaías (v. 1-13). Ele é tanto uma promessa de redenção quanto um chamado à fé — na própria voz do Servo. Ele diz: *O Senhor [...] me formou no ventre para ser o seu servo, para trazer de volta Jacó a ele mesmo* (v. 5). O cântico, então, continua descrevendo o Servo não apenas como o libertador de Israel, mas também como o legítimo governante sobre todos os reis da terra. Deus, o Pai, fala com ele, dizendo:

> *É coisa pequena demais para você ser meu servo para restaurar as tribos de Jacó e trazer de volta aqueles de Israel que eu guardei. Também farei de você* UMA LUZ PARA OS GENTIOS, PARA QUE VOCÊ LEVE A MINHA SALVAÇÃO ATÉ AOS CONFINS DA TERRA *(grifo do autor). Assim diz o* Senhor, *o Redentor e o Santo de Israel, àquele que foi desprezado e detestado pela nação, ao servo de governantes: Reis o verão e se levantarão, líderes verão e se encurvarão, por causa do* Senhor, *que é fiel, o Santo de Israel, que o escolheu* (Is 49.6,7).

O capítulo 50 começa com um alerta de que o pecado é o motivo do cativeiro de Judá. *Por causa de seus pecados vocês foram vendidos; por causa das transgressões de vocês sua mãe foi mandada embora* (Is 50.1). Javé é quem fala aqui, e ele continua dizendo que há uma vasta comprovação, através da própria história dos judeus, de que ele tem poder total não apenas para julgar, mas também para libertar. O versículo 2 contém uma clara alusão ao êxodo: *Será que meu braço era curto demais para resgatá-los? Será que me falta a força para redimi-los? Com uma simples repreensão eu seco o mar, transformo rios em deserto; seus peixes apodrecem por falta de água e morrem de sede.*

Então o Servo do Senhor fala, dando testemunho sobre a sua própria obediência perfeita: *O Soberano SENHOR [...] desperta meu ouvido para escutar como alguém que é ensinado* (50.4). *O Soberano Senhor abriu os meus ouvidos, e eu não tenho sido rebelde* (50.5). De fato, em sua encarnação, ele APRENDEU *a obedecer por meio daquilo que sofreu* (Hb 5.8). *... humilhou-se a si mesmo e foi obediente até à morte, e morte de cruz!* (Fp 2.8). E aqui, em Isaías 50, temos um breve vislumbre profético dessa verdade. É uma prévia do que virá em Isaías 53. Estas são as próprias palavras do Servo: *Ofereci minhas costas para aqueles que me batiam, meu rosto para aqueles que arrancavam minha barba; não escondi a face da zombaria e da cuspida* (Is 50.6). Esse versículo predisse exatamente o que aconteceria e foi o que o Novo Testamento relatou sobre o sarcasmo de que Jesus foi vítima quando estava sendo julgado: *Então alguns lhe cuspiram no rosto e lhe deram murros. Outros lhe davam tapas* (Mt 26.67). *Batiam-lhe na cabeça com uma vara e cuspiam nele. Ajoelhavam-se e lhe prestavam adoração* (Mc 15.19). *Ele, pela alegria que lhe fora proposta, suportou a cruz, desprezando a vergonha* (Hb 12.2). Ele diz isso profeticamente em Isaías 50.7 (*A21*): *Por isso o meu rosto está firme como uma pedra, e sei que não serei envergonhado.*

O Senhor Deus e o Servo se alternam nos próximos dois capítulos e meio, apresentando a fidelidade de Deus e chamando o povo de Deus para a fé. Palavras de segurança e promessas de salvação são tecidas através do texto: *Assim diz o seu Soberano SENHOR, o seu Deus, que defende o seu povo: ... do cálice da minha ira, você nunca mais beberá* (Is 51.22). *Vocês serão resgatados* (52.3). *Como são belos nos montes os pés daqueles que anunciam boas-novas, que proclamam a paz, que trazem boas notícias, que proclamam salvação (52.7). Pois o* SENHOR *consolou o seu povo, ele resgatou Jerusalém. O* SENHOR *desnudará seu santo braço à vista de todas as nações, e todos os confins da terra verão a salvação de nosso Deus* (Is 52.9,10).

Esse é o contexto imediato em que a profecia do Servo sofredor é encontrada. Precisamos nos lembrar de que a passagem começa três versículos antes do final do capítulo 52 e abrange todo o capítulo 53. Seu tema, já conhecido, trata do sofrimento do Servo do Senhor e do resultado triunfante de ele ter suportado a condenação do nosso pecado: *pelo seu conhecimento meu servo justo justificará a muitos, e levará a iniquidade deles* (53.11). Em outras palavras, os pecadores serão justificados porque ele levou suas iniquidades e Deus o puniu no lugar deles.

Isaías 54 é, portanto, cheio de louvor celebrativo: *... irrompa em canto, grite de alegria* (v. 1). *Embora os montes sejam sacudidos e as colinas sejam removidas, ainda assim a minha fidelidade para com você não será abalada, nem a minha aliança de paz será removida, diz o* SENHOR, *que tem compaixão de você* (v. 10). Esse capítulo conclui com outra afirmação triunfante da doutrina da justificação pela fé: *Não prosperará nenhuma arma forjada contra ti; e toda língua que se levantar contra ti em juízo, tu a condenarás; esta é a herança dos servos do* SENHOR, *E A SUA JUSTIFICAÇÃO QUE DE MIM PROCEDE, diz o* SENHOR (grifo do autor) (v. 17).

Isaías 55 apresenta esse famoso apelo à fé e ao arrependimento, prometendo salvação gratuita a todos que se afastarem do pecado e abraçarem o Messias pela fé: *Venham, todos vocês que estão com sede, venham às águas* [...]. *Busquem o* SENHOR *enquanto se pode achá-lo; clamem por ele enquanto está perto. Que o ímpio abandone seu caminho, e o homem mau, os seus pensamentos. Volte-se ele para o* SENHOR, *que terá misericórdia dele; volte-se para o nosso Deus, pois ele perdoará de bom grado* (Is 55.1,6,7).

O capítulo 56 deixa claro que o oferecimento das misericórdia de Deus vão além de Judá, chegando aos gentios e estrangeiros: *E os estrangeiros que se unirem ao* SENHOR *para servi-lo, para amarem o nome do* SENHOR *e para prestar-lhe culto, todos os que guardarem o sábado sem profaná-lo, e que se apegarem à minha aliança, esses eu trarei ao meu santo monte e lhes darei alegria em minha casa de oração. Seus holocaustos e seus sacrifícios serão aceitos em meu altar; pois a minha casa será chamada casa de oração para todos os povos* (v. 6,7). Essa profecia está sendo cumprida agora, quando pessoas de toda tribo, língua e nação se voltam para Cristo buscando salvação.

Há uma súbita e dramática mudança de "tom" nos quatro versículos finais do capítulo 56 de Isaías. O restante desse capítulo e os treze primeiros versículos do capítulo 57 apresentam uma dura condenação dos líderes rebeldes de Judá: *São pastores sem entendimento; todos seguem seu próprio caminho, cada um procura vantagem própria* (56.11). O profeta é muito duro ao se dirigir a eles: *filhos de adivinhas, vocês, prole de adúlteros e prostitutas* (57.3). O capítulo 57 expõe e condena a loucura da idolatria anterior de Judá e soa como uma severa repreensão: *Quando clamares, a tua coleção de ídolos que te livre!* (v. 13).

Embora dirigido especificamente à nação de Judá em sua situação de apostasia, Isaías 57 é um lembrete para as pessoas de todas as épocas de que Deus não tolera o pecado mas, ainda assim, oferece perdão aos pecadores arrependidos. Todas essas palavras fortes sobre as muitas transgressões de Judá são finalmente pontuadas com outra promessa de salvação: *Mas o homem que faz de mim o seu refúgio receberá a terra por herança e possuirá o meu santo monte* (57.13). Isaías, então, encerra seu prolongado discurso sobre o perdão dos pecados com algumas palavras finais de consolo e paz. O Senhor vai *dar novo ânimo ao espírito do humilde e novo alento ao coração do contrito* (v. 15).

As palavras finais do capítulo citam a promessa de Deus ao seu povo:

> *Eu não contenderei para sempre, nem sempre estarei zangado; pois o espírito se desvaneceria diante de mim e o sopro de vida que eu fiz. Por causa da iniquidade de seu ganho injusto, fiquei zangado, atingi-o; eu escondi meu rosto e fiquei com raiva, mas ele continuou a se desviar no caminho de seu próprio coração. Eu vi seus caminhos, mas vou curá-lo; eu o conduzirei e restaurarei o conforto para ele e seus lamentadores, criando o fruto dos lábios. Paz, paz, ao longe e ao próximo, diz o* Senhor, *e eu o sararei* (Is 57.16-19).

Toda a subseção de nove capítulos termina (como cada divisão principal do tríptico de Isaías) com uma maldição para quem teimosamente persistir em rebelar-se contra o Todo-poderoso: *Mas os perversos são como o mar agitado, que não se pode aquietar, cujas águas lançam de si lama e lodo. Para os perversos, diz o meu Deus, não há paz* (Is 57.20,21). Embora a passagem termine com essa nota, ela não deixa dúvidas sobre o tema principal desses nove capítulos (Is 49—57). É um discurso profético do perdão da culpa pessoal. Seu tema é a libertação do *pecado* — e é intercalado com repetidos apelos ao arrependimento e à fé. O próprio Deus propõe a misericórdia e paga o preço da expiação: *Venham, todos vocês que estão com sede*, e a estes é dito que Deus *perdoará de bom grado* (55.1,7). Esses nove capítulos, portanto, constituem o coração evangelístico da mensagem de Isaías ao povo judeu, e Isaías 53 é a profecia que explica como esse perdão dos pecados se tornou possível.

POR QUE ISAÍAS 53 É TÃO MAL INTERPRETADO

Mesmo depois de Isaías 53 ter sido escrito, não ficou claro *como* o Messias sofreria. De fato, até que o próprio Cristo tivesse aberto a mente de seus discípulos para que eles entendessem as Escrituras (Lc 24.45), essa e outras referências do Antigo Testamento sobre o sofrimento e a rejeição do Messias pareciam misteriosas (além de soarem contrárias às expectativas messiânicas populares). As pessoas nem sabiam o que fazer com elas! Ao longo dos séculos anteriores ao nascimento de Cristo, Isaías 53 parecia esvanecer-se no pano de fundo da consciência judaica coletiva, ofuscada pelas promessas triunfantes do reinado do Messias.

Outro fator espiritual importante, que contribuiu para a incompreensão generalizada de Isaías 53.5, foi que a maioria dos judeus simplesmente não via a necessidade de um salvador que levasse os pecados sobre ele. Mesmo os que se encontravam afastados, no tempo de Isaías, não estavam convencidos de que precisavam desse tipo de redentor. Ao contrário, eles esperavam uma figura política poderosa. Eles queriam um conquistador que defendesse o povo judeu, libertasse a nação de seus opressores e levasse Israel ao domínio mundial tanto política quanto militarmente. Essa expectativa continuou ao longo dos séculos e ainda era a esperança dominante no tempo de Jesus. A ideia de um salvador sofrido e rejeitado não se encaixava nesse cenário.

Outra coisa eram as repetidas confissões de culpa nacional e individual: NOSSAS *transgressões* [...] NOSSAS *iniquidades* [...] *a iniquidade* DE TODOS NÓS (grifo do autor) (Is 53.5,6). Essas palavras acusam claramente a nação, tanto de forma coletiva como individual. Elas falam uma verdade que se aplica tanto aos judeus quanto aos gentios (Rm 3.9-12). Em nosso estado natural e carnal, todo ser humano está caído, irremediavelmente debaixo do pecado, alienado de Deus e perdido. *Todos nós, como ovelhas, nos desviamos* (Is 53.6). Entregues a nós mesmos sem um salvador, todos nós seríamos amaldiçoados. Porém, não há dúvida de que essa verdade é mais difícil de ser aceita por aqueles que estão comprometidos em estabelecer sua própria justiça, tentando obedecer às minúcias da lei de Deus (Rm 10.3).

Com o término do cativeiro, multidões voltaram do exílio e, dali para a frente, o povo judeu nunca mais caiu no tipo de idolatria geral e arbitrária que caracterizou a nação durante os reinados de Acaz e Manassés. Os judeus voltaram do cativeiro com uma nova devoção à lei. Talvez a principal característica do judaísmo pós-exílico tenha sido uma ênfase sem precedentes na obediência legal estrita, com atenção particular às características externas e cerimoniais da lei — leis alimentares, vestimentas, rituais de lavagem e símbolos visíveis de piedade como filactérios e bordas dos mantos (Mt 23.5).

No entanto, uma demonstração de zelo religioso não soluciona o problema do pecado que assola a raça humana. Pecadores não podem tornar-se santos nem mediante as mais exigentes tentativas de obediência à lei de Deus. Regras e ordens como *Não manuseie, não prove, não toque* [...] *não têm valor algum para refrear os impulsos da carne* (Cl 2.21-23). No entanto, uma forma cada vez mais ascética de judaísmo surgiu, e foi sendo perpetuada por um apelo à tradição, e não à fé autêntica. Na época de Cristo, o legalismo absoluto era a religião dominante em Israel.

Legalismo é o conceito de que pecadores podem ganhar mérito com Deus por suas próprias obras de justiça. Os legalistas tendem a tratar suas tradições como se fossem regras supremas de piedade, cada vez acrescentando mais itens, e assim anulando a verdadeira lei de Deus. O sistema farisaico sintetizou ambas as tendências. Por causa de sua rigorosa manutenção da lei, *os fariseus confiavam em sua própria justiça e desprezavam os outros* (Lc 18.9). Além disso, Jesus lhes disse: *Vocês estão sempre encontrando uma boa maneira para pôr de lado os mandamentos de Deus, a fim de obedecer às suas tradições!* (Mc 7.9). A religião deles era uma forma legalista e hipócrita que substituía a verdadeira fé. Todas essas características (legalismo, farisaísmo, hipocrisia e desprezo pelos outros) são resultantes do fato de que eles não sentiam realmente o peso de sua própria culpa.

Quem acha que através de suas obras pode ganhar mérito com Deus, simplesmente não enxerga a necessidade de um salvador. Como Paulo escreveu às igrejas da Galácia: *Se a justiça vem pela lei, Cristo morreu inutilmente* (Gl 2.21). Uma religião com base em obras não compreende a desesperança da depravação humana. Porém, as Escrituras são claras: as pessoas caídas são incapazes de salvar a si mesmas. *Somos como o impuro — todos nós! Todos os nossos atos de justiça são como trapo imundo* (Is 64.6). Aqui, o próprio Isaías escreve o que Deus diz sobre a devoção religiosa que coloca sua esperança na autoexpiação: *Sua retidão e sua justiça exporei, E ELAS NÃO A BENEFICIARÃO* (grifo do autor) (57.12).

No entanto, como a nação judaica foi escolhida por Deus como a linhagem por meio da qual o libertador viria, muitos acreditavam que, em virtude de sua ascendência abraâmica, eles já tinham direitos sobre o favor e a bênção de Deus. Afinal... *Deles é a adoção de filhos; deles é a glória divina, as alianças, a concessão da lei, a adoração no templo e as promessas* (Rm 9.4). Eles tomaram por certo a bondade e a misericórdia de Deus — exatamente como muitos cristãos o fazem hoje. A noção de que precisavam de um Salvador para expiar sua culpa ou livrá-los da condenação de Deus era tão ofensiva ao judeu do tempo de Jesus quanto às pessoas cultas e secularistas de hoje, aos relativistas morais e àqueles que pensam ter se tornado cristãos por nascimento ou batismo. Aqueles que seguiam a doutrina dos fariseus tinham certo prazer em considerar pecadores todos os gentios e pessoas não recomendáveis. Eles, porém, se achavam *justos que não necessitam de arrependimento* (Lc 15.7). Eles se consideravam *puros aos próprios olhos,* contudo não estavam *purificados da sua impureza* (cf. Pv 30.12).

Esse é o perigo mortal das obras religiosas, e também a atitude que Jesus estava condenando quando disse: *Não são os que têm saúde que precisam de médico, mas sim os doentes* [...]. *Pois eu não vim chamar justos, mas pecadores* (Mt 9.12,13).

E não nos enganemos, pois *todas* as falsas religiões cultivam uma autoconfiança pecaminosa. Isso inclui todas as "marcas de fé" e pseudocristianismos, tão em moda hoje em dia. As almas hipócritas que não se veem como pecadoras sem esperança, necessitadas de um salvador, nunca poderão, verdadeiramente, apreciar a mensagem de Isaías 53.

Estou convencido de que essa foi, e continua sendo, a principal razão de tantos —judeus ou gentios — permanecerem indiferentes ao relato do Servo sofredor de Isaías 53.

Então, querido leitor, peço que, antes de continuar esta leitura, você faça uma pausa, reflita cuidadosamente e "abrace", interiorize, o versículo 6 da narrativa de Isaías 53, pois ele é uma solene confissão: *Todos nós, tal qual ovelhas, nos desviamos, cada um de nós se voltou para o seu próprio caminho; e o* Senhor *fez cair sobre ele a iniquidade de todos nós*. Precisamos de um pastor divino para nos salvar.

Somente aqueles que fazem essa confissão poderão verdadeiramente dizer: *O castigo que nos trouxe paz estava sobre ele e* pelas suas feridas fomos curados (grifo do autor) (Is 53.5).

capítulo três

SURPREENDENTE!

Esse rei glorioso estava de tal forma desfigurado que muitos ficaram perplexos. O texto continua dizendo que muitos se ofenderam com ele. Em hebraico, a palavra שָׁמֵם significa estar horrorizado, com feições distorcidas. Esse termo descreve a postura de uma pessoa que está prestes a vomitar e outra que, vendo, contrai o rosto com repugnância. Sua aparência estava tão repulsiva que muitos ficaram injuriados e nauseados.

MARTINHO LUTERO[1]

---

[1] PELIKAN, Jaroslav, ed. *Luther's works: lectures on Isaiah: Chapters 40–66*. St. Louis, MO: Concordia, 1972, p. 216.

Isaías 52.13—53.12 compreende cinco estrofes que apresentam diferentes aspectos do ministério do Servo, não apenas para Israel, mas também para o mundo todo. A linguagem e o estilo literário utilizados por Isaías são típicos das formas exclusivamente poéticas encontradas nos profetas do Antigo Testamento.

Os versículos 13-15 do capítulo 52 perfazem a primeira estrofe. Esses versículos compõem uma declaração sumária que introduz duas ideias contrastantes — dois temas que aparecerão no capítulo 53. Especificamente, os três versículos no final do capítulo 52 revelam que o Messias e Rei de Israel, o Senhor Jesus Cristo, sofrerá e será exaltado. O próprio Deus é o narrador:

> *Eis que o meu servo procederá com prudência; será* EXALTADO*, e* ELEVADO*, e mui sublime. Como pasmaram muitos à vista dele, pois o seu parecer estava tão* DESFIGURADO*, mais do que o de outro qualquer, e a sua figura mais do que a dos outros filhos dos homens. Assim borrifará muitas nações, e os reis fecharão as suas bocas por causa dele; porque aquilo que não lhes foi anunciado verão, e aquilo que eles não ouviram entenderão* (Is 52.13-15 — grifos do autor).

Como sempre, o sofrimento precede a glória. A ordem pode parecer invertida nesses três versículos, mas é preciso notar como a profecia sobre a exaltação foi feita com o verbo no tempo futuro. Por outro lado, os versículos sobre o sofrimento do Messias têm os verbos no tempo passado. Lembre-se de que Isaías está enxergando lá na frente, perto do fim da história do mundo, e de lá olha para trás de um ponto de vista profético. Dessa forma, o profeta estava vendo o sofrimento de Cristo como um evento passado, com sua exaltação em glória às portas em um futuro iminente.

Isaías 53 narra detalhadamente tanto o sofrimento quanto a glória de Cristo. Apresenta-o como *homem de dores e que sabe o que é padecer* (Is 53.3). Ele foi *castigado por Deus, por ele atingido e afligido* (v. 4). *Ele foi oprimido e afligido, contudo não abriu a sua boca; como um cordeiro foi levado para o matadouro, e como uma ovelha que diante de seus tosquiadores fica calada, ele não abriu a sua boca* (v. 7). *Ele foi eliminado da terra dos viventes* (v. 8), que é uma expressão hebraica para a morte. O versículo 9 fala de ele ter sido sepultado após a morte. O versículo 10 observa que ele morreu como oferta pelos pecados, e o versículo 12 diz que ele *derramou sua vida até à morte*.

Mas, então, *ele verá sua prole e prolongará seus dias, e a vontade do Senhor prosperará em sua mão* (v. 10). *Depois do sofrimento de sua alma, ele verá a luz e ficará satisfeito* (v. 11). *Por isso eu lhe darei uma porção entre os grandes, e ele dividirá os despojos com os fortes* (v. 12). Todas essas declarações pressupõem a sua ressurreição.

A linguagem utilizada nos três versículos introdutórios, em Isaías 52, enfatiza que tudo sobre o Servo do Senhor é surpreendente — seu caráter, sua morte, sua ressurreição e sua exaltação. O versículo 13 começa com a palavra "Vejam" e depois o versículo 14 diz: *Muitos ficaram pasmados diante dele*. E o versículo 15 assevera: *Reis calarão a boca por causa dele. Pois aquilo que não lhes foi dito verão, e o que não ouviram compreenderão*. Assim, a vinda do Servo, sua humilhação e sua exaltação — temas desenvolvidos em Isaías 53 — são todos introduzidos nos versículos finais de Isaías 52.

A REVELAÇÃO SURPREENDENTE DO SERVO

Essa exclamação de abertura "Vejam" é tradução de uma palavra muito comum no hebraico, que é utilizada mais de mil vezes no Antigo Testamento. Essa palavra solicita a atenção das pessoas, e pode ser traduzida como um chamado ("Olhe!") ou como uma ordem ("Vejam isso com cuidado!"). Esse termo é usado quatro outras vezes, pelos profetas do Antigo Testamento, em textos com importantes promessas messiânicas. Zacarias 3.8 (como Is 52.13) fala com a voz de Deus, apresentando o seu ungido como *meu servo, o Renovo*. Em Zacarias 6.12, a palavra *Vejam* aponta para *o homem cujo nome é Renovo*, enfatizando a humanidade do Messias. Zacarias 9.9 usa a mesma palavra para destacar a famosa profecia: [Vejam] *Eis que o seu rei vem a você, justo e vitorioso, humilde e montado num jumento, um jumentinho, cria de jumenta*. E Isaías 40.9 diz: *Suba num alto monte* [...]. *Diga às cidades de Judá: Aqui está o seu Deus!* Esses quatro títulos, Servo, homem, rei e Deus, encontram um paralelo único nos quatro Evangelhos. Marcos retrata Jesus como um servo. Lucas enfatiza sua humanidade. Mateus apresenta Jesus como rei. João enfatiza sua divindade.

A palavra que foi traduzida por "Servo" refere-se àquele que fez um trabalho penoso em obediência ao seu senhor. O Servo verdadeiro não agiu de forma independente para cumprir os desejos de sua própria vontade; ele procurou, apenas, agradar a quem servia. A palavra descreve alguém que tem o dever de obedecer ao seu senhor. É um paralelo exato da palavra "escravo".

No entanto, quando as Escrituras empregam essa palavra para falar de alguém que serve a Deus, a conotação é positiva, e não negativa. No Antigo Testamento ela é usada para personagens importantes como Abraão (Gn 26.24), Isaque (Gn 24.14), Jacó (Ez 28.25), Moisés (Êx 14.31), Davi (2Sm 3.18), Josué (Js 24.29), Elias (2Rs 10.10), Isaías (Is 20.3), Jó (Jó 1.8), Jonas (2Rs 14.25) e os profetas em geral (2Rs 17.13).

Embora ele seja absolutamente igual ao Pai em sua essência eterna (Fp 2.6; Cl 1.15; Hb 1.3), o Senhor Jesus Cristo voluntariamente *esvaziou-se a si mesmo, vindo a ser servo* — escravo ou Servo do Senhor (cf. Fp 2.7). Ele *sempre* agiu de forma que agradasse a Deus (Jo 8.29). *Pois desci do céu —* declarou ele — *não para fazer a minha vontade, mas a vontade daquele que me enviou* (Jo 6.38; cf. 4.32; 5.30; 14.31; 15.10).

Isaías diz que o Servo do Senhor *agirá com sabedoria* (Is 52.13). A palavra hebraica refere-se a alguém que realiza uma tarefa com habilidade e competência. Uma tradução atual diz: *Meu servo prosperará* (OL-BibleGateway.com). Ambas as traduções são válidas. A palavra hebraica implica ação prudente que obtém resultados prósperos. Sabedoria e sucesso aparecem frequentemente conectados nas Escrituras (cf. Js 1.7,8; 1Sm 18.5,30; 1Rs 2.3, em que o mesmo verbo aparece). A linguagem acentua o fato de que a exaltação do Servo não se deve a sucesso acidental ou a boa sorte.

Seu triunfo final é uma conquista alcançada por um hábil conhecimento. A incrível sabedoria do Servo fará com que ele atinja o seu propósito. Ele não falhará em cumprir a vontade de Deus, porque utiliza, prudentemente, formas justas para alcançar os mais nobres resultados. Além disso, "a sabedoria do Servo é profundamente abnegada, pois ele aceita os fins determinados por Deus e de bom grado assume um fardo de sofrimento incalculável, para torná-los possíveis. Aqui a sabedoria de Deus e a parte da humanidade são decisivas (cf. 1Co 1.17-25).[2]

Os resultados atingidos pelo Servo no versículo 13 são afirmados em três partes: ele a*girá com sabedoria; será levantado* [...] *e muitíssimo exaltado*. Essas frases não são redundantes; ao contrário, são declarações crescentes, indo do alto para um patamar superior e dali para o altíssimo. Os graus ascendentes são paralelos: à ressurreição de Cristo (alta), sua ascensão (superior) e (culminando na mais alta honra possível) sua coroação (Fp 2.9-11). Ninguém nunca agiu tão sabiamente, nem obteve como resultado algo tão altamente exaltado.

Um fato evidente, que não pode passar despercebido, é que os sofrimentos de Cristo foram planejados, intencionais e bem-sucedidos. Críticos céticos tentam, às vezes, denegrir Jesus. Eles o veem como uma figura promissora, mas decepcionante, cuja crucificação o tornou mártir, em vez de Messias — como se a cruz marcasse o súbito colapso de um grande plano. Afirmam que Jesus teve uma vida bem-intencionada, porém sua morte foi trágica e infeliz. Alguns chegam a sugerir que ele calculou mal a tolerância das pessoas ao seu ensino, e o fato de ter ido longe demais custou-lhe a vida. Outros o veem como um nacionalista equivocado, cujos esforços para iniciar uma revolução contra Roma foram irremediavelmente erráticos. Ele foi até descrito como um conquistador ambicioso, apesar de ter veementemente rejeitado a tentativa do povo de torná-lo rei (Jo 6.14,15). Agnósticos, descrentes, cínicos e escarnecedores de todos os tipos tentam, invariavelmente, classificar Jesus como apenas mais um fanático religioso, varrido por delírios de grandeza.

---

[2]GROGAN, Geoffrey W. "Isaiah", in: LONGMAN III, Tremper e GARLAND, David E., eds. *Expositor's Bible commentary*, 13 vols. Grand Rapids, MI: Zondervan, 2008, 6:798.

Todas essas visões são falsas e blasfemas. Ninguém que vá à Bíblia, em uma busca honesta, poderá concluir que os eventos da vida de Jesus não foram precisamente como ele pretendeu que fossem — como se o seu sonho de um mundo melhor terminasse em um pesadelo pessoal.

Nada poderia estar mais longe da verdade! Sua morte, com todo o horror e angústia, foi profetizada séculos antes em Isaías 53. Essa passagem deixa inegavelmente claro que Jesus não foi uma vítima bem-intencionada de um plano que deu terrivelmente errado. Ele *agiu com sabedoria*. Jesus sabia, com todos os detalhes, exatamente como sua vida terminaria, e ele já tinha conhecimento disso desde antes da fundação do mundo, quando o plano de salvação foi elaborado.

Jesus conhecia todas as passagens proféticas do Antigo Testamento. Ele repreendeu os discípulos por não entenderem que o Antigo Testamento previa que ele morreria: *Como vocês custam a entender e como demoram a crer em tudo o que os profetas falaram! Não devia o Cristo sofrer estas coisas, para entrar na sua glória*? (Lc 24.25,26; cf. tb. v. 27,44). Ele mesmo lhes havia falado várias vezes sobre a sua morte ao longo do seu ministério:

> *Jesus respondeu: Podem vocês fazer os convidados do noivo jejuar enquanto o noivo está com eles? Mas virão dias quando o noivo lhes será tirado; naqueles dias jejuarão* (Lc 5.34,35).

> *Jesus os advertiu severamente que não contassem isso a ninguém. E disse: É necessário que o Filho do homem sofra muitas coisas e seja rejeitado pelos líderes religiosos, pelos chefes dos sacerdotes e pelos mestres da lei, seja morto e ressuscite no terceiro dia* (Lc 9.21,22).

> *Ele disse aos seus discípulos: Ouçam atentamente o que vou lhes dizer: o Filho do homem será traído e entregue nas mãos dos homens* (Lc 9.43,44).

> *Mas tenho que passar por um batismo, e como estou angustiado até que ele se realize!* (Lc 12.50).

> *Ele respondeu: Vão dizer àquela raposa: Expulsarei demônios e curarei o povo hoje e amanhã, e no terceiro dia estarei pronto* (Lc 13.32).

> *Jerusalém, Jerusalém, você, que mata os profetas e apedrejas os que lhe são enviados! Quantas vezes eu quis reunir os seus filhos, como a galinha reúne os seus pintinhos debaixo das suas asas, mas vocês não quiseram! Eis que a casa de vocês ficará deserta. Eu lhes digo que vocês não me verão mais até que digam: Bendito o que vem em nome do Senhor (Lc 13.34,35).*
>
> *Mas antes é necessário que ele sofra muito e seja rejeitado por esta geração (Lc 17.25).*
>
> *Jesus chamou à parte os Doze e lhes disse: Estamos subindo para Jerusalém, e tudo o que está escrito pelos profetas acerca do Filho do homem se cumprirá. Ele será entregue aos gentios que zombarão dele, o insultarão, cuspirão nele, o açoitarão e o matarão. No terceiro dia ele ressuscitará (Lc 18.31-33).*

Apesar das muitas e claras previsões de que ele iria morrer, até as pessoas mais próximas de Jesus foram pegas totalmente desprevenidas — ficaram atônitas e confusas — quando ele, finalmente, foi crucificado.

De fato, a crucificação de Cristo ainda é um evento extremamente assombroso e chocante para qualquer pessoa que reflita cuidadosamente sobre ele. Ficamos assustados com a crueldade com que Cristo foi tratado. Estremecemos ao ler as muitas declarações feitas por Cristo durante a sua vida, sobre sua morte iminente, percebendo que ele sabia exatamente o que estava por vir. O fato de que tudo foi predito tão detalhadamente não diminui a maravilha da cruz, só a amplifica.

A SURPREENDENTE HUMILHAÇÃO DO SERVO

É absolutamente incrível que o fiel Servo do Senhor, o prometido libertador de Israel, tenha sido exposto publicamente de maneira tão horrível e humilhante. Essa é a palavra que Isaías usa: *Muitos ficaram PASMADOS diante dele; sua aparência estava tão desfigurada que ele se tornou irreconhecível como homem* (Is 52.14 — grifo do autor).

Esse texto é uma interrupção abrupta e surpreendente entre dois versículos que descrevem a honra, influência e exaltação do Servo. Está escrito de forma tal que amplia intencionalmente o espanto do leitor. A súbita mudança de temas — da *exaltação* à *humilhação*, sem qualquer transição — elucida a razão pela qual *muitos ficaram pasmados*. Ou seja, como temos enfatizado, a morte do Messias prometido foi profundamente chocante. A impressão que se tem é que ninguém, além do próprio Jesus, estava preparado para ela.

A propósito, a palavra hebraica traduzida por "pasmados" é muito rica. A palavra em português pode ser usada com um sentido muito positivo. Por exemplo, em Marcos 7.37, ela descreve o fascínio e a euforia do povo após Jesus ter curado um homem surdo. As Escrituras dizem que *O povo ficava simplesmente* MARAVILHADO [pasmado] *e dizia: Ele faz tudo muito bem...* Quando ele ensinava as multidões, *Todos ficavam* MARAVILHADOS [pasmados] *com o seu ensino, porque falava com autoridade* (Lc 4.32). E, quando ele curou um menino com um espírito imundo, *todos ficaram* ATÔNITOS [pasmados] *ante a grandeza de Deus. Estando todos* MARAVILHADOS [pasmados] *com tudo o que Jesus fazia* (Lc 9.43 — grifo do autor).

Isaías 52.14, fala de um tipo diferente de pasmo. Isaías usa aqui um termo hebraico (*shamem*) que nunca é usado para descrever uma reação positiva. Está mais perto de se estar abismado, perplexo, porém ainda é mais forte do que isso. É como estar totalmente devastado. Na verdade, é um termo usado para descrever a derrota total de um exército, ou a completa desolação de uma região em ruínas. (Isaías usou essa palavra em 49.19 para descrever a terra de Judá após os exércitos caldeus terem destruído quase todos os traços de habitação humana. Ele a descreveu como *arruinada* [*shamem*] e *arrasada*.)

A mesma palavra em hebraico é usada com bastante frequência no Antigo Testamento e, geralmente, é traduzida por "entregue à destruição" ou "deixada para ser devastada". Porém, quando usada em um contexto como Isaías 52.14, a palavra assume uma conotação de horror. Fala de um choque tão profundo que leva à perda de controle de todas as capacidades racionais. Poderia ser traduzida por "anestesiado", "petrificado" ou "paralisado".

Portanto, essa é uma palavra muito forte com um amplo leque de aplicações, mas com um significado muito claro. Levítico 26.32 usa esse termo duas vezes em um tipo de jogo de palavras que mostra seu amplo alcance semântico. O próprio Deus diz: *Desolarei a terra a ponto de ficarem perplexos os seus inimigos que vierem ocupá-la.*

Isaías emprega o termo para descrever o desânimo daqueles que testemunhariam os sofrimentos atrozes infligidos ao Servo sofredor. Eles ficariam simplesmente arrasados. Só que o dano *a ele* causado seria indescritivelmente pior: sua aparência seria tão desfigurada, a ponto de ele se tornar irreconhecível como homem; não parecia mais um ser humano (Is 52.14). Em outras palavras, ele estaria tão desfigurado pelos sofrimentos que lhe foram infligidos que seu rosto e corpo nem sequer pareceriam humanos.

As lesões e a desfiguração vistas aqui são uma descrição do que ocorreu imediatamente antes da crucificação de nosso Senhor, enquanto ele estava sendo julgado. A desfiguração de Jesus realmente começou no Getsêmani na noite de sua traição e prisão. As Escrituras descrevem a profunda angústia interior e exaustão física por ele experimentadas. O Filho de Deus, em sua pureza, contemplou o pecado e a separação de seu Pai. Ele, literalmente, suou sangue ao pensar no que sofreria em favor dos pecadores. Então, já estava fraco e abatido mesmo antes de ser arrastado e levado a julgamento.

Mas o que o deixou com *aparência tão desfigurada e irreconhecível como homem* foram as muitas torturas a ele infligidas por aqueles que o mataram. Sabemos pelos relatos evangélicos que Jesus foi ferido na cabeça, cuspido, escarnecido e açoitado. Ele foi espancado e maltratado pelos principais sacerdotes (Mt 26.67,68), pela guarda do templo (Mc 14.65) e pelos romanos (Mt 27.27-30). Além disso, houve a terrível flagelação que lhe foi imposta sob as ordens de Pilatos (Jo 19.1).

O flagelo romano era uma punição tão severa que colocava a vida em risco. A vítima era chicoteada impiedosamente com um *flagellum* [flagelo] (chicote curto que consistia em um cabo de madeira ao qual eram amarradas longas tiras de couro). Cada uma tinha pedaços afiados de osso, ferro e zinco, mantidos no lugar por nós dados a uns 5 ou 10 centímetros de distância uns dos outros, ao longo de cada tira. A vítima era amarrada a um poste com as mãos acima da cabeça e os pés suspensos no chão, esticando o corpo ao máximo. À medida que os fios cortantes do flagelo rasgavam as costas, os músculos iam sendo dilacerados, as veias cortadas e alguns órgãos internos chegavam a ser expostos. Tão devastador era o trauma infligido que, por vezes, essa flagelação se mostrou fatal.

Naturalmente, quando a sentença pedia a crucificação, a morte pelo flagelo não era o pretendido. Um lictor (o oficial que empunhava o flagelo) habilidoso sabia exatamente como aplicar o instrumento de maneira que maximizasse as dores e as lesões, mas mantivesse a vítima viva para que a sentença de crucificação pudesse ser cumprida.

A crucificação era a forma mais brutal, de execução pública, já concebida. Os ferimentos infligidos eram indescritivelmente violentos. No entanto, a narrativa do Novo Testamento faz pouca menção sobre os ferimentos reais que Cristo sofreu. Após a ressurreição, o próprio Jesus falou das feridas em suas mãos e no seu lado (Jo 20.27). Mas o Novo Testamento não tenta descrever em detalhes a gravidade dos ferimentos de Jesus. Qualquer um dentro da influência romana já estava familiarizado com o terrível dano causado ao corpo de uma pessoa pela crucificação.

Portanto, as profecias do Antigo Testamento sobre a morte de Cristo nos dizem mais sobre os ferimentos humilhantes que ele sofreu do que o próprio Novo Testamento. Isaías 52.14 é a descrição mais exata da Bíblia sobre a extrema desfiguração de nosso Senhor — seu rosto estava tão desfigurado que ele não parecia mais ser humano. Salmo 22 fornece ainda mais *insights* sobre o que Jesus suportou na cruz. O salmo começa com as próprias palavras que Cristo proferiu na cruz: *Deus meu, Deus meu, por que me desamparaste?* O salmo também cita as palavras daqueles que zombaram do Salvador quando ele ficou pendurado lá: *Confiou no Senhor! Livre-o ele; salve-o, pois nele tem prazer* (v. 8; cf. Mt 27.42).

Portanto, não pode haver dúvida sobre a quem se refere o Salmo 22. É o próprio testemunho de Cristo sobre a cruz, dado a nós profeticamente em um salmo que foi escrito pelo menos mil anos antes de ser cumprido. Ele diz:

> *Derramei-me como água, e todos os meus ossos se desconjuntaram; meu coração fez-se como cera, derreteu-se dentro de mim. Secou-se o meu vigor, como um caco de barro, e a língua se me apega ao céu da boca; assim, me deitas no pó da morte. Cães me cercam; uma súcia de malfeitores me rodeia; traspassaram-me as mãos e os pés. Posso contar todos os meus ossos; eles me estão olhando e encarando em mim* (Sl 22.14-17).

SURPREENDENTE!

Esse texto descreve a crucificação de Cristo com incrível precisão, embora tenha sido escrito séculos antes que alguém pensasse em executar criminosos daquela maneira. As perfurações das mãos e dos pés referem-se aos pregos usados para prender Jesus na cruz. Os ossos de Jesus teriam sido deslocados quando (depois de pregá-lo) os carrascos levantaram a cruz e depois a deixaram cair dentro de um buraco que havia sido cavado fundo o suficiente para permitir que a cruz ficasse em pé. O impacto estridente dos ossos teria deslocado articulações do corpo todo. Os ossos podiam ser contados porque aquele trauma extremo e a desidratação deixaram-no uma figura praticamente esquelética. *Ele foi contado entre os transgressores*, isso é precisamente o que os relatos evangélicos descrevem (Mc 15.27,32). A frase *meu coração fez-se como cera, derreteu-se dentro de mim* é a própria imagem que se obtém da descrição de João da cena em que *um dos soldados perfurou o lado de Jesus com uma lança, e logo saiu sangue e água* (Jo 19.34).

Mais uma vez, Salmo 22 é uma descrição profética precisa da crucificação, mais gráfica até mesmo que os relatos de testemunhas oculares do Novo Testamento. No entanto, a menção mais antiga da crucificação em qualquer registro histórico refere-se a um evento que ocorreu quinhentos anos depois de Davi. Quando Dario conquistou a Babilônia pela segunda vez em 519 a.C., ele ordenou que três mil dos homens mais proeminentes da cidade fossem empalados e deixados a morrer lentamente.[3] A prática foi subsequentemente adotada como meio de execução pública por causa do terror implantado naqueles que a testemunharam. Várias formas de empalação e crucificação foram empregadas pelos impérios mundiais ao longo dos próximos quinhentos anos. Os gregos, geralmente, desprezavam a prática e a usavam com parcimônia. Os romanos, no entanto, não só a adotaram, como também foram os responsáveis pelo aperfeiçoamento do método que manteria as vítimas sofrendo em agonia por três dias ou mais.

Um líder da igreja inglesa do século 19, Frederic Farrar, escreveu a seguinte descrição dos horrores da crucificação:

---

[3] HERÓDOTO, *Histories*, 3.159.

[Na cruz] as torturas eram insuportáveis e, com o passar do tempo, iam ficando cada vez mais alucinantes. As infelizes vítimas permaneciam vivas seguindo lentamente para uma morte cruel e intolerável. Muitas vezes elas eram levadas a suplicar, a implorar aos carrascos, que tivessem piedade e pusessem fim àquela angústia terrível demais para suportar, pois ficavam conscientes até o último suspiro. Geralmente com lágrimas, em situação de profunda miséria, suplicavam aos seus inimigos o inestimável benefício da morte.

De fato, a morte por crucificação parece incluir tudo o que a dor e a morte *podem* causar de horrível e medonho — vertigem, cãibra, sede, fome, insônia, febre traumática, tétano, vergonha pública, longa permanência de tormento, horror da antecipação, necrose de feridas não curadas — todas intensificadas ao máximo, mas não chegando ao ponto de dar o alívio da inconsciência à vítima. A posição antinatural tornava cada movimento doloroso; as veias dilaceradas e os tendões esmagados pulsavam com angústia incessante; as feridas, inflamadas pela exposição, gangrenavam gradualmente; as artérias — especialmente as da cabeça e do estômago — ficavam inchadas e entumecidas com sangue represado; e enquanto cada um desses sintomas desesperadores continuava aumentando gradualmente, foi-lhes adicionado o sofrimento intolerável de uma sede ardente e premente; e todas essas complicações físicas causavam excitação e ansiedade internas, que tornavam a perspectiva da própria morte — esse terrível inimigo desconhecido, diante do qual o homem geralmente estremece — algo ameno, libertador e até atrativo.[4]

Isaías 52.14 deve ser entendido à luz desse pano de fundo. O tratamento brutal a que Jesus foi submetido o deixou tão mutilado e dilacerado que ele mal parecia humano.

O assombro das pessoas expressava desprezo. Refletia o profundo choque que sentiam ao ver sua humilhação. Acharam-no repulsivo e

---

[4]Farrar, Frederic William. *The sweet story of Jesus: The life of Christ.* New York: Commonwealth, 1891, p. 619. Para uma análise dos aspectos médicos da crucificação, veja Edwards, William D., Gabel, Wesley J. e Hosmer, Floyd E. "On the physical death of Jesus Christ", *Journal of the American Medical Association* 255. March 21, 1986, p. 1455-1463.

completamente oposto à imagem que faziam dele como o Rei Messias. Sua degradação era a mais profunda, a mais sombria e a mais implacável possível.

Mas, em contraste, sua exaltação foi a mais alta, mais intensa e mais gloriosa.

A ESPANTOSA EXALTAÇÃO DO SERVO

A forma utilizada na passagem de Isaías 52.12-15 para mudar de cena para cena é muito difícil de ser entendida por leitores que não têm conhecimento anterior sobre a pessoa de Cristo. Quando ele começa em 52.13, o Servo do Senhor será *exaltado e elevado*. O versículo 14 apresenta aquele vislumbre do Salvador com os verbos no tempo passado — *o seu parecer estava tão desfigurado...* Daí para a frente, então, no versículo 15, a cena muda mais uma vez, o tempo verbal e o clima mudam abruptamente, e nós passamos a olhar à frente para o glorioso e triunfante retorno de Cristo, quando *todos os reis se prostrarão perante ele; todas as nações o servirão* (Sl 72.11). Aqui o assombro passa às nações e aos reis gentios, que ficam sem palavras quando o veem: *Ele aspergirá muitas nações, e reis calarão a boca por causa dele. Pois aquilo que não lhes foi dito verão, e o que não ouviram compreenderão.*

"Aspergir" é uma das possíveis traduções da palavra hebraica *nazah*, que literalmente significa "jorrar" ou "respingar". A palavra também pode significar "fazer saltar" ou "assustar". Robert Lowth, um dos primeiros bispos anglicanos do século 19 (que publicou sua própria tradução de Isaías, do original hebraico), citou "bispo Chandler, *Defence*, p. 148, [que] diz: '*a aspersão* é usada para *surpreender* a pessoa quando a água é borrifada sobre ela. E esse sentido é seguido pela *LXX* [a *Septuaginta*]'".[5] De fato, a antiga tradução grega de Isaías, que foi usada no tempo de Jesus, emprega uma forma do verbo grego *thaumazo* "maravilhar" ou "admirar". Uma *tradução* literal do versículo 15 da *Septuaginta*, portanto, diria: "Muitas nações ficarão maravilhadas com ele; os reis manterão a boca fechada".

---

[5] LOWTH, Robert. *Isaiah: A new translation with a preliminary dissertation and notes.* London: Thomas Tegg & Son, 1837, p. 363.

Essa tradução se encaixa bem nesse contexto. Ele mantém o tema desses três últimos versículos em Isaías 52.13,14,15: *Vejam* [!] ... *Muitos ficaram pasmados...* [Nações vão se surpreender] ... *Reis calarão a boca por causa dele.*

Assim como muitos ficaram impressionados com a humilhação do Servo, nações e seus reis também ficarão surpresos com sua exaltação. Os reis — que *sempre* se acham no direito de falar — ficarão sem palavras. E, quando esse dia chegar, todas as nações do mundo o verão. *Então, aparecerá no céu o sinal do Filho do Homem; todos os povos da terra se lamentarão e verão o Filho do Homem vindo sobre as nuvens do céu, com poder e muita glória* (Mt 24.30). Eles ficarão atônitos com a espetacular, mas aterrorizante, cena. Seu silêncio será a reação natural e involuntária do extremo espanto, e a intensa emoção os deixará mudos.

Vejamos o que as Escrituras falam sobre aquele dia:

O sol escurecerá, e a lua não dará a sua luz; as estrelas cairão do céu, e os poderes celestes serão abalados. Então aparecerá no céu o sinal do Filho do homem, e todas as nações da terra se lamentarão e verão o Filho do homem vindo nas nuvens do céu com poder e grande glória (Mt 24.29,30).

Mas eu digo a todos vós: chegará o dia em que vereis o Filho do homem assentado à direita do Poderoso e vindo sobre as nuvens do céu (Mt 26.64).

Mas eu digo a todos vós: chegará o dia em que vereis o Filho do homem assentado à direita do Poderoso e vindo sobre as nuvens do céu (At 1.11).

É justo da parte de Deus retribuir com tribulação aos que lhes causam tribulação, e dar alívio a vocês, que estão sendo atribulados, e a nós também. Isso acontecerá quando o Senhor Jesus for revelado lá do céu, com os seus anjos poderosos, em meio a chamas flamejantes. Ele punirá os que não conhecem a Deus e os que não obedecem ao evangelho de nosso Senhor Jesus (2Ts 1.6-8).

Deus entronizará seu filho como Rei do mundo. Os reis da terra verão e ficarão aterrorizados:

SURPREENDENTE!

Por que se amotinam as nações e os povos tramam em vão? Os reis da terra tomam posição e os governantes conspiram unidos contra o SENHOR *e contra o seu ungido, e dizem: Façamos em pedaços as suas correntes, lancemos de nós as suas algemas! Do seu trono nos céus o* SENHOR *põe-se a rir e caçoa deles. Em sua ira os repreende e em seu furor os aterroriza, dizendo: Eu mesmo estabeleci o meu rei em Sião, no meu santo monte* (Sl 2.1-6).

Observe que a maioria dessas profecias enfatiza como a segunda vinda do Senhor Jesus Cristo pegará as pessoas completamente desprevenidas. E é fácil perceber por quê. Mesmo hoje, apesar do grande número de pessoas, em todo o mundo, que professa algum tipo de fé em Cristo, a maioria não está aguardando a volta dele. Porém, quando ele vier, *aquilo que não lhes foi dito verão, e o que não ouviram compreenderão* (Is 52.15). E ficarão atônitos e em silêncio.

Esse versículo final de Isaías 52 declara um princípio importante com implicações de longo alcance. O profeta está declarando que pessoas em todo o mundo, que nunca ouviram a palavra de Deus e não têm nenhuma motivação terrena para entender a verdade sobre o Messias de Israel, de repente verão e entenderão quem ele é, porque o próprio Deus lhes abrirá os olhos para a verdade. Paulo citou esse texto para explicar o motivo de seu grande compromisso com a tarefa de pregar o evangelho aos gentios: *Hão de vê-lo aqueles que não tinham ouvido falar dele, e o entenderão aqueles que não o haviam escutado* (Rm 15.21).

Mas o contexto aqui, em Isaías 52, sugere que o cumprimento final dessa promessa ocorrerá quando ele vier nas nuvens. *... e todo olho o verá, até mesmo aqueles que o transpassaram; e todos os povos da terra se lamentarão por causa dele* (Ap 1.7).

Agora considere mais uma vez os três últimos versículos de Isaías 52, como uma só unidade de texto. À primeira vista, eles podem parecer uma série de *non sequiturs*.[6] Mas eles estão ligados com um tema claro: o Servo do Senhor é uma pessoa surpreendente. Sua sabedoria e esplendor são deslumbrantes (v. 13). O fato de alguém tão glorioso ter se submetido a

---

[6][NT]: Do latim, falta de conclusão entre a premissa inicial e a conclusão.

essa humilhação e desfiguração é totalmente absurdo e desconcertante (v. 14). Mas a maior maravilha de todas ocorrerá em seu vitorioso e glorioso retorno, quando toda boca se calará e o mundo inteiro será culpado diante de Deus (cf. Rm 3.19).

Esses três versículos (proferidos pelo próprio Deus) sobre a surpreendente *revelação*, *humilhação* e *exaltação* do Servo são apenas a introdução da mensagem completa que Isaías proferirá no capítulo 53. Ali, depararemos com o fato mais aterrador de todos, ou seja, a surpreendente *rejeição* do Servo. Embora ele tenha chegado em um tempo em que a esperança e a expectativa messiânica estavam no auge, foi recebido com o mais veemente tipo de desprezo e rejeição. *Foi desprezado e rejeitado* (53.3) por seu próprio povo. É para essa realidade trágica que nos voltamos para a segunda estrofe dessa maravilhosa profecia.

capítulo quatro

E SE NÃO CREREM?

Qualquer pessoa, não preconceituosa, poderia perceber por essa passagem de Isaías que, quando o Messias viesse, ele não seria recebido com pompa, mas viria como um *homem de dores e que sabe o que é padecer; e era desprezado* [...]. Apesar disso, embora a verdade tivesse sido escrita de forma clara como um raio de sol, e o povo judeu estivesse familiarizado com suas próprias Escrituras (pois, de forma geral, eles a conheciam bem), quando o Messias chegou — ele *veio para o que era seu, mas os seus não o receberam* (Jo 1.11) —, o povo, embora tivesse acesso às mais claras profecias referentes a ele, rejeitou suas evidências e gritou: "Crucificai-o já!"

CHARLES SPURGEON[1]

---

[1] SPURGEON, Charles. *The metropolitan tabernacle pulpit*, 18:565.

Se na época de Jesus a expectativa messiânica era tão alta e estava tão em voga, por que ele foi rejeitado pela grande maioria do povo judeu? *Será que Israel não entendeu?* (Rm 10.19). Seu próprio povo o rejeitou! *... os seus não o receberam* (Jo 1.11). Será que isso, de alguma forma, causa descrédito à reivindicação de que Jesus é o verdadeiro Messias?

De jeito nenhum! Isaías profetizou claramente que o Servo sofredor de Javé seria recebido com incredulidade e rejeição. Nos versículos iniciais de Isaías 53, esse ponto é apresentado repetidamente de forma bem clara: *Quem creu em nossa pregação?* [...] *não tinha aparência nem formosura; olhamo-lo, mas nenhuma beleza havia que nos agradasse. Era desprezado e o mais rejeitado entre os homens* [...] *era desprezado, e dele não fizemos caso* (Is 53.1-3). A rejeição do Messias é uma das características principais de Isaías 53.

Saulo de Tarso era um judeu erudito que não aceitava, sob hipótese alguma, o que Jesus Cristo alegava ser, e odiava profundamente o cristianismo. Ele mesmo conta em Atos 26.10: *Com autorização dos chefes dos sacerdotes lancei muitos santos na prisão, e quando eles eram condenados à morte eu dava o meu voto contra eles.* Saulo praticamente supervisionou as primeiras tentativas das principais autoridades judaicas para erradicar o cristianismo. Até que ele mesmo se converteu milagrosamente, ao ser chamado pelo próprio Cristo ressurreto para servir e tornar-se um apóstolo, chegando, inclusive, a plantar igrejas nas regiões gentias de Antioquia até Roma.

Uma vez ou outra, alguém sugere que Paulo foi pregar aos gentios porque sua própria conversão levou-o a desenvolver uma espécie de autoaversão à sua própria etnia. Mas Paulo não era, definitivamente, um antissemita. Ele tinha em seu coração o profundo desejo, e orava constantemente a Deus, de que seus irmãos pudessem compreender a verdade de Cristo e ser salvos (Rm 10.1). Ele até disse que aceitaria ser condenado se esse fosse o meio para salvar seus irmãos judeus: *Pois eu até desejaria ser amaldiçoado e separado de Cristo por amor de meus irmãos, os de minha raça, o povo de Israel. Deles é a adoção de filhos; deles é a glória divina, as alianças, a concessão da lei, a adoração no templo e as promessas* (Rm 9.3,4).

Ao refletir sobre a incredulidade daqueles que conheciam as promessas do Antigo Testamento e, portanto, tinham todas as razões para abraçar Jesus como Messias, mas o rejeitaram, Paulo aponta para Isaías 53 e afirma que a incredulidade de Israel já tinha sido predita pelos profetas, paralelamente às profecias messiânicas. Ele escreveu: *No entanto, nem todos os israelitas aceitaram as boas-novas.* Pois Isaías diz: S*ENHOR, quem creu em nossa mensagem?* (Rm 10.16). O versículo por ele aqui citado é Isaías 53.1.

NEM TODOS OBEDECERAM AO EVANGELHO

As profecias messiânicas do Antigo Testamento que foram cumpridas por Jesus são incrivelmente detalhadas e específicas. Fizemos uma lista delas no capítulo 1 deste livro. Vamos, aqui, examinar algumas em seu contexto e com mais cuidado. Elas aparecem inesperadamente em lugares onde os leitores normalmente não procurariam. Coletivamente, no entanto, elas nos dão muitos detalhes específicos sobre o Messias que viria e afastam definitivamente a ideia de que sua verdadeira identidade fosse indefinida ou ambígua.

Miqueias 5.2, por exemplo, traz a previsão de onde o Messias nasceria: *E tu, Belém-Efrata, pequena demais para figurar como grupo de milhares de Judá, de ti me sairá o que há de reinar em Israel, e cujas origens são desde os tempos antigos, desde os dias da eternidade.* O versículo aparece em um contexto em que Miqueias está profetizando contra Zedequias, a quem Nabucodonosor tinha ilegitimamente colocado como rei vassalo sobre Judá. Zedequias, porém, tentou se rebelar e Nabucodonosor arrancou-lhe os olhos (2Rs 25.1-7).

No capítulo 10 examinaremos a sucessão de reis que governaram Judá depois da morte de Isaías, até o cativeiro babilônico. Zedequias se encaixa nessa época. Vamos ver alguns dados de sua vida, para que possamos entender as referências históricas de Miqueias 5.1,2.

Embora ele não estivesse diretamente na linha de sucessão, Zedequias foi a última pessoa a se sentar no trono de Davi. Seu reinado terminou quando Nabucodonosor ficou irado, invadiu Jerusalém, cegou Zedequias e o levou para a Babilônia, onde ele morreu (Ez 12.13). Miqueias 5.1 refere-se ao ataque de Nabucodonosor a Jerusalém: *Agora, ajunta-te em tropas, ó filha de tropas; pôr-se-á sítio contra nós; ferirão com a vara a face do juiz de Israel.* A "filha de tropas" refere-se ao exército de soldados caldeus enviado por Nabucodonosor para punir Zedequias, o qual é mencionado no versículo 1 como "o juiz de Israel". A vara que fere sua face é o instrumento utilizado para furar seus olhos.

O versículo 2 é, então, endereçado à cidade de Belém. Uma vez que nenhum rei jamais assumiu o trono de Davi após a deposição de Zedequias, a promessa no versículo 2 foi feita para assegurar aos israelitas que o verdadeiro governante deles, o herdeiro legítimo do trono de Davi, certamente viria. As implicações messiânicas dessa profecia eram óbvias mesmo nos tempos do Antigo Testamento. No entanto, como na maioria das promessas messiânicas do Antigo Testamento, pairava também certo mistério ao redor de Miqueias 5.2, até o seu cumprimento. Miqueias não dá indícios sobre *quando* ou *como* o Messias surgiria, mas é bem específico sobre o local *de onde* o governante prometido viria.

A prova de que as pessoas antes da época de Cristo entendiam claramente o significado messiânico de Miqueias 5.2 é evidenciada quando, no tempo de Herodes, os magos saíram do oriente em busca do rei recém-nascido e os sumos sacerdotes e os escribas citaram esse texto sem hesitação e, com base nele, os encaminharam a Belém.

Várias profecias do Antigo Testamento, sobre o libertador messiânico, estavam cheias de detalhes específicos que se encaixam exatamente em Jesus. Eles se encontram em várias partes ao longo de todo o Antigo Testamento. Nos primeiros capítulos de Gênesis, por exemplo, foi prometido a Adão e Eva que um homem acabaria por derrotar Satanás e derrubar a maldição do pecado, a descendência da mulher (Gn 3.15). Ele seria um descendente de Abraão (Gl 3.16). Ele viria da tribo de Judá (Gn 49.10) da linhagem sanguínea de Davi (Jr 23.5,6; Rm 1.3).

Havia também indicações, ao longo do tempo, de que o Messias seria mais do que apenas um homem. Ele seria Deus encarnado. Há uma citação de sua divindade em Miqueias 5.2: *Suas origens estão* NO PASSADO DISTANTE, EM TEMPOS ANTIGOS. A *King James Version* [Versão do rei Tiago] traduz muito bem por *desde os tempos antigos, desde os dias da eternidade.*

A expressão hebraica significa "desde a eternidade passada". Assim, aquele que vem de Belém *será o governante sobre Israel*. E esse que vem de Belém seria alguém que não teria suas origens no reino humano; ele já existia antes do começo dos tempos.

As evidências da divindade do Messias são sutis, mas inegáveis. Vemos outro exemplo quando Davi chamou o Messias de seu "Senhor" (Sl 110.1). O próprio Jesus perguntou retoricamente após seu confronto com alguns líderes religiosos judeus: *Se, pois, Davi o chama Senhor, como pode ser ele seu filho?* (Mt 22.43-45). Davi, inquestionavelmente, referiu-se ao Messias como Deus, já que nenhum pai do Oriente Médio, muito menos um rei, chamaria seu próprio filho de "Senhor". Podemos acrescentar a esses exemplos a famosa profecia sobre o nascimento virginal de Cristo em Isaías 7.14. Essa profecia também indica, fortemente, que o Messias seria o Deus encarnado, dado o seu nome, *Emanuel, que significa Deus conosco* (Mt 1.23). Isaías 9.6 prossegue, dizendo: *E ele será chamado Maravilhoso Conselheiro, Deus Poderoso, Pai Eterno, Príncipe da Paz* (grifo do autor).

Após séculos de espera, o Senhor Jesus Cristo veio, finalmente, nascido de uma virgem como Isaías havia predito (cf. Lc 1.26-35), em Belém (Mt 2.1), da descendência de Abraão e Davi (Mt 1.1), e sua divindade foi confirmada por suas palavras e obras inigualáveis (Lc 24.19; At 2.22; Jo 5.36; 7.46; Mt 7.28,29). Suas credenciais messiânicas eram impecáveis, o que levou muitos que o viram e ouviram a questionar: *Porventura, reconhecem verdadeiramente as autoridades que este é, de fato, o Cristo?* (Jo 7.26). E: *Quando o Cristo vier, fará mais sinais miraculosos do que este homem fez?* (v. 31). Depois de testemunhar seu poder, uma multidão com milhares de pessoas, tentou *proclamá-lo rei à força* (6.15) e, em outra ocasião, multidões exaltadas saudaram-no como Messias quando ele entrou pela última vez em Jerusalém (Mt 21.9; Jo 12.13).

No entanto, a maioria do povo de Israel, seguindo seus líderes religiosos (Mt 27.20), acabou rejeitando-o como seu Messias. Eles *com a ajuda de homens perversos, o mataram, pregando-o na cruz* (At 2.23; cf. 3.13-15; 4.10,11; 5.30; 7.52; 13.27).

Como isso pôde acontecer? Como o seu próprio povo pôde rejeitá-lo, apesar da evidência esmagadora de que ele era de fato o tão esperado Messias de Israel? Já sugerimos que, pelo menos parte dessa resposta, localiza-se nas falsas expectativas colocadas sobre o Messias. Eles esperavam um conquistador, um herói que os libertasse de seus opressores romanos, iniciando seu reinado e concedendo bênçãos a Israel.

Emil Schürer, um famoso historiador alemão do século 19 e professor de teologia, escreveu uma coleção com vários volumes, apresentando um trabalho meticuloso, sobre o judaísmo do século 1. Ele descreveu, de forma extensa, a esperança messiânica daquela época, referindo-se a ela como "uma declaração sistemática da teologia doutrinária messiânica".[2] De acordo com Schürer, os teólogos judeus acreditavam que a vinda do Messias se desdobraria em uma cadeia com nove fases de eventos intimamente ligados. Schürer resumiu a escatologia hebraica do século 1 da seguinte forma:

1. "*A última tribulação e perplexidade* [...]. A redenção será precedida por um período de grande dificuldade e aflição."[3]
2. "*Elias como precursor*. O retorno do profeta Elias para preparar o caminho do Messias é esperado com base em Malaquias 4.5,6."[4]
3. *O aparecimento do Messias*.[5] O professor Schürer diz que a primeira esperança messiânica não foi focada em uma única pessoa, mas em toda a dinastia dos reis teocráticos da linhagem davídica. Ao longo do tempo, no entanto, "a esperança foi consolidada e cresceu cada vez mais na expectativa de um *Messias pessoal*, um governante dotado por Deus com dons e poderes especiais".[6] Schürer reconhece que não está totalmente claro se os antigos escritores judeus achavam que o Messias seria simplesmente humano ou um ser preexistente de uma ordem superior. Mas ele cita várias fontes, incluindo o livro de *Enoque* (antigo livro apócrifo judaico), no qual se diz que o Messias foi escolhido, nomeado e oculto com Deus antes de o mundo ter sido criado. Ele também diz que no século 1 os judeus tinham plena convicção de que seu Messias

---

[2] SCHÜRER, Emil. *A History of the Jewish people in the time of Jesus* Christ. Edinburgh: T&T Clark, 1896, 2:154.
[3] Ibid.
[4] Ibid., p. 156.
[5] Ibid., p. 158.
[6] Ibid., p. 160 (grifos no original).

teria poder para operar sinais e maravilhas.[7] Claramente as esperanças judaicas do século 1 em relação ao Messias tinham mais solidez e caminhavam mais em harmonia com a revelação do Novo Testamento do que muitos líderes judeus de hoje gostariam de admitir.

4. "Último ataque dos poderes hostis. Após o aparecimento do Messias, os poderes pagãos se reunirão, se levantarão contra ele e o atacarão."[8]
5. "*Destruição dos poderes hostis* [...]. Um grande julgamento [apocalíptico], imposto pelo próprio Deus sobre seus adversários",[9] finalmente tornará possível a remoção da maldição do pecado e a inauguração da era messiânica, que será um tempo de paz e prosperidade sem precedentes no mundo inteiro.
6. "*Restauração de Jerusalém*. Já que o reino messiânico será estabelecido na Terra Santa (veja Ed 9.9), a própria cidade de Jerusalém será a primeira a ser restaurada."[10]
7. "*A volta dos dispersos*." O professor Schürer diz que a expectativa de que os dispersos de Israel voltariam para suas terras "era tão evidente que essa esperança teria sido aceita mesmo sem as previsões do Antigo Testamento".[11]
8. "*O reino da glória na Palestina*."[12] O estabelecimento do reino do Messias em Jerusalém significava que Israel se tornaria o centro do poder mundial, e todas as outras nações se tornariam sujeitas ao Messias judaico. "*A Terra Santa* se torna o *ponto central* do reino. 'Herdar a terra', portanto, pode ser considerado possuir parte do Reino messiânico."[13]
9. "*Renovação do mundo*. A esperança de uma renovação do céu e da terra é principalmente baseada em Isaías 65.17 e 66.22."[14]

Essa visão dos últimos dias tem, claramente, muito em comum com o pré-milenarismo cristão (a posição escatológica de que Cristo voltará para

---

[7]Ibid., p. 161.
[8]Ibid., p. 164.
[9]Ibid., p. 165.
[10]Ibid., p. 168.
[11]Ibid., p. 169.
[12]Ibid., p. 170.
[13]Ibid., p. 172.
[14]Ibid., p. 177.

reinar no mundo, que ficará em paz por mil anos). Os paralelos são muito numerosos para serem ignorados. De fato, se tomarmos as promessas do Antigo Testamento sobre o reinado do Messias de forma literal e empregarmos as mesmas regras de interpretação, poderíamos usá-las para entender qualquer outra passagem das Escrituras, pois é um esboço aplicável do que a Bíblia ensina sobre o reinado final do Messias de Israel. Em Mateus 24, o próprio Jesus disse que no fim dos tempos *haverá então grande tribulação, como nunca houve desde o princípio do mundo até agora, nem jamais haverá* (v. 21; cf. Ap 7.14). Cada detalhe da antiga cronologia profética dos judeus eruditos também tem eco no livro de Apocalipse, culminando com o reinado milenar de Cristo (Ap 20.4,5).

O que os estudiosos do tempo de Jesus não levaram em conta, no entanto, foi o tema de Isaías 53. Antes de conquistar o último de seus inimigos e estabelecer o seu trono em Jerusalém, o Messias derramaria seu próprio sangue para pagar o preço da nossa redenção pelo pecado, *pois foste morto, e com teu sangue compraste para Deus homens de toda tribo, língua, povo e nação* (Ap 5.9). Resumindo, não havia lugar na teologia messiânica judaica para o sacrifício, a morte e nem mesmo a ressurreição do Messias. Vejamos as palavras de um comentarista a esse respeito:

> Morte e ressurreição não faziam parte do conceito, do projeto, nem do programa do Messias [...]. Eles estavam esperando um Messias que iria quebrar a dominação imperialista dos romanos por meio da força. De que serviria um Messias preso pelas autoridades judaicas, entregue aos romanos e crucificado antes mesmo de começar a organizar suas operações de guerrilha, de revolta popular, de guerra aberta? Se o Antigo Testamento profetizou um libertador que não morreria, mas seria triunfante, Jesus já foi descartado, pois ele morreu. Depois disso, era praticamente irrelevante falar em ressurreição![15]

Comparado com essas expectativas grandiosas, as circunstâncias da vida e do ministério de Jesus não coincidiam com o que o povo judeu esperava do Messias. Ele nasceu no mais humilde dos contextos. Depois de dar à

---

[15] GOODING, David. *According to Luke*. Grand Rapids, MI: Eerdmans, 1987, p. 351.

luz, Maria *envolveu-o em panos e o colocou numa manjedoura* (Lc 2.7). A manjedoura, como todos sabem, é um cocho para alimentação de animais — um local totalmente inadequado para qualquer rei bebê ser colocado. Jesus, ao nascer, não foi visitado pelos ricos e pela elite da sociedade, mas por pastores — trabalhadores minimamente qualificados, que estavam próximo da parte inferior da escala social. O próprio Jesus cresceu no mais humilde dos ambientes, tendo sido criado em uma família da classe trabalhadora, em uma vila pobre, sem nenhuma projeção (Jo 1.46), em uma região desprezada pelo resto da nação (Jo 7.41,52).

Ao contrário dos fariseus arrogantes, orgulhosos e hipócritas (Jo 7.49; 9.34), Jesus ministrou aos excluídos da sociedade judaica — cobradores de impostos (Mt 9.10,11; 11.19; Lc 15.1,2), pecadores toscos como ladrões, bêbados e prostitutas (Mt 21.31,32; Lc 7.37,39) e até mesmo aos desprezados samaritanos (Jo 4.4-43).

Ele não se preocupou em buscar *status* ou aprovação da elite dos líderes espirituais da nação, ou seja, dos principais sacerdotes, escribas e fariseus. Tampouco escolheu seus seguidores mais próximos entre os proeminentes, ricos ou politicamente poderosos. A maioria dos doze apóstolos era formada, principalmente, por pescadores. Um deles era cobrador de impostos. Todos, com exceção de um, eram galileus, menosprezados pelo povo mais sofisticado de Jerusalém e de Judá. O pior, no entanto, foi que justamente o único não galileu acabou sendo quem o traiu.

Jesus não foi educado nas escolas rabínicas, não tinha agenda política, não procurou nenhum cargo ou posição de poder ou influência, não se alistou em nenhum exército e não apresentou nenhuma estratégia para estabelecer seu governo. Além disso, entre os milhares que, nos últimos vinte séculos por meio da fé verdadeira e da obediência, reconheceram Jesus como Messias, *poucos eram sábios segundo os padrões humanos; poucos eram poderosos; poucos eram de nobre nascimento* (1Co 1.26).

Por outro lado, seu poder sobrenatural sobre as enfermidades, a morte e os demônios era notório (cf. Jo 2.23; 3.2; 6.2; 7.31). Até mesmo seus maiores opositores, os principais sacerdotes e fariseus, exclamaram com exasperação: *O que estamos fazendo?, perguntaram eles. Aí está esse homem realizando muitos sinais miraculosos. Se o deixarmos, todos crerão nele, e então os romanos virão e tirarão tanto o nosso lugar como a nossa nação* (Jo 11.47,48).

O espantoso poder e a sabedoria de Jesus realmente aumentaram a esperança de que ele fosse o Messias e libertador que tanto esperavam. Isso ocorreu durante seu ministério na Galileia, e foi quando eles tentaram forçar a situação, buscando torná-lo rei por aclamação popular (Jo 6.14,15). Finalmente, quando ele se aproximou de Jerusalém para a última Páscoa, eles o saudaram como seu Rei e Messias em uma grandiosa exibição de otimismo popular. As multidões que estavam lá naquele dia para testemunhar sua entrada triunfal na cidade esperavam, como os dois homens que Jesus encontrou no caminho de Emaús: *... que era ele que ia trazer a redenção a Israel* (Lc 24.21).

Porém, ao voltar a Jerusalém no dia seguinte, Jesus não atacou os romanos, não lançou em terra os inimigos de Deus, nem fez nenhum comício tentando convencer Israel a abraçar a sua causa. Em vez disso, ele expulsou, de forma surpreendente, os negociantes corruptos patrocinados pelas autoridades religiosas do templo — o próprio coração do judaísmo. Durante o restante da Semana da Paixão, Jesus continuou a confrontar o falso ensino dos líderes judeus e a ensinar a verdade abertamente. Na sexta feira a multidão, influenciada por seus líderes (Mt 27.20), virou-se contra ele. *Crucificai-o, crucificai-o!* — exigiam do relutante Pilatos (Lc 23.21). *Que o sangue dele caia sobre nós e sobre nossos filhos* (Mt 27.25). Então, decidiram que ele não era o rei que eles queriam.

Ele é, no entanto, o Salvador que todos nós precisamos. Lembremo-nos de que o judaísmo do século 1 diminuiu a ênfase bíblica na graça e injetou a noção de mérito humano. As pessoas passaram a acreditar que era a sua ascendência abraâmica que as distinguia do resto do mundo, acrescida das características cerimoniais da lei (principalmente rituais e restrições nutricionais que tornavam evidente a sua piedade). Além disso tudo, os rabinos acrescentaram muitos costumes de ostentação — como lavagens cerimoniais adicionais, regras rígidas sobre o dízimo, o uso de ornamentos como filactérios e franjas, restrições contra o comer com os pecadores e assim por diante. Obediência à lei e aos acréscimos rabínicos tornaram-se o meio pelo qual eles acreditavam que poderiam acumular méritos de justiça. A combinação de todas essas coisas certamente lhes daria uma posição diante de Deus. Pelo menos, era o que pensavam.

Mas o legalismo (incluindo a exibição pública do cerimonial religioso — especialmente quando usado para disfarçar o mal) é um substituto abominável da verdadeira santidade. Deus condena esse comportamento repetidas vezes (Is 1.11-16; 66.3,4; Jr 6.20; Am 5.21-25). Tudo o que se faz dessa forma é corrompido por motivos egoístas, desejos pecaminosos e a ausência de amor (proveniente de um coração puro) ao Senhor. Portanto, as Escrituras dizem que as obras de justiça que fazemos — mesmo as *melhores* — nada mais são do que *trapo imundo* (Is 64.6). Só Deus pode vestir os pecadores *com as vestes da salvação* ou cobri-los *com o manto da justiça* (Is 61.10).

Jesus é o verdadeiro Messias, e um dia retornará para reinar como rei sobre toda a terra. Ele, porém, não podia estabelecer seu reino (com todas as bênçãos prometidas para judeus e gentios) até que tivesse consolidado a nossa salvação. As pessoas não podem ser libertadas de seu sofrimento até que tenham sido libertadas de seu pecado. Os incontáveis milhões de animais sacrificados, oferecidos sob o sistema sacrifical, não expiam o pecado. *Se pudesse fazê-lo, não deixariam de ser oferecidos?* (Hb 10.2). A oferta constante desses sacrifícios foi projetada para *lembrar* as pessoas de seu pecado e da necessidade de uma expiação adequada. *Contudo, esses sacrifícios são uma recordação anual dos pecados, pois é impossível que o sangue de touros e bodes tire pecados* (Hb 10.3,4). Os sacrifícios apontavam para Jesus: *o cordeiro de Deus, que tira o pecado do mundo!* (Jo 1.29). Somente a morte de um substituto perfeito realmente satisfaria as demandas da justiça de Deus e pagaria a penalidade pelo pecado. Isaías 53 é a promessa de Deus de que ele mesmo proveria o cordeiro aceitável (cf. Gn 22.8).

QUEM CREU?

Isaías 53 começa com duas perguntas. Uma versão bem literal da Bíblia diz: *Quem creu em nossa mensagem e a quem foi revelado o braço do Senhor?* O sentido aqui é: "Quem dentre nós acreditou *na mensagem que ouvimos*?" Não é sobre a mensagem que outros "ouviram de nós"; trata-se de uma mensagem que foi *dada* às vozes que estão falando. É uma referência ao evangelho e, especificamente, à notícia, às boas-novas de que o Messias de Israel morreria pelos pecados do seu povo. Isso está claro pelo contexto, porque é o foco do restante do capítulo.

Quem é esse "nós"? Tenha em mente que essa passagem representa a confissão coletiva que todo o Israel fará naquele dia, ainda futuro, quando a nação finalmente se voltar para Cristo. As palavras, naturalmente, serão uma expressão de arrependimento compatível com quem ouviu *sobre* Cristo, mas o desprezou por algum tempo antes de abraçá-lo como Senhor e Salvador. Nesse contexto, porém, ela é uma confissão notável de arrependimento nacional, e é à luz disso que precisamos entendê-la.

A profecia indica que *os israelitas voltarão e buscarão o* Senhor, *o seu Deus e [...] virão tremendo atrás do* Senhor, *e das suas bênçãos, nos últimos dias* (Os 3.5). Eles reconhecerão e confessarão sua culpa por terem se recusado a crer. Eles, entre todas as pessoas, deveriam tê-lo recebido de bom grado. Lembre-se de como o apóstolo Paulo enfatizava as muitas vantagens espirituais que os filhos de Israel desfrutavam por serem o povo escolhido de Deus. *Porque, primeiramente, as palavras de Deus lhe foram confiadas* (Rm 3.2). Além disso, *... dos quais é a adoção de filhos, e a glória, e as alianças, e a lei, e o culto, e as promessas; dos quais são os pais, e dos quais é Cristo segundo a carne, o qual é sobre todos, Deus bendito eternamente. Amém* (Rm 9.4,5). O evangelho em si foi dado *primeiro ao judeu* (Rm 1.16). Quando Cristo veio, ele *veio para o que era seu* (Jo 1.11). Embora ele tenha tratado graciosamente todos os gentios que buscaram sua bênção, o foco principal de seu ministério terreno era, realmente, o povo judeu. Ele mesmo disse: *Eu não fui enviado senão às ovelhas perdidas da casa de Israel* (Mt 15.24). E, em Romanos 15.8, Paulo diz que *Jesus Cristo foi ministro da circuncisão, por causa da verdade de Deus, para que confirmasse as promessas feitas aos pais.*

Já vimos como todas as profecias do Antigo Testamento sobre o Messias foram, ou serão, cumpridas perfeitamente em Jesus. Também os muitos milagres por ele realizados e presenciados por milhares foram mais um testemunho de que ele era realmente o ungido de Deus, e seus ensinamentos também eram evidências inequívocas de sua autoridade divina (Mt 7.28,29). É, portanto, muito ampla a comprovação de que ele era quem afirmava ser. No entanto, como João diz logo no início do seu evangelho, *os seus não o receberam* (Jo 1.11). A esmagadora maioria do povo judeu, da época de Jesus e até os dias de hoje, rejeitou e rejeita suas reivindicações messiânicas, dando as costas à graciosa promessa de perdão e à completa redenção.

Naturalmente, eles não estão sozinhos nisso. A maioria dos gentios também recusa o evangelho. *Larga é a porta, e espaçoso o caminho que conduz à perdição, e muitos são os que entram por ela* (Mt 7.13). Cristo é a *pedra viva, reprovada, na verdade, pelos homens, mas para com Deus eleita e preciosa* (1Pe 2.4). Os incrédulos que rejeitarem o Filho de Deus se arrependerão eternamente, pois ele é a perfeita autorrevelação de Javé (Cl 2.9). É fato comprovado que a incredulidade é a resposta dominante ao evangelho em praticamente todas as culturas do mundo. Pessoas orgulhosas, caídas espiritualmente, recusam confessar sua necessidade de perdão. Elas chegam a zombar de qualquer menção que se faça quanto à culpa do pecado ou à ira de Deus. Elas rejeitam deliberadamente as boas-novas da salvação, considerando-as absurdas e ofensivas.

É terrível ver *alguém* zombar da perspectiva do julgamento divino. Mas é especialmente trágico quando são pessoas que conhecem as promessas e os convites de Cristo e se afastam dele, muitas vezes passando a odiar a simples menção de seu nome. Jesus disse aos seus onze discípulos que permaneceram fiéis: *Se o mundo vos odeia, sabei que, primeiro do que a vós, me odiou a mim* (Jo 15.18). O mundo inteiro, e não somente uma nação ou grupo étnico, é culpado por rejeitar Cristo.

No entanto, para a maioria descrente da nação de Israel — começando com os líderes religiosos do século 1 em Jerusalém que conspiravam com os romanos para matar Jesus — a vergonha de sua rejeição é intensificada porque eles tinham as profecias e as promessas messiânicas. Eles desfrutaram de todas as vantagens espirituais possíveis. O evangelho, literalmente, chegou primeiro a eles. Como vimos, as Escrituras revelam que os principais sacerdotes e as autoridades religiosas da época tinham todas as razões para acreditar que Jesus era quem dizia ser. Porém, o maior medo deles era a perda de seu próprio *status*: *Se o deixarmos assim, todos crerão nele; depois, virão os romanos e tomarão não só o nosso lugar, mas a própria nação* (Jo 11.48). Eles, então, propositadamente fecharam a mente para a possibilidade de que as reivindicações de Jesus fossem verdadeiras. Como todo incrédulo, eles eram culpados por sua própria incredulidade. *Tais homens são, por isso, indesculpáveis* (Rm 1.20).

A culpa deles, inclusive, foi ampliada pelo fato de terem tido inúmeros privilégios. Eles o viram e ouviram pessoalmente, mas mesmo assim endureceram o coração. Portanto, nas próprias palavras de Jesus, *estes receberão mais grave condenação* (Mc 12.40). *E, a qualquer que muito for dado, muito se lhe pedirá, e ao que muito se lhe confiou, muito mais se lhe pedirá* (Lc 12.48).

A incredulidade é como uma cegueira. Os líderes judeus temiam que, se todos aceitassem Jesus como o Messias prometido, isso poderia indicar que eles mesmos aceitavam o fato de que Jesus era quem dizia ser. A visão deles, no entanto, foi obscurecida por sua própria incredulidade e pelo ódio que nutriam por ele. Podia-se dizer que o apóstolo Paulo era uma estrela em ascensão, entre os fariseus, no tempo da crucificação. Ele deve ter conhecido, pessoalmente, muitos dos líderes judeus mais influentes. Paulo foi treinado em Jerusalém aos pés de Gamaliel (At 22.3), que era o mais famoso e respeitado rabino de sua época, além de membro do Sinédrio, o mais alto conselho governante de todo o judaísmo (At 5.34). Segundo Paulo, o *povo de Jerusalém e seus governantes não reconheceram Jesus* (At 13.27).

Também eram culpados por sua incredulidade. Eles não tinham desculpa para não reconhecê-lo. Estavam cegos pelo pecado voluntário. Paulo continua dizendo: *Mas, ao condená-lo, cumpriram as palavras dos profetas, que são lidas todos os sábados. Mesmo não achando motivo legal para uma sentença de morte, pediram a Pilatos que o mandasse executar* (At 13.27,28). Esse ato foi uma violação perversa dos líderes espirituais em Israel. Foram eles que levaram a nação à apostasia.

Paulo diz que, a partir de então, a nação inteira ficou sujeita à cegueira similar. Israel experimentou um endurecimento em parte, até que chegasse a plenitude dos gentios (Rm 11.25). *Que dizer então? Israel não conseguiu aquilo que tanto buscava, mas os eleitos o obtiveram. Os demais foram endurecidos, como está escrito: Deus lhes deu um espírito de atordoamento, olhos para não ver e ouvidos para não ouvir, até o dia de hoje* (Rm 11.7,8). *Na verdade, as mentes deles se fecharam, pois até hoje o mesmo véu permanece quando é lida a antiga aliança. Não foi retirado, porque é somente em Cristo que ele é removido* (2Co 3.14).

Em outras palavras, é um endurecimento judicial, profetizado pelo Antigo Testamento e imposto por Deus em resposta à apostasia intencional. O apóstolo Paulo compara Israel a um ramo de oliveira que foi cortado em razão da incredulidade para que os gentios pudessem ser enxertados (Rm 11.17-20). Paulo utiliza esse ponto para encorajar os gentios a permanecerem firmes na fé: *... e você permanece pela fé. Não se orgulhe, mas tema* (v. 20).

Ele também dá ênfase à soberania de Deus. Os eleitos (incluindo muitos do povo judeu) *estão*, mesmo agora, sendo salvos. *Israel não conseguiu aquilo que tanto buscava, mas os eleitos o obtiveram. Os demais foram endurecidos, como está escrito: Deus lhes deu um espírito de atordoamento, olhos para não ver e ouvidos para não ouvir, até o dia de hoje* (Rm 11.7,8). Em outras palavras, a cegueira coletiva e nacional de Israel não foi acidente, e também não significa que Deus abandonou seu povo. É um julgamento intencional, imposto por Deus após séculos de incredulidade, desobediência e indiferença. Sua intenção final não é destruir a nação judaica, mas estimulá-la ao arrependimento: *Acaso tropeçaram para que ficassem caídos? De maneira nenhuma! Ao contrário, por causa da transgressão deles, veio salvação para os gentios, para provocar ciúme em Israel* (Rm 11.11).

Com isso tudo irrompendo em seu coração e mente, Paulo escreveu: *No entanto, nem todos os israelitas aceitaram as boas-novas* (Rm 10.16). E então ele aponta que até mesmo a rejeição de Israel cumpre o plano e as profecias de Deus. Para esclarecer esse ponto, ele cita Isaías 53.1: *Quem creu em nossa mensagem?* (Rm 10.16).

Resumindo, a razão mais profunda de tantos israelitas rejeitarem e continuarem a rejeitar a mensagem do evangelho sobre Jesus Cristo não é meramente ignorância, mas teimosia: *Mas a respeito de Israel, ele diz: O tempo todo estendi as mãos a um povo desobediente e rebelde* (Rm 10.21; cf. Is 65.2).

O PODER DE DEUS PARA A SALVAÇÃO DE TODO O QUE CRÊ

A segunda pergunta de Isaías 53.1 é: *E a quem se manifestou o braço do* Senhor*?* "Braço do Senhor" simboliza o poder divino de Deus (cf. Is 51.9; 52.10; 59.16; 62.8; Lc 1.51; Jo 12.38). Aqui se refere ao poder de Deus demonstrado nos milagres de Jesus e, finalmente, ao seu poder para salvar por meio das boas-novas sobre o Messias. O foco de Isaías se mantém fixo na mensagem do evangelho: *Porque não me envergonho do evangelho de Cristo, pois é o poder de Deus* [o braço do Senhor] *para salvação de todo aquele que crê; primeiro do judeu, e também do grego* (Rm 1.16).

Mesmo que o povo de Israel tenha de forma coletiva e esmagadora rejeitado o seu Messias, a missão continuou. Paulo lamenta ao dizer que seus *parentes segundo a carne* (Rm 9.3) *não conhecendo a justiça de Deus, e procurando estabelecer a sua própria justiça, não se sujeitaram à justiça de Deus* (10.3). Eles não entenderam a verdade de que *o fim da lei é Cristo para justiça de todo aquele que crê* (10.4). Em outras palavras, eles não compreenderam que não tinham base sobre a qual se colocar diante de Deus e nenhuma possibilidade de ganhar seu favor com suas próprias boas obras. Portanto, não reconheceram a necessidade do sacrifício do Servo por amor a eles. Se tivessem crido, a justiça perfeita do Messias que nunca pecou lhes teria sido imputada (cf. 2Cor 5.21; 1Pe 2.24). Em vez disso, eles escolheram revestir-se da sua própria justiça. Ao recusar a justiça divina e confiar na sua própria justiça, eles ofenderam profundamente Deus.

De fato, Isaías ignora todas as regras de um discurso bem-educado pela maneira com que descreve a culpa daqueles que confiaram em suas próprias boas obras. Ele as compara a trapos menstruais usados e muito sujos. Esse é o significado literal da expressão hebraica em Isaías 64.6: *Mas todos nós somos como o imundo, e todas as nossas justiças como* TRAPO DA IMUNDÍCIA (grifo do autor).

Como todos os pecadores hipócritas, eles imaginavam que Deus era menos santo do que é, e que eles eram mais virtuosos do que eram. Assim eles chegaram à presença de Jesus em seus termos próprios, e não nos dele. Uma visão inadequada da depravação do pecado impediu-os de entender o motivo de o Salvador ter morrido.

Aqueles que não entendem a glória da justiça divina nunca verão a necessidade do sacrifício de Cristo.

Essa é, repito, a situação de todos os incrédulos, pois esse erro não é cometido somente por Israel. Como João Batista disse acerca de Cristo: *E aquilo que ele viu e ouviu isso testifica; e* NINGUÉM *aceita o seu testemunho* (Jo 3.32 — grifo do autor). Mas o que foi excepcionalmente trágico, e significativo, é que a maioria de Israel optou pela incredulidade. Pois tratava-se, afinal de contas, da nação escolhida para trazer o Messias ao mundo.

O Evangelho de João oferece uma visão clara do que as pessoas que ouviram Jesus ensinar, e viram seus milagres, estavam pensando. Quando em João 12.32 o Senhor lhes disse: *E eu, quando for levantado da terra, todos atrairei a mim,* ele estava se referindo à sua crucificação (Jo 12.33). *Respondeu-lhe a multidão: Nós temos ouvido da lei, que o Cristo permanece para sempre; e como dizes tu que convém que o Filho do homem seja levantado? Quem é esse Filho do homem?* (Jo 12.34). Eles não conseguiam compreender um Messias morto, já que não percebiam a necessidade de sua morte para perdoar seus próprios pecados.

Jesus passou, então, a adverti-los sobre as terríveis consequências dessa persistente incredulidade:

> *Disse-lhes, pois, Jesus: A luz ainda está convosco por um pouco de tempo. Andai enquanto tendes luz, para que as trevas não vos apanhem; pois quem anda nas trevas não sabe para onde vai. Enquanto tendes luz, crede na luz, para que sejais filhos da luz. Estas coisas, disse Jesus e, retirando-se, escondeu-se deles* (Jo 12.35,36).

O apóstolo João, em seguida, explica o significado da admoestação de Jesus e reforça sua fala com uma citação de Isaías 53:

> *E, ainda que tivesse feito tantos sinais diante deles, não criam nele. Para que se cumprisse a palavra do profeta Isaías, que diz:* SENHOR, *quem creu na nossa pregação? E a quem foi revelado o braço do* SENHOR*? Por isso* NÃO PODIAM *crer, pelo que Isaías disse outra vez: Cegou-lhes os olhos, e endureceu-lhes o coração, a fim de que não vejam com os olhos, e compreendam no coração, e se convertam, e eu os cure. Isaías disse isto quando viu a sua glória e falou dele* (Jo 12.37-41 — grifo do autor).

A maioria incrédula de Israel rejeitou Jesus, primeiramente, porque sua teologia era fatalmente errada. Eles acreditavam, incorretamente, que poderiam ganhar a salvação mediante seus próprios esforços. Eles tinham fé em si mesmos, e não em Deus. Então rejeitaram o evangelho que, afinal, é *o braço do* SENHOR, o poder de Deus para a salvação de todos os que creem.

Deus, portanto, selou judicialmente sua incredulidade cegando-lhes os olhos e endurecendo-lhes o coração.

Ao ler estas palavras, não se permita imaginar que Deus seja o culpado pela incredulidade de Israel. A culpa é deles mesmos por sua rejeição persistente e obstinada ao unigênito Filho de Deus.

ERA DESPREZADO, E NÃO FIZEMOS DELE CASO ALGUM

Em Isaías 53.2,3 Isaías aponta três razões da incredulidade de Israel. Todas expressam o desprezo dos israelitas pelo Servo do Senhor.

Primeiramente, da perspectiva deles, o Servo teve um começo desprezível. *Ele cresceu diante dele* [Javé] *como um broto tenro, e como uma raiz saída de uma terra seca* (53.2). Em seu nascimento, apenas alguns em Israel entenderam quem ele realmente era. Entre eles, os pastores (Lc 2.8-18), Simeão (Lc 2.25-32), Ana (Lc 2.36-38) e mais outros poucos *que esperavam a redenção de Jerusalém* (Lc 2.38). E ele cresceu em plena vista de Deus Pai, que o assistiu com aprovação como seu filho encarnado. *E crescia Jesus em sabedoria, estatura e graça, diante de Deus e dos homens* (Lc 2.52). No batismo de Jesus (e novamente na Transfiguração) Deus declarou sobre ele: *Tu és o meu Filho amado; em ti me comprazo* (Mc 1.11; cf. 9.7).

Do ponto de vista da maioria em Israel, incluindo aqueles de sua cidade natal, Nazaré (Mt 13.53,58), Jesus era apenas *um renovo* [...] *uma raiz que sai de uma terra seca*. Israel era, em grande parte, uma região agrária, de modo que essa era uma ilustração bem familiar. A palavra hebraica traduzida por "renovo" refere-se a um ramo de sucção, um parasita inútil, não cultivado, indesejado, que brota da planta principal e por isso não pode drenar os recursos dos ramos principais. Esses renovos (chamados de brotos de água) tendem a proliferar em oliveiras. Eles crescem do tronco da árvore, de onde sugam umidade e nutrientes. Eles também tornam a árvore mais suscetível a insetos nocivos e a doenças, devendo, portanto, ser removidos.

A referência metafórica ao Servo como um ramo parasita reflete o fato de que o começo de Jesus parecia irrelevante, insignificante e pouco promissor. Ele não era alguém a quem um observador típico identificaria como o Messias. Seus pais eram pessoas comuns, sem qualquer *status* social. Como já dito, seu primeiro berço foi uma manjedoura ou cocho, onde os animais se alimentavam. E eles estavam longe de casa, a quase cem quilômetros de sua cidade, em uma estrebaria (Lc 2.7). Ele cresceu na pequena aldeia de Nazaré, fora dos circuitos habituais da Galileia, longe dos centros da cultura e religião judaica. Tão insignificante era Nazaré que não há sequer menção dela no Antigo Testamento, no *Talmude*, nem nos escritos de Josefo. A cidade era tão obscura que alguns céticos costumavam afirmar que Nazaré não poderia ter existido na época de Jesus (amplos vestígios arqueológicos, desde então, desmentiram essa afirmação[16]). Nazaré era um lugar de onde nada de bom poderia ser esperado: *Nazaré? Pode vir alguma coisa boa de lá?* (Jo 1.46). Cristo viveu em completa obscuridade por trinta anos, trabalhando como carpinteiro até o início de seu ministério público.

Em segundo lugar, o caráter de Jesus era oposto ao que eles esperavam de um libertador triunfante, conquistador e messiânico. A expressão *uma raiz que sai de uma terra seca* é, sem sombra de dúvida, um paralelo próximo a "uma planta nova". Porém, a conotação é ligeiramente diferente. Aqui Isaías usa uma frase de quatro palavras que significa, literalmente, "raiz em terra seca". Descreve uma muda que nasceu sem ser plantada e que ninguém se preocupa com ela (se eles tivessem se importado, certamente a teriam regado). Também poderia se referir a uma raiz ressecada projetando-se para cima do solo, na qual alguém poderia tropeçar. Essas são maneiras de dizer que ele era indesejado, insignificante, fraco e frágil na aparência, que ninguém cuidava dele e que deviam evitá-lo. Não havia nada que achassem notório em sua família, origem, *status* social ou educação, já que ele não foi treinado nas escolas rabínicas. E, como já enfatizamos, seus seguidores mais próximos também eram, na maioria, trabalhadores não refinados, sem instrução, prestígio ou influência social.

Pensar que o Messias poderia ser um joão-ninguém, como consideravam Jesus, parecia algo ridículo ao israelita típico. Quando ele ensinou na sinagoga de sua cidade, Nazaré, as pessoas que o viram crescer ficaram surpresas e exclamaram: *De onde lhe vêm estas coisas?, perguntavam eles. Que sabedoria é esta que lhe foi dada? E estes milagres que ele faz?* Não

---

[16] Os arqueólogos conhecem há muito tempo a localização da cidade e, ao longo dos anos, descobriram fragmentos de cerâmica do século 1, sepulcros nas rochas, cisternas, depósitos de armazenamento e abrigos defensivos (usados, possivelmente, por pessoas que buscavam refúgio durante a revolta judaica em 67 d.C.). Em 2009, os arqueólogos anunciaram que tinham descoberto uma casa de moradia do século 1, a primeira casa encontrada em Nazaré, que pertencia ao tempo de Cristo. Disponível em: <http://www.biblearchaeology.info/nazareth.htm>.

é este o carpinteiro, filho de Maria e irmão de Tiago, José, Judas e Simão? Não estão aqui conosco as suas irmãs? (Mc 6.2,3). Ou parafraseando: De onde é que este joão-ninguém, esta planta parasita, este renovo, esta raiz inútil de terra seca, adquiriu esse conhecimento?

E eles não se impressionaram. Marcos diz: *E ficavam escandalizados por causa dele* (Mc 6.3). O relato de Lucas é ainda mais arrepiante: *Levantaram-se, expulsaram-no da cidade e o levaram até ao topo da colina sobre a qual fora construída a cidade, a fim de atirá-lo precipício abaixo. Mas Jesus passou por entre eles e retirou-se* (Lc 4.29,30). Em outras palavras, ele escapou da multidão de forma milagrosa. De alguma maneira perfeitamente adequada àquela cegueira espiritual, *Jesus passou por entre eles* sem ser visto e simplesmente deixou aquele local. O incidente remete ao momento em que os anjos atingiram os homens de Sodoma com cegueira para proteger Ló na véspera da destruição de Sodoma (Gn 19.11).

Dois anos após ter sido rejeitado em Nazaré, Jesus provavelmente realizou milagre semelhante para escapar de outra multidão assassina que queria apedrejá-lo até a morte, em João 8.59. Naquela ocasião, os líderes judeus o ofenderam, chamando-o cinicamente de samaritano endemoninhado (Jo 8.48), e [pegaram] *em pedras para lhe atirarem; mas Jesus ocultou-se, e saiu do templo* (v. 59).

Apesar dos milagres que demonstravam seu poder sobre enfermidades, demônios, morte, natureza e, indo contra o que eles mesmos disseram sobre a excelência de seus ensinos (*Nunca homem algum falou assim como este homem* [Jo 7.46]), eles disseram que ele *não tinha formosura nem beleza; e quando olhávamos para ele, nenhuma beleza víamos, para que o desejássemos* (Is 53.2).

Eles estavam obcecados com a aparência externa das coisas (cf. 1Sm 16.7). A presença física de Jesus não impunha medo e não evocava a grandeza e a majestade que eles esperavam. Ele era (por declaração própria) *manso e humilde de coração* (Mt 11.29). Era inconcebível, portanto, que alguém tão gentil e humilde pudesse ser o Messias. Como ele poderia ser o conquistador majestoso que tanto esperavam? Tão bizarro e desagradável foi também o episódio de, quando Pilatos debochando de Jesus, mandou colocar uma placa de madeira na parte de cima da cruz, com as palavras:

Jesus, rei dos judeus. Diante disso, os líderes religiosos se indignaram e com muita ira disseram: *Não escrevas: o rei dos judeus; mas* QUE ELE DISSE (grifo do autor): *Sou rei dos judeus* (Jo 19.21).

Isso conduz à terceira razão pela qual eles rejeitaram o Servo: sua vida teve um fim desprezível. *Era desprezado, e rejeitado dos homens; homem de dores, e experimentado nos sofrimentos; e, como um de quem os homens escondiam o rosto, era desprezado, e não fizemos dele caso algum* (Is 53.3). A palavra hebraica traduzida por "desprezado" é muito utilizada no Antigo Testamento como uma expressão de desdém e desprezo. Também é usada sobre o Servo do Senhor em Isaías 49.7, descrevendo-o como *desprezado e detestado pela nação, ao servo de governantes*.

A mesma palavra foi usada em várias passagens bíblicas para expressar o desprezo que Esaú sentiu por seu direito de primogenitura (Gn 25.34); alguns dos homens de Israel desprezaram Saul quando ele foi escolhido para ser rei (1Sm 10.27); a esposa de Davi, Mical (2Sm 6.16), e Golias (1Sm 17.42) desprezaram Davi; nas passagens de Jeremias 22.28 e Daniel 11.21 a mesma palavra aparece para descrever reis vis e desprezíveis.

Isaías 53.3 aplica essa palavra à reação de Israel ao Servo do Senhor, e ela contém todas essas conotações. Eles o consideravam desprezível, vil, vergonhoso, merecedor de escárnio — e o motivo principal foi porque, em vez de conduzir a nação a triunfar sobre os romanos, ele morreu. E, ainda pior, foi sua vida terrena haver terminado em desapontamento, tristeza e em sua execução por autoridades romanas.

O povo de Israel poderia ter olhado a morte de Jesus, com todo o horror nela envolvido, e reconhecido o que ali ocorrera: Deus sacrificando o seu Filho, *o Cordeiro de Deus, que tira o pecado do mundo!* (Jo 1.29). Eles poderiam ter entendido o que ocorrera, com base no sacrifício retratado quando Deus proveu a Abraão um cordeiro para oferecer como substituto em lugar de Isaque. Eles poderiam ter visto a morte de Cristo prefigurada no cordeiro pascal, cujo sangue nas ombreiras das portas libertou o povo da ira de Deus. Eles deveriam ter sido capazes de entender que ele estava oferecendo o sacrifício final, único e verdadeiro que realmente perdoa os pecados — algo que os incontáveis milhões de animais sacrificados ao longo dos séculos nunca poderiam fazer (Hb 10.4). Jesus, afinal, repetidamente falou de sua morte como um resgate para os pecadores: *O Filho do*

Homem, que não veio para ser servido, mas para servir e dar a sua vida em resgate por muitos (Mt 20.28).

Porém, como eles realmente não se viam como pecadores, consideravam as incontáveis ofertas do sistema sacrifical do Antigo Testamento meios suficientes para lidar com suas transgressões (em vez de encará-las como símbolos de algo melhor que viria). Eles não viam necessidade de qualquer expiação maior do que o sangue de touros e bodes. Mais uma vez, eles não estavam procurando um Salvador; estavam esperando um herói político e militar. Então, quando o Messias se revelou um homem de dores, o desprezaram, como muitos ainda fazem. Os escritos rabínicos registram numerosos termos escarnecedores, depreciativos e pejorativos para Jesus, bem como falsas alegações terrivelmente blasfemas a respeito dele.[17] Isso é consistente com o duplo uso de *desprezado* em Isaías 53.3.

Ele não foi apenas desprezado por seus adversários, mas também rejeitado pelos homens de todos os tipos e classes. A ideia é que ele foi rejeitado pela humanidade em geral, simbolicamente "excomungado" da raça humana pela crucificação pública. Há versões que traduzem literalmente do hebraico (*NSB*): *Ele foi desprezado e* REJEITADO *pelos homens* (Is 53.3). É um lembrete de que, na noite de sua traição, *todos os discípulos o abandonaram e fugiram* (Mt 26.56 — grifos do autor). Ninguém permaneceu ao lado dele.

Jesus estava pendurado na cruz, e essa cena era exatamente o oposto do que a maioria das pessoas em Israel esperava de seu Messias. Ali estava um homem, e *sua aparência estava tão desfigurada* [...] *não parecia um ser*

---

[17] O *Talmude*, por exemplo, afirma que "Jesus, o Nazareno, foi enforcado" porque ele "praticou feitiçaria, instigou e seduziu Israel à idolatria" (*Sanhedrin* 43a); que ele "[prestou] muita atenção à esposa de um estalajadeiro" e se voltou para a idolatria (adorando um peixe) quando seu rabino demorou a perdoá-lo depois que ele disse que os olhos dela eram "estreitos" (*Sanhedrin* 107b); e que sua mãe era uma adúltera (*Sanhedrin* 67a). Tais afirmações, naturalmente, ecoam acusações que os fariseus fizeram contra Jesus durante seu ministério terreno. Quando eles disseram, em Mateus 12.24, *É somente por Belzebu, o príncipe dos demônios, que ele expulsa demônios*, estavam acusando-o de usar magia negra para realizar milagres. Em outro trecho, disseram que ele estava possuído por Satanás (Mc 3.22) e até o chamaram de "Belzebu" (Mt 10.25). Os fariseus também questionaram a paternidade de Jesus. Quando eles disseram, em João 8.48: *Não estamos certos em dizer que você é samaritano e está endemoninhado*, depois de terem afirmado: *Nós não somos filhos ilegítimos* (v. 41), pareciam implicar que o nascimento de Jesus era ilegítimo. Curiosamente, porém, as denúncias talmúdicas de Jesus não questionam expressamente sua descendência de Davi. Veja o capítulo 6, nota 6.

humano (Is 52.14); ele foi desprezado, rejeitado, abandonado até por seus seguidores mais próximos. Em vez de impor sofrimento e tristeza aos inimigos de Israel, o próprio Servo é que era um *homem de tristeza* (53.3). A palavra hebraica traduzida por "tristeza" na maioria das versões tem uma ampla gama de significados, incluindo sofrimento, dor e aflição. A tristeza do coração em todas as suas formas é o que se vê aqui, e não a dor física. A expressão traduz angústia extrema a ele infligida mediante um tormento indescritível, não apenas um sentimento de tristeza que brota espontaneamente de dentro do peito.

Temos aqui uma pessoa verdadeiramente familiarizada com a dor. É interessante que o Novo Testamento registre que Jesus chorou, mas não diga nada sobre ele rir. Naturalmente, ele era totalmente humano em todos os aspectos (*mas sem pecado* [Hb 4.15]). Portanto, não existe base alguma para dizer que ele nunca riu. Quando as Escrituras mencionam suas emoções humanas, é sempre sobre sua tristeza. Quando Lázaro morreu e Jesus viu os que choravam a sua morte, ele *comoveu-se em espírito, e perturbou-se* (Jo 11.33). Ele chorou no túmulo de Lázaro (*Jesus chorou* [Jo 11.35]). Ao aproximar-se de Jerusalém, ele chorou pela cidade (Lc 19.41). Pouco antes de sua última Páscoa, ao contemplar o que viria pela frente, ele disse: *Agora a minha alma está perturbada* (Jo 12.27). Notas de tristeza permeiam seu discurso no Cenáculo e a Oração Sacerdotal (Jo 13—17). No jardim, na noite de sua traição, ele *começou a ficar aflito e angustiado* (Mc 14.33) e disse a Pedro, Tiago e João: *A minha alma está profundamente triste, numa tristeza mortal* (Mc 14.34).

Então a expressão "homem de dores" (de tristezas) certamente se encaixa no que conhecemos do temperamento de Jesus. Isaías está escrevendo essa profecia olhando para a cruz, e seu foco está na profunda agonia que ele vê — tanto a dor física quanto a dor de alma —suportada por Jesus. O tormento de seu corpo e de sua alma foi tão aterrador que ele literalmente se tornou *alguém de quem os homens escondem o rosto* (Is 53.3).

Lembre-se, Isaías começou esta profecia dizendo que *sua aparência estava tão desfigurada que ele se tornou irreconhecível como homem; não parecia um ser humano* (Is 52.14). Certamente teria sido muito difícil olhar para ele e ver alguém sofrendo em extrema agonia a ponto de suas feições se desfigurarem, durante as últimas horas antes de morrer. Tal situação de miséria simplesmente não se encaixava na expectativa que tinham sobre o Messias, que *era desprezado* (Is 53.3).

A propósito, a palavra hebraica traduzida por "desprezado" (não estimado) é um termo contábil — o equivalente hebraico da palavra grega *logizomai*, que significa "imputado" ou "contado". É uma palavra-chave na doutrina bíblica da justificação. Neste caso, significa que eles calcularam erroneamente que o Servo fiel de Deus era um joão-ninguém. Da perspectiva deles, a visão de que Jesus era o Messias simplesmente não contava.

Era a expressão máxima do desprezo: um nada, alguém insignificante. Era isso que pensavam aqueles que pediram sua morte. Em essência, essa é a perspectiva de todos que ouvem o evangelho e se afastam — incluindo a maioria da nação judaica.

Chegará o dia, no entanto, em que a nação se voltará para ele e o receberá como Messias e Salvador, fazendo a confissão de Isaías 53. Até lá, o evangelho *continuará* sendo *o poder de Deus para salvação de todo aquele que crê; primeiro do judeu, e também do grego* (Rm 1.16).

capítulo cinco

O SERVO SUBSTITUTO

A flagelação era um castigo tão grande que geralmente era considerada pior do que a própria morte e, de fato, muitos pereciam enquanto a suportavam, ou logo depois. Nosso bendito Redentor ofereceu suas costas aos flageladores, e os azorragues fizeram nelas sulcos profundos. Ó espetáculo de agonia! Como suportar contemplá-la?

CHARLES SPURGEON[1]

---

[1] SPURGEON, Charles. *The metropolitan tabernacle pulpit*, 25:422.

Como observamos no capítulo 2 deste livro, a profecia de Isaías sobre o Servo sofredor está estruturada de modo que o ponto principal encontra-se no centro da passagem. Isaías 53.4-6 é a terceira das cinco estrofes da profecia alargada e está assim situada. Essa passagem é uma expressão sucinta e eloquente do tema central de todo o texto:

> Verdadeiramente ele tomou sobre si as nossas enfermidades, e as nossas dores levou sobre si; e nós o reputávamos por aflito, ferido de Deus, e oprimido. Mas ele foi ferido por causa das nossas transgressões, e moído por causa das nossas iniquidades; o castigo que nos traz a paz estava sobre ele, e pelas suas pisaduras fomos sarados. Todos nós andávamos desgarrados como ovelhas; cada um se desviava pelo seu caminho; mas o Senhor fez cair sobre ele a iniquidade de nós todos.

Esses três versículos podem muito bem ser os mais sublimes de todo o Antigo Testamento.

O fluxo lógico da profecia de Isaías é fácil de acompanhar se seguirmos os temas de estrofe a estrofe. A primeira estrofe (52.13-15) descreve a perplexidade que os contemporâneos de Jesus sentiram em sua humilhação — particularmente o sofrimento desumano decorrente dos maus-tratos, açoites e crucificação. A segunda estrofe (53.1-3) registra o início da futura confissão de arrependimento de Israel, na qual eles reconhecem que desconsideraram a forma como o Messias nasceu, onde cresceu, como ele era e (acima de tudo) como morreu.

Essa terceira estrofe (53.4-6) corresponde a uma pessoa que acorda espantada — uma percepção súbita do *motivo pelo qual* o Servo de Deus precisou sofrer e passar uma agonia tão humilhante. Ela não é apenas a chave teológica vital para Isaías 53; é também a medula espinhal de tudo o que as Escrituras ensinam sobre como o pecado foi finalmente expiado.

A palavra que abre esta estrofe é "Verdadeiramente", e é usada aqui como uma exclamação. A palavra no texto hebraico pode significar "no entanto" ou "sem dúvida alguma". Esse termo é utilizado pelo menos quinze vezes no Antigo Testamento —traduzido, quase sempre, por "com certeza" ou "verdadeiramente". Algumas vezes, porém, como "no entanto". Ambas as ideias são inerentes à expressão. Foi a palavra que Jacó usou após ter sonhado com a escada que alcançava o céu e pela qual anjos subiam e desciam. *Acordando, pois, Jacó do seu sono, disse: Na verdade o Senhor está neste lugar; e eu não o sabia* (Gn 28.16 — grifo do autor). Usada assim como exclamação, a palavra transmite a ideia de uma grande surpresa — e por vezes também há um elemento de consternação. Moisés usou a mesma expressão quando soube que havia testemunhas de quando matara o egípcio e escondera seu corpo na areia: *Então temeu Moisés, e disse: Certamente este negócio foi descoberto* (Êx 2.14 — grifo do autor).

Isaías 53.4 emprega essa palavra da mesma maneira. Indica um súbito reconhecimento de algo totalmente inesperado; uma mudança dramática de uma percepção anterior; uma conscientização de que a fala das pessoas estava notoriamente errada. Aqui ele sinaliza a reversão total do arrependimento de Israel em relação a Jesus. É uma revelação impressionante e abrupta — uma mudança completa de como Israel o via anteriormente. Por todas as gerações desde a vinda de Jesus os judeus assumiram que sua morte na cruz comprovava que ele era uma fraude, alguém cuja carreira promissora acabara em humilhação e fracasso. Mas nesse dia futuro eles confessarão que Jesus é de fato seu verdadeiro Messias. Eles perceberão que ele veio libertá-los não da opressão política terrena, mas da culpa eterna e da condenação de seus pecados.

Surpresa misturada com desânimo é exatamente o clima aqui. E essa é a confissão de pessoas que de repente compreendem uma verdade que há muito negavam ou negligenciavam. Eles, então, passam a confessar que o Servo sofredor de Deus morreu, mas não por ter falhado. Ele não morreu por causa de seus próprios pecados; ao contrário, ele era o cordeiro de Deus perfeitamente sem pecado e morreu pelos pecados do seu povo.

O elemento mais surpreendente dessa confissão é a forma como o versículo 5 explica esse significado: o Servo justo do Senhor morre como um cordeiro sacrifical, sofrendo pelos pecados que ele não cometeu, mas tirando a culpa de seu povo: *O Senhor fez cair sobre ele a iniquidade de nós todos* (Is 53.6).

O mais chocante é que os sofrimentos descritos nesta passagem incluem o derramamento da ira de Deus em justa retribuição pelos pecados daqueles que se rebelam contra ele. Ele foi realmente *ferido por causa das nossas transgressões, e moído por causa das nossas iniquidades* (Is 53.4). Em outras palavras, os ferimentos e as torturas sofridas pelo Servo não foram apenas efeitos colaterais indesejados do nosso pecado. Ele não foi um mártir. Ele não foi uma vítima acidental. Seus sofrimentos não são consequências resultantes de uma cadeia de eventos acionados por engano. Isaías está descrevendo um ato intencional de substituição penal realizado pela vontade soberana de Deus, o Pai.

Ele foi ferido por causa das nossas transgressões, e moído por causa das nossas iniquidades. As duas palavras significam que seu sofrimento fez *uma expiação por nossos pecados.* A linguagem é indiscutivelmente punitiva. *O castigo que nos traz a paz estava sobre ele.* Isso claramente significa que ele suportou a punição que os pecadores merecem — recebeu sobre si a medida completa da ira de Deus: *Porque do céu se manifesta a ira de Deus sobre toda a impiedade e injustiça dos homens* (Rm 1.18). As tristezas e os sofrimentos que ele levou sobre si por seu povo não são apenas consequências temporais ou efeitos colaterais do pecado. O Servo de Javé morre como substituto e portador do pecado do seu povo, ele assume a sua culpa e toma sobre si o castigo que lhes era devido. Não é possível atribuir qualquer outro significado a essa passagem.

Li, recentemente, alguns comentários sobre Isaías 53.4-6 em um guia de estudos de uma Bíblia popular, de um autor que alega que a Bíblia não ensina que Cristo foi punido pelos nossos pecados. Em vez de lidar com as palavras reais do texto, ele tentou argumentar apelando ao sentimento humano. Se a cruz era uma punição pelos pecados, pergunta ele, quem ministrou a punição? *Certamente não foi nosso Pai celestial.* Esse escritor estava expressamente argumentando contra o princípio da substituição penal. Para apoiar seu argumento defeituoso, ele procurou uma concordância inglesa para as palavras "punição", "pagamento" e "penalidade". Ele disse que, uma vez que a Versão King James da Bíblia nunca usa essas palavras em referência à expiação, a doutrina da expiação substitutiva penal deve ser rejeitada.

Mas não há dúvida sobre a mensagem de Isaías 53.5. A palavra hebraica traduzida por "castigo" tem a conotação irrefutável de punição divina. O versículo 10 afirma, com ênfase: *Todavia, ao* SENHOR *agradou moê-lo, fazendo-o enfermar; quando a sua alma se puser por expiação do pecado* (Is 53.10). Isaías 53 não é uma passagem a partir da qual qualquer ataque confiável contra a doutrina da substituição penal possa ser lançado.

É especialmente estúpido descartar o princípio da substituição penal por se fazer uma pesquisa de concordância verbal e não achar a palavra "pagamento". O próprio Jesus disse: *O Filho do homem veio* [...] *dar a sua vida em resgate por muitos* (Mt 20.28; Mc 10.45). Um *resgate*, por definição, é o pagamento de um preço para obter o perdão. As Escrituras também dizem que Cristo é a propiciação pelos nossos pecados (1Jo 2.2; cf. Rm 3.25). *Propiciação* é um sacrifício oferecido (ou um preço pago) para apaziguar uma divindade ofendida.

Se você acha essas ideias chocantes, esse é exatamente o ponto de Isaías. O preço que o nosso Salvador pagou para redimir o seu povo da culpa e da escravidão do pecado foi aterrorizante e as Escrituras não tentam suavizar essa verdade — especialmente se isso significa atenuar a terrível realidade da justa ira de Deus. A menos que entendamos e abracemos a verdade de que *horrenda coisa é cair nas mãos do Deus vivo* (Hb 10.31), não poderemos apreciar verdadeiramente a grande misericórdia e amor de Deus para conosco em enviar seu próprio Filho para morrer em lugar dos pecadores.

De fato, o amor de Deus (e não sua ira) é o ponto central da cruz. Jesus Cristo voluntariamente bebeu a taça cheia da ira de Deus para que as pessoas pudessem escapar desse julgamento. Foi um ato de amor indescritível. *Ninguém tem maior amor do que este, de dar alguém a sua vida pelos seus amigos* (Jo 15.13).

Em sua morte, Jesus realizou exatamente o que pretendia. Pelo fato de ele haver suportado o total derramamento da ira divina contra o pecado, aqueles que confiarem nele como Salvador nunca terão de enfrentar a condenação de Deus.[2] Jesus disse aos seus seguidores: *Na verdade, na verdade*

---

[2] Por outro lado, *aquele que crê no Filho tem a vida eterna; mas aquele que não crê no Filho não verá a vida, mas a ira de Deus sobre ele permanece* (Jo 3.36).

vos digo que quem ouve a minha palavra, e crê naquele que me enviou, tem a vida eterna, e não entrará em condenação (Jo 5.24). O apóstolo João, impressionado com quanto o sacrifício de Cristo demonstra o amor de Deus, escreveu:

> *Nisto se manifestou o amor de Deus para conosco: que Deus enviou seu Filho unigênito ao mundo, para que por ele vivamos. Nisto está o amor, não em que nós tenhamos amado a Deus, mas em que ele nos amou a nós, e enviou seu Filho para propiciação pelos nossos pecados* (1Jo 4.9,10).

> *Porque Deus amou o mundo de tal maneira que deu o seu Filho unigênito, para que todo aquele que nele crê não pereça, mas tenha a vida eterna. Porque Deus enviou o seu Filho ao mundo, não para que condenasse o mundo, mas para que o mundo fosse salvo por ele* (Jo 3.16,17).

Os três versículos desta estrofe central da profecia do Servo sofredor de Isaías estão adequadamente ligados por um tema comum — confissão de pecado. Cada qual expande o escopo do que está sendo confessado, e então eles se posicionam como círculos concêntricos. Cada versículo apresenta um aspecto do pecado de Israel e a expiação propiciada pelo Servo. De acordo com a profecia de Isaías, o arrependido remanescente de Israel um dia confessará que eles rejeitaram Jesus em razão de uma atitude pecaminosa, exteriorizada por meio de um comportamento perverso, que fluía de sua natureza depravada.

ELES CONFESSAM SUA ATITUDE PECAMINOSA

Isaías 53.4 começa a confissão: *Verdadeiramente ele tomou sobre si as nossas enfermidades, e as nossas dores levou sobre si; e nós o reputávamos por aflito, ferido de Deus, e oprimido*. Eles o desprezaram porque ele não correspondia às expectativas que tinham sobre o Messias. No entanto, o que ele estava fazendo por seu povo era infinitamente maior do que qualquer coisa que pudessem esperar. Na volta de Cristo, seus herdeiros espirituais enxergarão seus erros e confessarão que sua atitude para com Jesus foi pecaminosamente errada.

A palavra traduzida por "enfermidade" nesse versículo é um termo amplo que também pode significar "calamidade", "doença" ou "pesares". O contexto é todo sobre a iniquidade humana e a propiciação divina, e naturalmente Isaías está falando sobre "enfermidades e dores" ("pesares e tristezas"), que são trazidas pelo pecado. Ele está considerando o problema da queda humana no que diz respeito ao objetivo, aos efeitos externos produzidos por nosso pecado. O pecado faz com que nossa vida seja uma luta constante contra doenças, enfermidades e calamidades de todos os tipos.

O ponto aqui não é somente o fato que o Messias "sente" nossas enfermidades e nossas dores de cabeça. Ele faz isso, *sim*, pois é um *sumo sacerdote misericordioso e fiel* (Hb 2.17) que se compadece de nossas fraquezas (Hb 4.15). Mas o ponto de Isaías 53.4 não é que Jesus tem compaixão e compreende as dores da humanidade, mas que *ele TOMOU sobre si as nossas enfermidades, e as nossas dores levou sobre si* (grifo do autor). Em outras palavras, ele levou o nosso pecado e todos os seus efeitos sobre si — embora ele mesmo fosse completamente inocente de qualquer tipo de erro (Hb 7.26; 1Pe 2.22). Os termos paralelos no versículo 5: *Mas ele foi transpassado por causa das nossas transgressões, foi esmagado por causa de nossas iniquidades*, deixam claro que isso não é sobre pesadelos ou tristezas imerecidas que suportamos como vítimas. Isso é falar da angústia que sempre acompanha o pecado, começando com a culpa (Sl 51.3) e terminando na morte (Tg 1.15). Ele suportou e passou tudo isso pelo seu povo.

A palavra traduzida por "nascido" significa, literalmente, "elevar ou retomar". É um verbo ativo. O Servo de Isaías 53 está sofrendo porque ele assumiu o encargo total do pecado e da culpa de seu povo, com todas as suas consequências — incluindo *o salário do pecado: a morte* (Rm 6.23). Isso é precisamente o que o Novo Testamento diz que Jesus fez pelos pecadores.

Cristo foi oferecido em sacrifício uma única vez, para tirar os pecados de muitos (Hb 9.28). *Ele mesmo levou em seu corpo os nossos pecados sobre o madeiro, a fim de que morrêssemos para os pecados e vivêssemos para a justiça* (1Pe 2.24). Na verdade, ELE A SI MESMO (grifo do autor) *se ofereceu sem mácula a Deus* (Hb 9.14) — um sacrifício perfeito para satisfazer as exigências da justiça de Deus. *Cristo nos resgatou da maldição da lei, fazendo-se ele próprio maldição em nosso lugar* (Gl 3.13). Em termos técnicos, ele *expiou* totalmente o pecado de seu povo, significando que ele acabou com a morte.

Ele ficou em seu lugar e pagou integralmente a penalidade do pecado, levando sua culpa e acabando com o domínio total do pecado sobre eles (Rm 6.14).[3]

Há uma ilustração, uma simbologia do Senhor levando os pecados daqueles que nele crerem, no livro de Levítico, o Dia da Expiação. Deus ordenou que naquele dia:

> *E tirará sortes quanto aos dois bodes: uma para o* Senhor *e a outra para Azazel* [o bode expiatório]. *Arão trará o bode cuja sorte caiu para o* Senhor *e o sacrificará como oferta pelo pecado. Mas o bode sobre o qual caiu a sorte para Azazel será apresentado vivo ao* Senhor *para se fazer propiciação e será enviado para Azazel* [o bode expiatório] *no deserto* (Lv 16.8-10; cf. v. 20-22).

Mais uma vez, vemos que o fiel Servo do Senhor, aquele que *foi eliminado da terra dos viventes; por causa da transgressão do* [seu] *povo ele foi golpeado* (Is 53.8), só pode ser o Senhor Jesus Cristo. Não há como escapar dessa conclusão óbvia (confirmada por várias outras conexões) entre a profecia de Isaías e a cruz de Jesus Cristo. Como o apóstolo Pedro escreveu (fazendo uma alusão direta a Isaías 53), *Cristo sofreu no lugar de vocês* [...]. *Ele mesmo levou em seu corpo os nossos pecados sobre o madeiro, a fim de que morrêssemos para os pecados e vivêssemos para a justiça; por suas feridas vocês foram curados* (1Pe 2.21,24).

Ainda assim, somos lembrados, mais uma vez, do simples — e persistente — fato de que, apesar de a profecia de Isaías ter sido canonizada nas Escrituras hebraicas vários séculos antes de Jesus ter sido crucificado, e embora ele se encaixasse perfeitamente na descrição de Isaías do Servo sofredor, Jesus *veio para o que era seu, mas os seus não o receberam* (Jo 1.11).

---

[3]Em princípio, o pecado ainda está presente, lutando para recuperar o domínio (Rm 7.17-24), e é nosso dever "mortificar", ou levar à morte, sua influência maligna sobre nós (Rm 8.13). Mas a pessoa que verdadeiramente nasceu de novo não está mais sob a escravidão do mal (escravizada ao pecado e desprovida de justiça) do modo como éramos quando incrédulos. Todo crente verdadeiro pode ter certeza de que *o pecado não os dominará, porque vocês não estão debaixo da lei, mas debaixo da graça* (Rm 6.14).

O Novo Testamento reconhece repetidamente, e enfrenta de forma aberta, o problema da descrença dos judeus: *E daí? Se alguns não creram, a incredulidade deles virá desfazer a fidelidade de Deus?* (Rm 3.3). E não pensemos que a palavra de Deus haja falhado, porque nem todos os de Israel são, de fato, israelitas (Rm 9.6). Isaías é ousado ao dizer: *Fui achado pelos que não me buscavam. Fui manifestado aos que por mim não perguntavam. Mas para Israel diz: Todo o dia estendi as minhas mãos a um povo rebelde e contradizente* (Rm 10.20,21).

Naturalmente, enquanto Jesus estava ensinando, alimentando as multidões e fazendo milagres no meio deles, *a grande multidão o ouvia de boa vontade* (Mc 12.37). *Eles disseram: Este é verdadeiramente o profeta que devia vir ao mundo* (Jo 6.14). Lembre-se de que eles até tentaram *arrebatá-lo para o proclamarem rei* (v. 15). Por ocasião da entrada triunfal de Jesus em Jerusalém, uma grande multidão *tomou ramos de palmeiras e saiu ao seu encontro, clamando: Hosana! Bendito o que vem em nome do Senhor e que é Rei de Israel* (Jo 12.13).

Porém, dada a maneira como seu ministério terreno terminou, a nação judaica, depois de tudo, concluiu erroneamente que ele não poderia ser o tão esperado Messias: *e nós o reputávamos por aflito, ferido de Deus e oprimido* (Is 53.4), portanto incapaz de ser o rei que eles esperavam. A maioria dos judeus, ao longo da história, também rejeitou as reivindicações feitas por Jesus quanto a ser o esperado Messias,[4] utilizando exatamente as razões que fazem eco ao que Isaías escreveu.

Um popular *site* judaico possui uma página intitulada "Por que os judeus não creem em Jesus". As duas primeiras razões que eles dão são que "Jesus não cumpriu as profecias messiânicas" e "Jesus não incorporou as qualificações pessoais do Messias".[5] A página continua a citar várias profecias do Antigo Testamento relacionadas ao reinado milenar do Messias. Por exemplo, ele construirá o terceiro templo (Ez 37.26-28), reunirá todos

---

[4]Há, claro, muitas abençoadas exceções. *O que Israel buscava não o alcançou; mas os eleitos o alcançaram, e os outros foram endurecidos* (Rm 11.7). Podemos dizer que, literalmente, dezenas de milhares de judeus creem em Jesus como o verdadeiro Messias, mas eles constituem uma minoria dentre os quase dezesseis milhões de judeus em todo o mundo.
[5]Disponível em: <http://www.aish.com/jw/s/48892792.html>.

os judeus de volta à terra (Is 43.5,6), inaugurará uma era de paz mundial (Is 2.4) e assim por diante. O argumento principal continua sendo que uma vítima de crucificação não pode ser o Messias, muito menos Deus em forma humana! "Um Deus que assume a forma humana torna-se pequeno e diminui tanto a sua unidade quanto a sua divindade", argumentam.[6]

A extrema humilhação de Cristo é, naturalmente, a principal maravilha da encarnação e o cenário principal em que sua eterna glória tanto brilha. *O Filho do Homem não veio para ser servido, mas para servir, e para dar a sua vida em resgate de muitos* (Mt 20.28). *Cristo foi ministro da circuncisão, por causa da verdade de Deus, para que confirmasse as promessas feitas aos pais; e para que os gentios glorifiquem a Deus pela sua misericórdia* (Rm 15.8,9).

A humilde condescendência de Jesus Cristo é também a mais alta expressão do amor divino. O Novo Testamento confronta esse ponto diretamente e explica:

> *De sorte que haja em vós o mesmo sentimento que houve também em Cristo Jesus, que, sendo em forma de Deus, não teve por usurpação ser igual a Deus, mas esvaziou-se a si mesmo, tomando a forma de Servo, fazendo-se semelhante aos homens; e, achado na forma de homem, humilhou-se a si mesmo, sendo obediente até à morte, e morte de cruz. Por isso, também Deus o exaltou soberanamente, e lhe deu um nome que é sobre todo nome; para que ao nome de Jesus se dobre todo joelho dos que estão nos céus, e na terra, e debaixo da terra, e toda a língua confesse que Jesus Cristo é o Senhor, para glória de Deus Pai* (Fp 2.5-11).

Ele é, afinal, revelado em todo o livro de Isaías como o Servo de Javé — literalmente, um escravo voluntário da vontade de seu Pai.

Mas não há lugar nas tradições rabínicas convencionais para a ideia de que o Messias viria para servir, sofrer e sucumbir à humilhação da morte por crucificação. O povo de Jerusalém, que naquele dia assistiu à sua morte, o considerou *aflito, ferido de Deus e oprimido* (Is 53.4) — e zombou dele:

---

[6] Ibid.

E os que passavam blasfemavam dele, meneando as suas cabeças, e dizendo: Ah! tu que derrubas o templo, e em três dias o edificas, salva-te a ti mesmo, e desce da cruz. E da mesma maneira também os principais dos sacerdotes, com os escribas, diziam uns para os outros, zombando: Salvou os outros, e não pode salvar-se a si mesmo. O Cristo, o Rei de Israel, desça agora da cruz, para que o vejamos e acreditemos (Mc 15.29-32).

Essa mesma atitude pecaminosa está inerente no coração de todos — tanto judeus quanto gentios — que tenham lido ou ouvido as boas-novas do evangelho e rejeitado Cristo.

Devemos nos lembrar que Isaías está, profeticamente expressando, o sincero remorso do remanescente judaico quando, de repente, este enxerga e passa a crer naquilo que a nação por tanto tempo negou. Como toda pessoa que confessa genuinamente seu pecado, eles aceitam total responsabilidade por sua rejeição. A *New American Standard Bible* transmite corretamente o aspecto pessoal na forma como eles confessam sua culpa: *e nós, NÓS MESMOS* (grifo do autor), *o reputávamos por aflito, ferido de Deus, e oprimido*. O pronome hebraico é uma versão intensificada da primeira pessoa do plural. Há muita humildade genuína e verdadeiro remorso na expressão.

A implicação de que eles assumiram publicamente sua vergonha procede — que Javé estava ferindo e espancando a Jesus porque ele era um blasfemo. A palavra "ferido" em nosso texto não é uma referência aos golpes dos soldados romanos que zombavam de Jesus e o atingiram na cabeça com uma cana (Mt 27.30). A palavra se refere a um golpe brutal — mas não necessariamente físico. Em Gênesis 12.17, a mesma palavra hebraica foi usada para dizer que Deus atingiu a casa do faraó com pragas quando ele tentou acrescentar Sara (a esposa de Abraão) ao seu harém, sem saber que ela era casada. Em Êxodo 11.1, uma palavra relacionada que significa "golpe" ou "peste" é usada para descrever as pragas que Deus enviou sobre o Egito. *Ainda mais uma PRAGA* (grifo do autor) *trarei sobre Faraó, e sobre o Egito* pode significar bater, derrubar ou até mesmo matar. E "aflito" é um termo geral que pode se referir a ser humilhado, degradado, maltratado, oprimido, ou destruído.

Todas as três palavras estão implícitas na proposição "por Deus". Se fizermos uma paráfrase, poderíamos dizer: "Nós o consideramos como um pecador sendo ferido, espancado e afligido pela própria mão de Deus". Assim, o remanescente arrependido confessará que, até então, eles haviam considerado o sofrimento de Jesus como um castigo de Deus justamente merecido. A atitude para com ele estava errada. Eles mancharam falsamente seu caráter.

ELES CONFESSAM SEU COMPORTAMENTO PECAMINOSO

Um dia eles verão claramente que a culpa causadora do sofrimento do Servo era deles, e não dele. *Mas ele foi transpassado por causa das nossas transgressões, foi esmagado por causa de* NOSSAS *iniquidades; o castigo que nos trouxe paz estava sobre ele, e pelas suas feridas fomos curados* (Is 53.5 — grifo do autor). Este segundo aspecto da confissão de Israel reconhece que a punição que o Servo sofreu era realmente deles, por seu próprio comportamento pecaminoso.

Novamente, não há nenhuma maneira aceitável para contornar ou negar o aspecto punitivo do sofrimento e da angústia descritos no versículo 5. As palavras *transpassado, esmagado, castigo* e *feridas* são termos muito fortes que descrevem ferimentos infligidos por punição.

Devemos nos lembrar de que o apedrejamento era o método normal de execução no Israel do Antigo Testamento. Sem qualquer outra ajuda, além de sua própria imaginação, Isaías dificilmente poderia prever a crucificação como um método de punição capital. Muito menos, antecipar e descrever corretamente os detalhes específicos de uma crucificação ao estilo romano. O Espírito Santo levou-o a escolher essas palavras específicas para expressar o sofrimento extremo que o Servo suportou.

As palavras traduzidas por "perfurado" e "esmagado", de acordo com alguns estudiosos hebreus, são

> ... duas das palavras mais fortes da língua hebraica para descrever uma morte violenta e dolorosa. *Perfurado* transmite a ideia de "furado ou ferido até a morte" (cf. Dt 21.1; Is 51.9; veja tb. Sl 22.16; Zc 12.10; Jo 19.34). O adjetivo relacionado *chalal* geralmente significa *morto* (Is 22.2; 34.3; 66.16). *Esmagado* transmite a ideia de "esfacelado em pedaços, destruído".

Assim ocorreu com o Servo, que foi esmagado até a morte e tomou sobre si mesmo o peso do pecado dos outros, que ficou ainda mais pesado por causa da ira de Deus sobre aquele pecado.[7]

"Castigo" é um termo geralmente usado para expressar punição. "Feridas" (*NVI*) vem de uma palavra hebraica que fala de contusões, equimoses e feridas abertas pelos golpes de um chicote. Isaías usa a mesma palavra no capítulo 1: *Da sola do pé ao alto da cabeça não há nada são; somente machucados, vergões e* FERIMENTOS ABERTOS, *que não foram limpos nem enfaixados nem tratados com azeite* (Is 1.6 — grifo do autor).

As quatro palavras utilizadas nesse versículo descrevem crueldades praticadas com Jesus. Ele foi perfurado em seus pulsos, pés e lado (Sl 22.16; Zc 12.10; Jo 19.34,37). Ele foi *esmagado* pelos murros e tapas que recebeu nas mãos do Sinédrio (Mt 26.67) e dos romanos (Mt 27.29,30; Jo 19.3). Ele foi formalmente, mas ilegalmente, *punido* (Lc 23.16,22) como resultado de uma acusação injusta, de um julgamento com veredito e sentença. E ele foi severamente machucado com *vergões e ferimentos abertos*, como resultado da flagelação brutal que recebeu dos soldados romanos (Mc 15.15). Essas foram apenas as feridas visíveis infligidas *com a ajuda de homens perversos* (At 2.23).

Mas também sabemos que *este homem lhes foi entregue por propósito determinado e pré-conhecimento de Deus* (At 2.23). Isaías, da mesma forma, reforça o fato de que a morte de Cristo foi soberanamente determinada por Deus como meio para expiar o pecado. *O* SENHOR *fez cair sobre ele a iniquidade de todos nós* (Is 53.6). FOI DA VONTADE DO SENHOR (grifo do autor) *esmagá-lo* [...] *embora o* SENHOR *faça da vida dele uma oferta pela culpa* (Is 53.10). Então, o Servo foi de fato *aflito, ferido* DE DEUS *e oprimido* (v. 4 — grifo do autor) — não por seu próprio pecado, mas por ter tomado sobre si mesmo a punição pela culpa de seu povo.

Ele *suportou a cruz, desprezando a vergonha* (Hb 12.2) para que seu povo pudesse ficar em paz com Deus. *O castigo que nos trouxe paz estava sobre ele.* A palavra hebraica para "paz" em Isaías 53.5 é familiar, mesmo em

---

[7]LINDSEY, Duane F. "The career of the servant in Isaiah 52:13–53:12", *Bibliotheca Sacra* 140, n. 557, Jan-Mar 1983, p. 24.

outras línguas: *shalom*. Refere-se, aqui, à remoção da inimizade entre Deus e os pecadores. *Quando éramos inimigos de Deus fomos reconciliados com ele mediante a morte de seu Filho* (Rm 5.10). Agora, *tendo sido, pois, justificados pela fé, temos paz com Deus, por nosso Senhor Jesus Cristo* (Rm 5.1). Da mesma forma, a cura mencionada em Isaías 53.5 — *pelas suas feridas fomos curados* — não é uma cura física instantânea. O contexto, como se vê, é sobre "nossas transgressões", "nossas iniquidades" — efeitos morais e espirituais do pecado, culpa e alienação de Deus. Aqueles que creem são "curados" no sentido de serem restaurados à integridade espiritual e libertados da escravidão definitiva do pecado. Na realidade, é um tipo mais radical de cura (uma manifestação maior do poder divino) do que o sararmos temporariamente de nossas enfermidades físicas. É um milagre divino de ressurreição espiritual: *... e estando nós mortos em nossos delitos, nos deu vida juntamente com Cristo* (Ef 2.5) — garantindo-nos, assim, a vida eterna e uma futura glorificação, até de nosso corpo físico (uma cura física muito maior do que qualquer médico terreno já presenciou).

Por outro lado, a doença que o profeta tem em mente aqui está mais profundamente enraizada e é mais maligna do que o pior tipo de câncer existente. É uma depravação de alma absoluta. E muito mais será exposto sobre isso, quando considerarmos o versículo 6. Aqui, porém, o ponto é simples: a cura em questão é um remédio poderoso para a enfermidade espiritual que de outra forma seria incurável: nossa queda e a consequente escravidão ao pecado. Esta é a razão de nossos atos injustos: *nossas transgressões* e *nossas iniquidades*.

Portanto, Isaías 53.5 (*Mas ele foi transpassado por causa das nossas transgressões, foi esmagado por causa de nossas iniquidades*) é uma confissão explícita de um comportamento pecaminoso. Embora Isaías esteja nesse trecho registrando a confissão que será feita pelo Israel arrependido, é também uma confissão adequada para quem quer chegar à fé em Cristo, porque *todos pecaram e carecem da glória de Deus* (Rm 3.23). Todos nós somos pecadores, culpados de perverter e violar a lei de Deus e, assim (em nosso estado decaído), estamos separados dele, espiritualmente doentes, cheios de aflição e tristeza. Mas Jesus assumiu sobre si mesmo o pecado, a culpa, a dor e a tristeza de seu povo — e todas as outras expressões tenebrosas relativas à nossa natureza. Ele voluntariamente suportou a punição de Deus por nossas mazelas. E, assim, ele comprou a paz e a bênção de Deus para nós. A morte do médico curou o paciente!

ELES CONFESSAM SUA NATUREZA PECAMINOSA

O estágio final da confissão de Israel reconhece o pecado em seu nível mais profundo: *Todos nós andávamos desgarrados como ovelhas; cada um se desviava pelo seu caminho; mas o* SENHOR *fez cair sobre ele a iniquidade de nós todos* (Is 53.6). Esse versículo completa as três partes da confissão. O recém-despertado remanescente de Israel acaba de reconhecer que a concepção que tinha do Messias era errada e equivocada. Eles confessam seu comportamento pecaminoso, reconhecendo que *sua* própria culpa e *suas* transgressões são a verdadeira causa do sofrimento do Servo. Com efeito, eles estão se declarando culpados das mesmas acusações que Isaías levantou contra seus antepassados infiéis, em sua profecia do capítulo 1 do livro:

> *Ah, nação pecadora, povo carregado de iniquidade! Raça de malfeitores, filhos dados à corrupção! Abandonaram o* SENHOR*; desprezaram o Santo de Israel e o rejeitaram.Por que continuarão sendo castigados? Por que insistem na revolta?*
> *A cabeça toda está ferida, todo o coração está sofrendo. Da sola do pé ao alto da cabeça não há nada são; somente machucados, vergões e ferimentos abertos, que não foram limpos nem enfaixados nem tratados com azeite* (Is 1.4-6).

Essa não é apenas uma lista de ofensas brandas, nem é aplicável somente à nação judaica. É uma acusação que descreve a natureza humana caída. Detalha uma doença que infecta toda a raça humana: a depravação total. O pecado infectou todos os aspectos da natureza humana. Essa é a doença referida em Isaías 53.5, que é curada pelas feridas do Servo sofredor. O versículo 6 já usa uma metáfora completamente diferente e equipara a raça humana a ovelhas — espiritualmente indefesas, sem esperança e condenadas a vagar e morrer, a menos que o Grande Pastor intervenha para nos salvar.

O pecado está em nossa natureza, não apenas em nossos pensamentos ou em nosso comportamento. Pensamentos e comportamentos errados são resultados, em última instância, de uma "configuração" (disposição) pecaminosa. A verdadeira confissão do pecado deve, portanto, em última análise, lidar com o pecado em sua origem (o coração humano), e não meramente com suas manifestações. *Enganoso é o coração, mais do que todas as coisas, e desesperadamente corrupto; quem o conhecerá?* (Jr 17.9). Jesus declarou: *Pois do coração saem os maus pensamentos, os homicídios, os adultérios, as imoralidades sexuais, os roubos, os falsos testemunhos e as calúnias* (Mt 15.19; cf. Gn 6.5; 8.21; Rm 7.18). Esta é uma verdade com a qual todo pecador precisa ser confrontado. Nosso problema não é apenas o que pensamos ou o que fazemos. O verdadeiro problema é *quem somos*. Não somos pecadores porque pecamos; pecamos porque somos pecadores.

A comparação de Israel sobre si mesmo (e de todos os pecadores) com as ovelhas é uma analogia muito adequada. Phillip Keller escreveu:

> Ao contrário do que alguns pensam, as ovelhas não sabem cuidar de si mesmas. Elas requerem, mais do que qualquer outro tipo de rebanho, atenção contínua e cuidado minucioso. Não é por acaso que Deus escolheu nos chamar de ovelhas. O comportamento de ovelhas e de seres humanos é semelhante em muitos aspectos [...]. Nossa teimosia e estupidez [e] nossos hábitos negativos são paralelos de profunda importância.[8]

As ovelhas, por natureza, são animais tolos, propensos a vagar por conta própria e, assim, colocam-se em perigo muitas vezes fatal. Elas são indefesas contra predadores e não podem cuidar de si mesmas. Por exemplo, às vezes elas rolam de costas e não conseguem se endireitar. Essa é uma situação potencialmente fatal.

> Em geral isso acontece quando uma ovelha pesada, gorda ou de lã muito longa, sem tosquia, se deita confortavelmente em algum buraco ou depressão no solo. Ela pode rolar de lado, ligeiramente, para esticar ou relaxar.

---

[8] KELLER, W. Phillip. *A shepherd looks at Psalm 23*. Grand Rapids, MI: Zondervan, 1970, p. 19.

De repente, ela se vira e o centro da gravidade do corpo se desloca, passando para trás, de forma que os pés não conseguem mais tocar o chão. Essa posição pode gerar uma sensação de pânico e ela então começa a mexer as patas freneticamente. Essa movimentação, geralmente, só piora as coisas. Ela cai ainda mais para o meio do buraco, tornando cada vez mais difícil conseguir firmar os pés.

Como ela está lá lutando, os gases começam a se acumular no rúmen (primeira camada do estômago dos ruminantes). À medida que se expandem, tendem a retardar e cortar a circulação sanguínea nas extremidades do corpo, especialmente nas pernas. Se o tempo estiver quente e ensolarado, uma ovelha caída nessa posição pode morrer em poucas horas. Se estiver frio, nublado e chuvoso, poderá sobreviver nessa posição por vários dias.[9]

De modo semelhante, e por natureza, as pessoas são propensas a se desviarem de Deus, a se voltarem para o seu próprio caminho e se perderem ou desviarem moralmente. O salmista tinha exatamente isso em mente quando clamou: *Andei vagando como ovelha perdida; vem em busca do teu servo* (Sl 119.176; cf. Mt 18.12; Lc 15.4-6; 1Pe 2.25).

Porém, diferentemente da parábola que Jesus contou sobre a ovelha perdida, cujo foco eram pecadores individuais, a confissão de Israel considera *toda* a raça humana como ovelhas que se desviaram do bom pastor. Desprezando sua orientação e cuidado e agindo exatamente ao contrário, preferindo seguir o caminho natural do pecado, TODOS NÓS, *tal qual ovelhas, nos desviamos, cada um de nós se voltou para o seu próprio caminho* (Is 53.6 — grifo do autor), e isso simplesmente acontece porque somos assim!

É importante confessar nossos pecados, aqueles dos quais temos conhecimento, citando precisamente onde pecamos contra Deus e infringimos sua lei. *Se confessarmos os nossos pecados, ele é fiel e justo para nos perdoar os pecados e nos purificar de toda injustiça* (1Jo 1.9). O arrependimento verdadeiro é ainda mais profundo. A realidade é que não pode haver arrependimento genuíno separado do reconhecimento de que somos pecadores inveterados *por natureza*, ovelhas perdidas e indefesas que precisam

---

[9]Ibid., p. 55.

desesperadamente do *Pastor e Bispo de* [nossas] *almas* (1Pe 2.25) para nos resgatar. Davi é um bom exemplo desse princípio em Salmo 51. Ele não usa generalidades ou palavras eufemísticas como "falha" ou "erro de cálculo" para encobrir as ações perversas (pecado) por ele praticadas: *Pois eu conheço as minhas transgressões, e o meu pecado está sempre diante de mim. Contra ti, contra ti somente, pequei, e fiz o que é mau diante dos teus olhos; de sorte que és justificado em falares, e inculpável em julgares* (Sl 51.3,4). Mas ele também confessa o problema principal: sua depravação inerente e generalizada. O pecado está no cerne de seu caráter. Ele é um indivíduo caído e totalmente depravado. *Eis que nasci em iniquidade e em pecado me concebeu minha mãe* (Sl 51.5).

A boa-nova do evangelho é que *o Senhor fez cair sobre ele* [Cristo] *a iniquidade de todos nós* (Is 53.6). Essa palavra "cair" vem de um verbo hebraico que significa cair violentamente, atacar. A mesma palavra é usada, por exemplo, em 2Samuel 1.15, quando Davi instruiu um de seus guerreiros a executar o amalequita que se vangloriou de ter matado Saul: ... *chega-te, e* LANÇA-TE SOBRE ELE (grifo do autor). A violência da ideia talvez seja mais bem expressa na forma como a *New American Standard Bible* traduz a expressão: *Vá, corte-o* (*Go,* CUT HIM DOWN). A mesma palavra é usada várias vezes em 1Reis 2, descrevendo as ordens dadas por Salomão para executar alguns homens que haviam sido desleais ou prejudicado a seu pai, Davi: *E o rei Salomão deu ordem a Benaia, filho de Joiada, e este feriu e matou Adonias* (1Rs 2.25; cf. v. 29,31,32,34,46). A expressão *e este feriu e matou* significa literalmente "caiu sobre ele", e a intenção de matar está claramente implícita.

Essa mesma palavra é usada, com implicações semelhantes, em Isaías 53.6: *O Senhor* FEZ CAIR SOBRE ELE *a iniquidade de todos nós* (grifo do autor). A ideia de violência está implícita na expressão. Um comentarista bíblico apresenta isso da seguinte maneira: "A iniquidade de que somos culpados não volta para nos encontrar, como seria o esperado, mas ataca [o Servo de Javé] em nosso lugar [...]. Deus fez com que a culpa que era nossa caísse sobre ele, ou seja, ele, como nosso substituto, suportou a punição exigida pelos nossos pecados [...]. O pastor deu a vida pelas ovelhas".[10]

---

[10]YOUNG, Edward J. *The book of Isaiah*, 3 vols. Grand Rapids, MI: Eerdmans, 1972, 3:350.

Ou, como o apóstolo Paulo escreveu: *Porque, aquilo que a lei fora incapaz de fazer por estar enfraquecida pela carne, Deus o fez, enviando seu próprio Filho, à semelhança do homem pecador, como oferta pelo pecado. E assim condenou o pecado na carne* (Rm 8.3). A realidade da morte vicária, substitutiva, de Cristo por nós é o coração do evangelho segundo Deus — tema central de Isaías 53.

Devemos lembrar, no entanto, que não foi o nosso pecado que matou Jesus. Foi Deus. A morte do Servo sofredor nada mais foi do que um castigo, administrado por Deus, pelos pecados que outros haviam cometido. É isso que significa a expressão que utilizamos — reparação penal substitutiva. Mais uma vez, se a ideia parece chocante e inquietante, é para ser mesmo! Se você não concorda com essa ideia, é porque ainda não entendeu o conceito. *O nosso Deus é fogo consumidor!* (Hb 12.29). Essa é uma das principais razões pelas quais o evangelho é uma pedra de tropeço para os judeus e pura loucura no que diz respeito aos gentios (1Co 1.23). *Mas para os que foram chamados, tanto judeus como gregos* [a mensagem de Cristo crucificado incorpora ambos], *Cristo é o poder de Deus e a sabedoria de Deus* (1Co 1.24).

Não há como evitar o fato de que a doutrina da substituição penal é incontestavelmente afirmada na clara mensagem de Isaías 53. Também é confirmada e reafirmada em muitas outras passagens ao longo das Escrituras (cf. 2Co 5.21; Gl 3.13; Hb 9.28; 1Pe 2.24). O Servo de Javé, embora completamente inocente, suportou a culpa dos outros e sofreu angústias indescritíveis para expiar seus pecados.

Apesar dos tons inquietantes dessa mensagem, ela é uma boa notícia. De fato, não há novas mais gloriosas do que essas. Elas explicam por que Deus *não nos trata conforme os nossos pecados, nem nos retribui conforme as nossas iniquidades* (Sl 103.10). Ele não transige sua própria justiça. Ele não se limita a desconsiderar as nossas transgressões. Em vez disso, ele satisfez plenamente a justiça e afastou nosso pecado para sempre por meio da morte de seu Filho. *Como o Oriente está longe do Ocidente, assim ele afasta para longe de nós as nossas transgressões* (Sl 103.12). Agora a graça pode verdadeiramente reinar por meio da justiça (Rm 5.21). *No presente, demonstrou a sua justiça, a fim de ser justo e justificador daquele que tem fé em Jesus* (Rm 3.26).

A salvação nacional de Israel ainda se encontra no futuro. Mas ninguém (nem judeu, nem gentio) precisa esperar por algum evento futuro para se afastar do pecado e confiar em Cristo. Você pode ser salvo *hoje, se você ouvir a sua voz* (Hb 3.7). A justiça de Deus está disponível agora mesmo *pela fé em Jesus Cristo para todos os que creem* (Rm 3.22).

E *todo aquele que invocar o nome do Senhor será salvo* (Rm 10.13). *Eis aqui agora o tempo aceitável, eis aqui agora o dia da salvação* (2Co 6.2).

capítulo seis

O SERVO SILENCIOSO

Nada pode exceder a beleza e a singularidade das comparações aqui ilustradas sobre a paciência de nosso Senhor. Como a ovelha, quando o tosquiador a está tosquiando, não produz nenhum som nem oferece resistência; como o cordeiro, que permanece tranquilo enquanto é levado ao matadouro, chegando mesmo a lamber a mão da própria pessoa que vai matá-lo, assim nosso abençoado Senhor suportou todos os seus sofrimentos *silenciosamente, voluntariamente expressando amor aos seus próprios assassinos.*

Em duas ocasiões *seu silêncio* é notado no texto, indicando um autocontrole que, sob as mesmas circunstâncias, nenhum ser criado poderia ter exercido. Os santos mais eminentes abriram a boca queixando-se contra Deus e contra o homem. Inclusive Jó, o maior exemplo de paciência, chegou a amaldiçoar o dia de seu nascimento. Moisés, o mais manso dos homens, resistiu a inúmeras provocações, mas acabou falando imprudentemente com seus lábios, por isso foi excluído da terra de Canaã. E até mesmo o apóstolo Paulo, que atingiu padrões mais elevados que qualquer outro ser humano, respondeu de forma dura ao sumo sacerdote Ananias, que havia ordenado que ele fosse ferido contra a Lei. Porém, em se falando de Jesus, *ele não cometeu pecado algum, e nenhum engano foi encontrado em sua boca.*

Charles Simeon[1]

---

[1] Simeon, Charles. *Horae homileticae*, 1832, 8:370 (grifos no original).

O versículo 7 de Isaías 53 revela (não em termos vagos e incertos, mas em uma afirmação direta) que o Servo de Javé seria morto como um cordeiro é abatido.

Essas imagens eram inconfundíveis para os leitores de Isaías, que viviam em uma sociedade majoritariamente agrária. Eles estavam muito familiarizados com a plantação, com a colheita de safras e também com a criação de animais. As ovelhas, em particular, eram muito importantes em sua vida. Os animais forneciam, além de comida, a lã para fazerem roupas. Tendo visto ovelhas sendo mortas tanto para alimentação quanto para sacrifícios, o povo de Israel estava bem ciente da natureza dócil desses animais.

Em Isaías 53, a imagem de um cordeiro para sacrifício é usada para apresentar o surpreendente conceito de que o Servo de Javé — o Messias que o povo judeu imaginou ser um poderoso conquistador militar e governante político — seria conduzido passiva e silenciosamente ao abate como uma de suas ovelhas. As ovelhas não sabem quando estão sendo levadas ao abate, mas o Servo sabia muito bem que destino o esperava e seguiu humildemente até sua morte, em submissão voluntária à vontade de Javé.

Em sua futura confissão, Israel reconhecerá que o seu Messias, Jesus, é o verdadeiro *cordeiro de Deus, que tira o pecado do mundo*! (Jo 1.29). Isso é exatamente o que *todos* os que creem no Senhor Jesus Cristo sempre confessaram — gentios e judeus. É a mensagem essencial do evangelho. Para ter certeza, Jesus é nosso Mestre, Senhor, Grande Sumo Sacerdote, exemplo, libertador e futuro rei. Mas não poderemos conhecê-lo adequadamente em nenhum desses papéis, a menos que primeiramente confessemos que *ele é a propiciação pelos nossos pecados* (1Jo 2.2). Essa é a lição de Isaías 53. *Não há salvação em nenhum outro, pois debaixo do céu não há nenhum outro nome dado aos homens pelo qual devamos ser salvos* (At 4.12).

Ninguém (incluindo os descendentes genéticos de Abraão, Isaque e Jacó) — *ninguém* poderá ser salvo, a não ser que esteja disposto a confessar que Jesus foi *transpassado por causa das nossas transgressões, foi esmagado por causa de nossas iniquidades* (Is 53.5); que a punição que ele suportou foi o que nos possibilitou a paz com Deus; e que as feridas que ele sofreu foram o preço que ele pagou para libertar seu povo do cativeiro do pecado e curá-lo espiritualmente (v. 5). Além disso, confessamos que Deus fez cair nossa iniquidade sobre Jesus (v. 6); que ele foi cortado da terra dos viventes e ferido por nossas transgressões (v. 8); que ele deu a sua vida como oferta pela culpa dos nossos pecados (v. 10); e que carregando nossos pecados ele conquistou a nossa justificação (v. 11,12).

Todas essas verdades estão implícitas em uma confissão de fé consistente. É isso que significa crer no Senhor Jesus (At 16.31). O apóstolo Paulo resumiu e integrou essas mesmas verdades de forma abreviada quando fez sua famosa declaração condensada dos fundamentos do evangelho em 1Coríntios 15.3,4: *Que Cristo morreu pelos nossos pecados, SEGUNDO AS ESCRITURAS, foi sepultado, ressuscitou ao terceiro dia, SEGUNDO AS ESCRITURAS* (Is 53 foi certamente um dos principais textos do Antigo Testamento que o apóstolo tinha em mente quando escreveu essa frase duas vezes e tão próximas uma da outra — grifos do autor). A própria essência da verdadeira fé em Cristo é confiar em que o sacrifício vicário, substitutivo, que Jesus ofereceu a Deus por meio da cruz é um pagamento completo e suficiente por todos os nossos pecados.

Apesar da clareza objetiva de Isaías 53.7,8, a ideia de que o Servo de Javé, o Messias prometido, seria morto como um cordeiro sacrifical, nunca chegou ao cânon da tradição rabínica. Depois da crucificação e ressurreição de Jesus, o significado completo da profecia de Isaías era nítido para todo cristão que considerasse seriamente a passagem. Isaías 53 alcançou rapidamente a proeminência como ponto central no estudo, testemunho e ensino da igreja (Lc 22.37; At 8.32-35; 1Pe 2.24,25). Um tema comum na pregação dos apóstolos era *que o Cristo deveria sofrer* (At 17.3; cf. 3.18; 26.23; Lc 24.26).

Enquanto isso, os guardiões da tradição rabínica acreditavam firmemente que o Messias só poderia ser um campeão triunfante. Em vez de lidarem com Isaías 53, eles ignoraram esse capítulo ou tentaram justificar suas visíveis referências a Cristo. No ensino e liturgia das sinagogas, aquela parte de Isaías tem sido ignorada e evitada em seu contexto. (Como explicado no capítulo 2, até hoje essa passagem continua sendo omitida das leituras públicas agendadas nas sinagogas do mundo todo).

Uma das sérias acusações que Jesus fez contra os líderes judeus durante seu ministério aqui na terra foi o fato de eles terem permitido que suas tradições religiosas obscurecessem e anulassem a simples verdade das Escrituras. Essa é uma falácia comum em todas as religiões dominadas por rituais elaborados. Sacramento e cerimônia obstruem, inevitavelmente, a sã doutrina. O grande desprezo demonstrado por Jesus pela prática de citar a tradição humana para embaçar o nítido ensinamento da palavra de Deus é evidente na maneira sarcástica como ele repreendeu os escribas e fariseus:

> *Vocês estão sempre encontrando uma boa maneira para pôr de lado os mandamentos de Deus, a fim de obedecer às suas tradições! Pois Moisés disse: Honra teu pai e tua mãe, e quem amaldiçoar seu pai ou sua mãe terá que ser executado. Mas vocês afirmam que se alguém disser a seu pai ou a sua mãe: Qualquer ajuda que vocês poderiam receber de mim é Corbã, isto é, uma oferta dedicada a Deus, vocês o desobrigam de qualquer dever para com seu pai ou sua mãe. Assim vocês anulam a palavra de Deus, por meio da tradição que vocês mesmos transmitiram. E FAZEM MUITAS COISAS COMO ESSA* (Mc 7.9-13 — grifos do autor).

É notório, pela força da repreensão de Jesus, que a prática de modificar (ou até mesmo contradizer) a palavra de Deus com interpretações rebuscadas, ou com emendas feitas pelo homem, estava bem implantada como parte da tradição rabínica no tempo de Jesus. Tendo arquitetado a crucificação de Cristo, o Sinédrio (incluindo os principais sacerdotes e os principais eruditos judeus da época) simplesmente não estava disposto a ver a morte e ressurreição de Cristo como cumprimento de qualquer profecia do Antigo Testamento — mesmo sendo uma passagem tão clara quanto Isaías 53.

Quando Pedro e João estavam no pórtico de Salomão, no monte do Templo, Pedro anunciou que Jesus tinha sido o cumprimento do que Deus *anunciara por boca de todos os profetas: que o seu Cristo havia de padecer* (At 3.18). Por esse motivo, os líderes e os membros do Sinédrio mandaram prendê-los e ordenaram que não falassem mais sobre Jesus (At 4.1-18). Os líderes judeus não podiam — e não negavam — a verdade da mensagem apostólica. Eles simplesmente não estavam dispostos a acreditar nela:

> *Então eles, vendo a intrepidez de Pedro e João, e tendo percebido que eram homens iletrados e indoutos, se admiravam; e reconheciam que haviam estado com Jesus. E vendo em pé com eles o homem que fora curado, nada tinham que dizer em contrário. Todavia, mandando-os sair do Sinédrio, conferenciaram entre si, dizendo: Que havemos de fazer a estes homens? Porque a todos os que habitam em Jerusalém é manifesto que por eles foi feito um sinal notório, e não o podemos negar* (At 4.13-16).

Essa foi a resposta dos líderes da elite judaica e o início da rejeição oficial de Jesus Cristo, o que logo se tornou tradição, perdurando até hoje.

Essa não foi, no entanto, a resposta universal de todos os hebreus étnicos. Milhares de judeus *abraçaram* Jesus como seu Messias — começando no século 1 com o Pentecostes (Festa judaica das Semanas, Festival da Colheita, estabelecida em Êx 34.22), quando *foram adicionados* [à igreja] *naquele dia cerca de três mil almas* (At 2.41). Por pelo menos cinco anos após a ressurreição de Cristo (antes do martírio de Estêvão em At 8.4), os discípulos ainda estavam ministrando em Jerusalém e arredores, e praticamente todos os que tinham fé em Cristo naquela época eram judeus. *Assim, a palavra de Deus se espalhava. Crescia rapidamente o número de discípulos em Jerusalém; também* UM GRANDE NÚMERO DE SACERDOTES *obedecia à fé* (At 6.7).

As ligações entre o sistema sacrifical do Antigo Testamento e a morte de *Cristo, nosso cordeiro pascal* (1Co 5.7) eram numerosas demais e marcantes demais para serem negadas. Qualquer contrito de mente e coração sincero e aberto, que entendesse as lições do sacerdócio de Israel e do sangrento sistema de sacrifícios, poderia facilmente ver o cumprimento de Isaías 53 na morte e ressurreição de Cristo. E muitos o fizeram.

Ao longo da história de Israel, até a destruição do templo pelos romanos em 70 d.C., incontáveis milhões de animais foram sacrificados.

Os sacrifícios eram oferecidos não apenas na Páscoa, mas também pela manhã e à noite no templo (Êx 29.38-42) e como ofertas pessoais dos pecado individuais (Lv 5.5-7). Mesmo antes de os regulamentos sacrificais serem descritos no livro de Levítico, havia o exemplo do sacrifício aceitável de Abel (Gn 4.4,5) e a oferta de Abraão de um carneiro em lugar de seu filho Isaque (Gn 22.13). O povo judeu havia sido ensinado de que o pecado causa a morte e que *a alma que pecar, essa morrerá* (Ez 18.4,20). Todos os animais sacrificados na história de Israel demonstraram, vividamente, que a morte é a inevitável penalidade pelo pecado. Essa verdade foi escrita em todos os rituais prescritos no Antigo Testamento: *E quase todas as coisas, segundo a lei, se purificam com sangue; e sem derramamento de sangue não há remissão* (Hb 9.22).

Como já dissemos anteriormente, a repetição interminável de animais imolados mostrou que sacrifícios de animais não podiam realmente expiar a culpa humana: *porque é impossível que o sangue de touros e de bodes tire pecados* (Hb 10.4). Além disso, se os pecados devem ser expiados por um substituto, ele (o substituto) não deveria estar consciente do preço a ser pago e do motivo para isso? Afinal, pecamos de forma proposital e deliberada. Um animal quando morre sacrificado não está agindo de forma consciente, nem intencional.

Como observa o comentarista Alec Motyer sobre a morte de Cristo,

> a falha fatal dos procedimentos substitutivos existentes foi exposta e apresentada de uma só vez. O ponto em que a substituição animal falhou foi precisamente pelo fato de o pecado ser algo extremamente sério. Pecado como falha [...] pode ser digno de pena; pecado como defeito moral [...] é angustiante, mas apresenta o argumento de que, se não há o que fazer, não se pode censurar; mas *o pecado voluntário* [...] *não pode ser ignorado por Deus*. É o cerne da nossa pecaminosidade, que evidencia o fato de que pecamos por nossa própria vontade. *Não queremos que este reine sobre nós* (Lc 19.14). Por esse motivo, nenhum animal pode fazer mais do que ilustrar uma substituição: somente uma pessoa pode substituir outra pessoa; apenas o volitivo (vontade) pode substituir a rebeldia (insubordinação). O Servo, indubitavelmente, preenche os requisitos para ser um substituto: ele se identificou com pecadores em sua condenação ([Is 53.]4,5); ele estava

sem mancha alguma do nosso pecado (9); ele era aceito pelo Deus santo (6,10). Ele também tinha algo que ninguém mais poderia ter: a vontade consciente de aceitar e de se submeter ao papel daquele substituto.[22]

Por isso ela [a lei] *nunca consegue, mediante os mesmos sacrifícios repetidos ano após ano* [seria impossível] *aperfeiçoar os que se aproximam para adorar. Se pudesse fazê-lo, não deixariam de ser oferecidos? Pois os adoradores, tendo sido purificados uma vez por todas, não mais se sentiriam culpados de seus pecados* (Hb 10.1,2).

Não imagine, no entanto, que a morte de Cristo forneceu uma nova forma de salvação. Antes da cruz, os pecadores arrependidos eram salvos pela graça, confiando que Deus misericordiosamente lhes providenciaria um sacrifício que o satisfizesse. A resposta que Abraão deu a Isaque resume o espírito da fé salvadora compartilhada por todos os santos do Antigo Testamento: *Deus proverá para si o cordeiro para o holocausto* (Gn 22.8). Eles foram salvos, não pelo sangue de animais, mas pela graça divina, por meio da fé, antecipando o sacrifício perfeito que seria oferecido pelo Messias. Os sacrifícios de animais simplesmente simbolizavam essa realidade e eram a expressão de uma fé obediente. Esses sacrifícios nunca foram eficazes para a redenção. O perdão de Deus no Antigo Testamento foi uma expressão da paciência divina. O derramamento do sangue de Cristo, como propiciação, é o que finalmente expiou os pecados. *Deus o ofereceu como sacrifício para propiciação mediante a fé, pelo seu sangue, demonstrando a sua justiça. Em sua tolerância, havia deixado impunes os pecados anteriormente cometidos* (Rm 3.25).

Os animais sacrificados ilustraram nitidamente que a penalidade do pecado é a morte. Eles também indicaram que Deus estava disposto a fornecer um substituto inocente que morreria em lugar dos pecadores contritos. O Messias, o Senhor Jesus, sempre foi aquele a quem foi ordenado no eterno conselho de Javé que seria o sacrifício final (1Pe 1.19,20). Só ele é *o cordeiro de Deus, que tira o pecado do mundo!* (Jo 1.29).

---

[2]MOTYER, J. Alec. *The prophecy of Isaiah*. Downers Grove, IL: InterVarsity Press, 1993, p. 433 (grifos acrescentados).

João Batista foi o último e o maior dos profetas do Antigo Testamento; o precursor do Messias e aquele que teve o privilégio de apresentar o verdadeiro Messias a Israel. Isaías escreveu sobre João Batista:

> *Voz do que clama no deserto: Preparai o caminho do* SENHOR; *endireitai no ermo vereda a nosso Deus. Todo vale será aterrado, e nivelados, todos os montes e outeiros; o que é tortuoso será retificado, e os lugares escabrosos, aplanados. A glória do* SENHOR *se manifestará, e toda a carne a verá, pois, a boca do* SENHOR *o disse* (Is 40.3-5; cf. Ml 3.1; 4.5,6; Mt 3.3; 11.13,14; Jo 1.23).

Quando João evidenciou que Jesus era *o cordeiro de Deus, que tira o pecado do mundo* (Jo 1.29,36), ele certamente estava pensando em Isaías 53. Pedro se referia à profecia de Isaías quando escreveu: *Pois vocês sabem que não foi por meio de coisas perecíveis como prata ou ouro que vocês foram redimidos da sua maneira vazia de viver que lhes foi transmitida por seus antepassados, mas pelo precioso sangue de Cristo, como de um cordeiro sem mancha e sem defeito* (1Pe 1.18,19). Israel o terá como Rei vivo e exaltado, mas primeiro ele teve de morrer *como um cordeiro levado ao matadouro* (Is 53.7).

O silêncio sobrenatural do Servo em meio ao sofrimento é o ponto destacado na profecia de Isaías.

SILENCIOSO PERANTE SEUS ACUSADORES

Vimos (tanto na introdução como no início do capítulo 1) que o livro de Isaías possui quatro cânticos com o tema do "Servo", e todos eles têm temas messiânicos (42.1-9; 49.1-13; 50.4-11; e 52.13–53.12). Eles destacam a mansidão e a misericórdia do Servo de Javé. Outro tema repetido nos cânticos é a odiosa rejeição que o Servo recebe (49.7; 50.6). A voz do Servo é ouvida no segundo e no terceiro cânticos, mas o primeiro e o quarto focam sua quietude (*Não clamará, não se exaltará, nem fará ouvir a sua voz na praça* [Is 42.2]; *E como a ovelha muda perante os seus tosquiadores, assim ele não abriu a sua boca* [Is 53.7]). Apropriadamente, então, ele não fala no primeiro nem no quarto cânticos. Em Isaías 42, o tom mais ameno significa sua gentileza e serenidade. Na passagem de Isaías 53, seu silêncio reflete sua submissão a Deus e a disposição para obedecer-lhe, não importando que isso implicasse sua morte.

A palavra traduzida por "oprimido" no versículo 7 refere-se ao sofrimento e abuso que o Servo suportou no que diz respeito à sua prisão e ao seu julgamento. É usada em um sentido enfático e pode ser traduzida por: "ele foi oprimido e afligido".

Começando com sua prisão no Getsêmani no meio da noite, Jesus sofreu abuso físico, psicológico e emocional. Ele suportou a ultrajante injustiça dos julgamentos, nos quais ele foi acusado por falsas testemunhas, que deram falsos depoimentos. Prova alguma dos alegados crimes foi apresentada, e sua inocência foi formalmente declarada tanto por Herodes (Lc 23.14,15) quanto por Pilatos (Lc 23.4,14,22). Sua inocência também foi afirmada pela esposa de Pilatos (Mt 27.19), pelo ladrão arrependido (Lc 23.41), pelo centurião e pelo esquadrão de execução (Mt 27.54). No entanto, Pilatos cedeu às exigências do povo e de seus líderes, condenando-o injustamente a ser crucificado. Tão severo foi o abuso físico infligido a ele que *o seu parecer estava tão desfigurado, mais do que o de outro qualquer, e a sua figura mais do que a dos outros filhos dos homens* (Is 52.14). No momento em que os líderes judeus e os romanos terminaram de impingir-lhe os abusos físicos, seus ferimentos foram tão graves que *os homens escondiam o rosto* (53.3).

O Servo também foi *afligido*. A forma passiva do verbo em hebraico de Isaías 53.7 implica que ele se permitiu ser afligido. Poderia ser traduzido por "ele se humilhou". A mesma palavra é usada (em sentido oposto) para a recusa do faraó em se humilhar em Êxodo 10.3. Significa "ficar abatido, ou quedar-se". Paulo, muito possivelmente, estava se referindo a Isaías 53.7 quando escreveu sobre Cristo: *E, sendo encontrado em forma humana, HUMILHOU-SE A SI MESMO e foi obediente até à morte, e morte de cruz!* (Fp 2.8 — grifos do autor).

Jesus submeteu-se ao plano do Pai em sua morte. Afinal, o julgamento humano não tinha nenhuma autoridade sobre ele. Como ele mesmo disse a Pilatos: *Não terias nenhuma autoridade sobre mim, se esta não te fosse dada de cima* (Jo 19.11). Nem o Sinédrio, nem Herodes, nem Pilatos tinham poder suficiente para julgar Cristo; eles foram simplesmente protagonistas do plano que Deus havia predeterminado a se cumprir: *sendo este entregue pelo determinado desígnio e presciência de Deus* (At 4.28). Isso, no entanto, não tirou a responsabilidade dos governantes de terem feito uso indevido de sua autoridade humana. Em Atos 2.23, quando Pedro afirma que Jesus foi entregue de acordo com o plano definido de Deus, ele prossegue afirmando: *vós o matastes, crucificando-o por mãos de iníquos*. O controle soberano de Deus sobre os eventos humanos nunca pode ser usado como justificativa para o mal que os homens cometem.

Como expressão de sua humildade, o Servo *não abriu a boca*. Seu silêncio envolto por humildade não era a reação normal de uma pessoa que tivesse suportado maus-tratos e violência. A reação típica de alguém que sofre injustamente é clamar e alardear a queixa ou, pelo menos, lamentar-se, como fizeram os filhos de Israel quando estavam em cativeiro no Egito (Êx 2.23), Jó (Jó 7.1-21; 23.2-4) e Paulo (At 23.3), que protestaram verbalmente quando foram vitimados por abuso, mesmo sem nada terem feito para o merecer. As pessoas normalmente não sofrem em silêncio — e, quanto mais profundo e injusto for o sofrimento, menor a probabilidade de alguém suportá-lo passiva e silenciosamente.

Mas o Servo *não abriu a sua boca; como um cordeiro foi levado para o matadouro.*

Jesus foi preso no meio da noite como um criminoso (Lc 22.52), foi traído por Judas, violentamente maltratado pelos líderes judeus, pelos romanos e finalmente foi executado, tudo sem qualquer resistência ou queixa. Ao longo de todo aquele tormento, o Novo Testamento menciona repetidamente seu silêncio. Ao ser questionado pelo sumo sacerdote, ele permaneceu em silêncio (Mt 26.63). No julgamento diante do Sinédrio, ele permaneceu em silêncio (Mc 14.61). Quando os líderes religiosos judeus acusaram-no perante Pilatos, ele permaneceu calado (Mt 27.12). Quando Herodes o questionou, ele não respondeu (Lc 23.9). E, quando o próprio Pilatos o interrogou, ele continuou mudo (Jo 19.9). É verdade que, em cada uma dessas situações, ele proferiu algumas poucas, mas necessárias, palavras. No entanto, ele nunca disse nada em sua defesa, nem protestou pelo tratamento injusto que estava recebendo. *Como uma ovelha que diante de seus tosquiadores fica calada, ele não abriu a sua boca* (Is 53.7).

Seu silêncio indicava que ele estava disposto a morrer. Vale ressaltar, novamente, que o ministério de Jesus não foi um nobre e elaborado plano que não deu certo. Ele mesmo disse: *Eu dou a minha vida para retomá-la. Ninguém a tira de mim, mas eu a dou por minha espontânea vontade. Tenho autoridade para dá-la e para retomá-la* (Jo 10.17,18). Ele veio a este mundo para morrer voluntariamente como o cordeiro de Deus, para tirar o pecado do mundo. Ao antever a cruz, Jesus disse: *Agora meu coração está perturbado, e o que direi? Pai, salva-me desta hora? Não;* EU VIM EXATAMENTE PARA ISTO, PARA ESTA HORA (Jo 12.27 — grifos do autor).

O silêncio de Cristo também foi o silêncio do julgamento. Àqueles que obstinadamente endureceram o coração e persistentemente se recusaram a ouvi-lo — *mesmo depois que Jesus fez todos aqueles sinais miraculosos, não creram nele* (Jo 12.37) — ele fez uma exortação final: *Por mais um pouco de tempo a luz estará entre vocês. Andem enquanto vocês têm a luz, para que as trevas não os surpreendam, pois aquele que anda nas trevas não sabe para onde está indo. Creiam na luz enquanto vocês a têm, para que se tornem filhos da luz* (Jo 12.35,36).

Depois disso veio o silêncio do julgamento quando *Jesus saiu e ocultou-se deles* (v. 36).

Aqui, onde o Servo do Senhor silenciosamente e sem protestar aceitou tanto o injusto julgamento dos homens quanto o justo julgamento de Deus em favor dos pecadores, a soteriologia do Antigo Testamento alcança seu ápice: *Encontraram-se a graça e a verdade, a justiça e a paz se beijaram* (Sl 85.10).

Essa é a mensagem do evangelho, uma mensagem de pecado e julgamento, mas também de expiação substitutiva, perdão e, acima de tudo, do amor de Deus. Isso inclui o fato de que o verdadeiro Messias (o Servo silencioso de Isaías 53) é o único sacrifício aceitável pelo pecado, e ele foi abatido por Deus por nós, como nosso cordeiro pascal (1Co 5.7,21).

SILENCIOSO EM SUA MORTE

A expressão "julgamento opressivo" em Isaías 53.8 utiliza termos legais. O "julgamento", nesse contexto, compreende todas as fases dos vários processos aos quais Jesus foi submetido. "Opressivo" vem da opressão à qual o

Servo foi submetido, já mencionado no versículo 7, e refere-se à injustiça e ao sofrimento que ele suportou durante sua prisão e maus-tratos. Os dois termos estão conectados; os julgamentos injustos configuram a opressão. A expressão "foi levado" refere-se ao cumprimento de sua sentença quando ele foi levado para ser executado. Não houve tentativa de dar a Jesus um julgamento justo. Múltiplos veredictos o declararam inocente, mas ele foi entregue aos executores por uma multidão enfurecida. Sua morte foi, na realidade, um ato de assassinato sancionado pelo Estado.[3]

Pilatos, finalmente, ordenou que o Servo do Senhor fosse crucificado (forma de execução geralmente usada em relação aos escravos). Assim, ele foi *cortado da terra dos viventes* (Is 53.8, ARC). Essa é uma expressão hebraica comum que significa ser morto (cf. Jr 11.19; Dn 9.26). Em Isaías 53.8 ela refere-se à morte violenta e prematura do Servo como resultado do justo julgamento de Deus sobre o pecado da humanidade pecadora. O Messias seria executado; judicialmente assassinado e conduzido à morte como um cordeiro levado ao abate (cf. Jr 11.19). *Apesar* de Jesus ser o Deus encarnado que executou obras milagrosas que ninguém jamais realizou (Jo 15.24), de ter falado como ninguém mais falou (Jo 7.46; cf. Mt 7.28,29), ele foi executado. Por ele ser quem é, essa foi a mais aterradora injustiça da história.

E quem dentre os da sua geração considerou que ele fora cortado da terra dos viventes? (Is 53.8, ARC). Podemos afirmar, sem sombra de dúvida, que essa declaração foi extremamente verdadeira, pois: Quem pensou seriamente na injustiça cometida contra Jesus? Quem protestou contra os maus-tratos aos quais ele foi submetido e sua subsequente e brutal execução? Onde estavam os homens íntegros entre os líderes religiosos da nação? Onde estavam o sumo sacerdote e os outros principais sacerdotes? Onde estavam os escribas, fariseus, saduceus e todos os outros que se diziam devotos à Lei de Deus? A propósito, onde estavam os discípulos de Jesus? Todos eles o haviam abandonado (Mt 26.56), exatamente como Zacarias 13.7 havia predito. Apenas João voltou para se juntar a um pequeno grupo de mulheres na cruz — como testemunha

---

[3]Para saber mais detalhes sobre as injustiças cometidas nos julgamentos de Jesus, veja MACARTHUR, John. *The murder of Jesus*. Nashville: Word, 2000.

silenciosa. Por que as regras processuais rigorosas exigidas em casos graves não foram seguidas, mas em vez disso transformaram o julgamento de Cristo em um pseudotribunal?

Um famoso estudo do século 19 sobre a jurisprudência judaica descreveu como seria um julgamento justo no Israel do século 1:

> No dia do julgamento, os oficiais de justiça chamavam a pessoa acusada ao recinto. Aos pés dos anciãos eram colocados homens que, sob o nome de *auditores* ou *candidatos*, seguiam regularmente as sessões do Concílio. Os papéis do processo de cada caso eram lidos, e as testemunhas iam sendo chamadas sucessivamente. O presidente dirigia a seguinte exortação a cada um deles: "Não são conjecturas, ou qualquer que seja o boato público, o motivo de estares aqui, que pedimos de ti; considera que uma grande responsabilidade repousa sobre ti: que não estamos ocupados por um caso, como um caso de interesse pecuniário, no qual a injúria possa ser reparada. Se tu causares a condenação de uma pessoa injustamente acusada, seu sangue, e o sangue de toda a descendência dela, de quem tu privaste da terra, cairá sobre ti; Deus pedirá contas, como pediu de Caim pelo sangue de Abel. Fala".
>
> Uma mulher não poderia ser testemunha, porque ela não teria coragem de fazer a primeira acusação à pessoa condenada; uma criança também não, por ser irresponsável; nem um escravo, nem um homem de mau caráter, nem alguém cuja enfermidade impedisse a plena capacidade de suas faculdades físicas e morais. *A simples confissão de um indivíduo contra si mesmo*, ou a declaração de um profeta, por mais renomado que fosse, não poderia determinar uma condenação. Os doutores dizem: "Consideramos fundamental que *ninguém prejudique a si mesmo*. Se um homem acusar-se perante um tribunal, não devemos acreditar nele, a menos que o fato seja atestado por outras duas testemunhas; e é apropriado observar que a pena de morte infligida a Acã, no tempo de Josué, foi uma exceção ocasionada pela natureza das circunstâncias; porque a nossa lei não condena com uma simples confissão do acusado, nem com a declaração de um só profeta".
>
> As testemunhas deveriam atestar a identidade do acusado e depor sobre o mês, o dia, a hora e as circunstâncias do crime. Após um exame das

provas, os juízes que considerassem que o réu fosse inocente declaravam suas razões; aqueles que o considerassem culpado falavam depois e *com a maior moderação*. Se um dos *auditores*, ou *candidatos*, tivesse sido encarregado pelo acusado de sua defesa, ou se ele quis, em seu próprio nome, apresentar quaisquer esclarecimentos em favor da inocência, seria admitido no banco dos réus, do qual ele se dirigiria aos juízes e às pessoas. Mas essa liberdade não lhe seria concedida se sua opinião fosse em favor da condenação. Por fim, quando o próprio acusado solicitasse a palavra, todos os presentes lhe dariam a mais profunda atenção. Quando a discussão terminasse, um dos juízes recapitularia o caso; eles removeriam todos os espectadores; dois escribas anotariam os votos dos juízes; um deles anotaria os que eram a favor do acusado (atribuindo-lhe inocência), e o outro, os que eram contra (atribuindo-lhe culpa). Onze votos, de 23, eram suficientes para absolver; mas seriam necessários treze para condenar. Se algum dos juízes declarasse que não estava suficientemente informado, seriam acrescentados mais dois anciãos e depois mais outros dois sucessivamente, até formarem um concílio de 72, que era o número do Grande Concílio. Se a maioria dos votos fosse pela absolvição, o acusado seria dispensado *instantaneamente*; se fosse punido, os juízes adiariam o pronunciamento da sentença até o terceiro dia; durante o dia do meio (segundo dia), eles não poderiam se ocupar com nada além da causa e se abstinham de comer indiscriminadamente, de tomar vinho, licores e tudo o que pudesse tornar sua mente menos ágil para reflexão.

Na manhã do terceiro dia, voltariam ao tribunal. Cada juiz, que não tivesse mudado de opinião, diria: *Continuo com a mesma sentença de condenação*; qualquer um que, a princípio, tivesse condenado poderia, nessa sessão, mudar para absolvição; mas, se fosse o contrário, aquele que tivesse votado primeiramente pela absolvição não seria autorizado a condenar. Se uma maioria condenasse, dois *magistrados* imediatamente acompanhariam o condenado ao local de punição. Os anciãos não desceriam de seus assentos; eles colocavam, na entrada da sala de julgamento, um oficial de justiça com uma pequena bandeira na mão; um segundo, a cavalo, seguia o prisioneiro e ficava constantemente olhando para o local de partida. Durante esse intervalo, se alguém chegasse para anunciar aos anciãos qualquer nova evidência favorável ao prisioneiro, o primeiro oficial acenaria com uma bandeira, e o segundo, assim que notasse o aceno, traria de volta o prisioneiro. Se o prisioneiro declarasse aos *magistrados* que havia se lembrado de outras razões que lhe haviam escapado, eles o levariam perante os *juízes* por, pelo menos, cinco vezes. Se nenhum incidente ocorresse, o cortejo avançaria lentamente, precedido por um arauto que, em alta voz, se dirigiria ao povo nos seguintes termos: "Este homem (declarando seu nome e sobrenome) está sendo levado à punição por tal crime; as testemunhas que juraram contra ele são tais e tais pessoas; se alguém tem provas em favor dele, manifeste-se rapidamente" [...].

A certa distância do local da punição, eles pediriam ao prisioneiro que confessasse seu crime e lhe dariam a beber uma bebida estonteante, a fim de tornar a aproximação da morte menos terrível.[4]

Por que o estado de direito foi deliberadamente violado por aqueles que conceberam o julgamento e a crucificação de Jesus? Por que a urgência em o matar enquanto a nação se preparava para celebrar a Páscoa? Isso não evidencia má intenção da parte deles? Essas mesmas perguntas foram feitas no início da história cristã. Em resposta, foi registrado no *Talmude* um relato falso da execução de Jesus, da perspectiva dos líderes judaicos:

Existe uma tradição de *que* na véspera do sábado e da Páscoa eles crucificariam Jesus. Então, um arauto ficou diante dele por quarenta dias, gritando: "Jesus vai ser executado porque praticou feitiçaria, seduziu Israel e o afastou de Deus. Qualquer pessoa que queira apelar, venha e nos dê informações a respeito", mas ninguém apareceu. Sendo assim, ele foi crucificado na véspera do sábado e da Páscoa. Ulla disse: "Você acha que ele pertence àqueles entre os quais há nova evidência de inocência? Ele era muito sedutor, e o Todo-misericordioso disse [Dt 13.8]: *Não o pouparás nem o esconderás*".[5]

---

[4]Dupin, M. "The Trial of Jesus Before Caiaphas and Pilate", citado em Greenleaf, Simon. *An examination of the testimony of the four evangelists by the rules of evidence administered in courts of justice.* London: A. Maxwell & Son, 1847, p. 887-890; grifos no original.
[5]Baron, David. *The servant of Jehovah: the sufferings of the Messiah and the glory that should follow.* New York: Marshall, Morgan & Scott, 1922, p. 105-106.

Em outras palavras, o rabino Ulla estava argumentando que os crimes de Jesus eram tão notórios que não havia necessidade de solicitar testemunho em sua defesa. No entanto, o *Talmude* diz que o argumento do rabino foi rejeitado (e foi concedido a Jesus o prazo de quarenta dias para buscar testemunhas que pudessem inocentá-lo) *porque ele estava perto do reino* — isto é, porque ele pertencia à linhagem real de Davi.[6]

Os relatos evangélicos sobre a última semana da vida de Jesus são detalhados e consistentes. Eles antecedem as lendas talmúdicas em mais de um século. Assim, o conto dos rabinos sobre um julgamento justo que durou quarenta dias simplesmente não é confiável. Porém, é interessante por vários motivos.

É significativo, em primeiro lugar, que esta e outras lendas revisionistas aleguem que os crimes de Jesus eram "feitiçaria" e outras transgressões morais.[7] Eles não questionaram sua linhagem; e faziam essa afirmação de forma taxativa. David Baron, um judeu britânico que se converteu ao cristianismo no século 19 e escreveu várias obras significativas (incluindo um excelente comentário sobre Is 53), disse que, apesar de as autoridades judaicas tentarem justificar o tratamento que deram a Jesus, isso só provava que eles sabiam a verdade sobre ele. Baron disse: "O fato de Cristo ser da família real davídica estava cravado profundamente na consciência da nação judaica, e brilhava mesmo sob as lendas blasfemas que os rabinos inventaram sobre ele, na tentativa de se justificarem".[8]

Além disso, o relato talmúdico do julgamento de Jesus reflete uma animosidade profunda em relação a Cristo, a qual começou com o Sinédrio durante o ministério de Jesus (Mc 3.6; Jo 11.53) e encontra expressão ainda hoje. Alguns seguidores devotos do judaísmo tradicional têm tanta antipatia por Jesus que, ao se referirem a ele, não usam seu nome, mas o substituem por expressões depreciativas em iídiche. Há um artigo de um *site* judaico que zomba do programa Estudos Judaicos do Instituto Bíblico Moody, com a seguinte explicação:

---

[6]BARON, David. *The ancient scriptures and the modern jew.* London: Hodder & Stoughton, 1901, p. 18.
[7]Veja capítulo 4, nota 17.
[8]Ibid.

Em iídiche, como em nenhuma outra língua, os pressupostos básicos do cristianismo foram enfraquecidos. No momento em que Moody [Instituto Bíblico] começou a ensinar sobre ele, Jesus já era há muito tempo uma figura que impunha medo e escárnio no mundo de fala iídiche. Referiam-se ao Salvador, normalmente, utilizando apelidos desdenhosos como *Yoizel*, *Getzel* e, mais criativamente, *Yoshke Pandre*. Havia muitos e surpreendentes significados para o último nome: usando o diminutivo sufixo *iídiche -ke*, *Yoshke* pode ser traduzido por "Zezinho", satirizando o relacionamento "não biológico" de Jesus com o "ingênuo" marido de Maria. *Pandre*, por outro lado, em iídiche significa "pantera", uma referência às alegações [feitas pelo herético Celso e repetidas no *Talmude*] de que o pai de Jesus não era Deus, nem José, o carpinteiro, mas um soldado romano saqueador chamado Pantera. Assim, o nome maliciosamente torna o nascimento de Jesus ilegítimo e os associados a ele como estupradores ou tolos.[9]

O artigo continua descrevendo outras expressões em iídiche para Jesus, mas são profanas demais para serem repetidas. Essa linha de amargura e desprezo por Jesus é rastreável desde o Sinédrio dos dias de Jesus, passa pela época do *Talmude* e chega até os dias atuais.

Naturalmente, nem todos os judeus nutrem esse nível de desdém por Jesus. Ele é desprezado por alguns e meramente rejeitado por outros. (E, para ser justo, o ódio judaico a Jesus intensificou-se em razão dos maus-tratos deliberados e sistemáticos por eles recebidos de pessoas que alegavam estar agindo em nome de Jesus. Talvez nenhum grupo isolado de pessoas tenha sofrido mais intensamente ou por mais tempo do que os judeus em mãos de tiranos e fanáticos religiosos movidos por ódio étnico ou racial.)

Entretanto, é fato que todo grande ramo do judaísmo rejeita as reivindicações de Cristo e repudia a afirmação de que ele é o Messias. Judeus devotos julgam os "judeus messiânicos" (judeus étnicos que creem em Jesus) apóstatas e, portanto, não os consideram mais verdadeiramente judeus. Judeus ortodoxos muitas vezes "sentam *shivá*" (expressão que

---

[9]MANSEAU, Peter. *Missionary Yiddish*, January 22, 2009. Disponível em: <http://jewcy.com / jewish-religion-and-beliefs/missionary_Yiddish>.

significa prantear os mortos cumprindo os rituais tradicionais), passando uma semana de luto, equivalente a um funeral para os mortos, se alguém de sua comunidade crer em Jesus.

Enquanto a frase *nós não o tínhamos em estima* (Is 53.3) é uma confissão adequada para qualquer um que passe a crer, esse reconhecimento tem um significado especial para a nação judaica, pois (como se nota no capítulo 4) ela foi escolhida para trazer o Messias a este mundo; as Escrituras foram dadas por eles; e eles possuíam vantagens espirituais e um relacionamento com Javé que nenhuma outra nação teve o privilégio de desfrutar (Rm 3.1,2; 9.4,5).

No entanto, como dizem as Escrituras, quando o Messias prometido chegou, *os seus não o receberam* (Jo 1.11). De fato, seus principais sacerdotes foram os arquitetos da conspiração que tirou a vida de Jesus.

O tratamento severo, injusto e malévolo que os líderes judeus deram a Jesus não alterou o fato de que o Servo estava voluntariamente dando sua vida *por eles*. Isaías escreveu: *Por causa da transgressão do meu povo ele foi golpeado*. Isaías usa a expressão *meu povo* como um termo técnico para a nação judaica cerca de duas dúzias de vezes. *O boi reconhece o seu dono, e o jumento conhece a manjedoura do seu proprietário, mas Israel nada sabe, o meu povo nada compreende* (Is 1.3; veja tb. 3.12; 5.13; 32.13; 40.1).

A propósito, esse versículo distingue, claramente, "meu Servo" de "meu povo", mostrando por que Israel *não pode* ser o Servo de Isaías 53: *Por causa da transgressão do meu povo ele foi golpeado* (Is 53.8) O ponto aqui é que, embora o povo considerasse o Servo como *castigado por Deus, por ele atingido e afligido* (53.4), eles não perceberam que o golpe do julgamento não era por causa das transgressões dele mesmo (pois não tinha nenhuma), mas pelos pecados da nação (e não somente pelos pecados da nação, mas por todos os pecados de todo o seu povo, de toda língua, tribo e nação).

O Evangelho de João relata como (no encontro onde a conspiração contra Jesus foi tramada) Caifás, o sumo sacerdote, argumentou que matar Jesus seria o menor de dois males: *Não percebeis que vos é melhor que morra um homem pelo povo, e que não pereça toda a nação?* (Jo 11.50). O apóstolo prossegue explicando: *Ele não disse isso de si mesmo, mas, sendo o sumo sacerdote naquele ano, profetizou que Jesus morreria* PELA NAÇÃO JUDAICA, E NÃO SOMENTE POR AQUELA NAÇÃO, *mas também pelos filhos de Deus que estão espalhados, para reuni-los num povo* [isto é, os gentios que viriam à fé em Jesus] (Jo 11.51,52 — grifos do autor).

Israel, coletivamente, julgou mal a Jesus. Eles acreditaram que ele havia sido morto por Deus por causa dos seus próprios pecados e blasfêmias, como seus acusadores alegavam. Na realidade, ele *foi* alvejado por Deus, mas pelas transgressões de seu povo, a fim de trazer salvação tanto a judeus como a gentios (At 20.21; Rm 1.16; 3.29,30; 9.24; 1Co 1.24, 12.13, Ef 2.12-14).

SILENCIOSO NA SEPULTURA

Isaías 53.9 apresenta um conjunto surpreendente de detalhes: *Foi-lhe dado um túmulo com os ímpios.* Pelo fato de Jesus ter sido crucificado com criminosos, o esperado seria que seu corpo fosse descartado da mesma maneira que o dos outros. Os romanos costumavam deixar o cadáver dos criminosos pendurado na cruz para ser devorado por aves e animais selvagens. Na antiguidade, expor o cadáver de alguém e recusar-se a enterrá-lo era um ato final de desonra, como os filisteus fizeram com os corpos de Saul e seus filhos (1Sm 31.10-12) e como os seguidores do anticristo farão com os corpos das duas testemunhas na tribulação (Ap 11.7-9; veja tb. Jr 25.33).

Deus havia proibido, peremptoriamente, que cadáveres fossem deixados expostos (Dt 21.22,23). No entanto, os romanos abandonavam, propositadamente, e em campo aberto, os restos mortais de suas vítimas crucificadas. As crucificações eram, geralmente, feitas ao longo das vias de maior fluxo. Assim, os cadáveres dos condenados serviriam de ilustração do destino que aguardaria aqueles que ousassem desafiar o poder de Roma. Eventualmente, as autoridades teriam de descartar ossos e crânios deixados nesses locais. Em Jerusalém, esse lugar era o vale de Hinom, nos arredores de Jerusalém, ao sul da cidade.

O vale de Hinom tinha um passado sombrio e tenebroso. Era o lugar onde bebês eram sacrificados a Moloque, o falso e odioso deus dos amonitas (1Rs 11.7), e ali eram queimados até a morte (2Rs 17.17; 21.6; Jr 32.35)

— prática abominável, estritamente proibida por Deus (Lv 18.21; 20.2-5; Jr 7.31,32; 32.35). O nome aramaico para o vale foi transliterado para o grego e utilizado no Novo Testamento como um sinônimo para inferno, também conhecido como geena em português. Nos tempos do Antigo Testamento, o lugar passou a ser conhecido como "Tofete". Não se sabe exatamente o significado desse nome. A maioria atribui-lhe o sentido de "o lugar da queima" (que vem da palavra aramaica para "lareira"). Essa é uma descrição adequada. Outros linguistas dizem que a palavra deriva do termo hebraico para "tambor" e é uma referência aos tambores que eram constantemente tocados para abafar os gritos dos bebês que estavam sendo queimados vivos. Jeremias disse que o lugar deveria ser chamado de *vale da Matança* (Jr 19.6).

Na época de Jesus, o vale de Hinom era um dos depósitos de lixo de Jerusalém, onde havia fogo ardendo continuamente (cf. Is 66.24; Mt 3.12; Mc 9.48). Depois que os ossos dos criminosos crucificados tivessem sido "limpos" pelas aves, os restos mortais eram jogados naquele fogo.

Isso, porém, não aconteceria com o Servo de Deus. A voz do Messias fala em Salmo 16.10: *Porque tu não me abandonarás no sepulcro, nem permitirás que o teu santo sofra decomposição* (cf. At 2.27-31; 13.35-37). Em uma reviravolta surpreendente de eventos, Isaías diz que o Servo estaria *com os ricos em sua morte* (Is 53.9).

Aquele rico era José de Arimateia (Mt 27.57), que havia se tornado *discípulo de Jesus, mas o era secretamente, porque tinha medo dos judeus* (Jo 19.38). Ele não apenas forneceu sua própria tumba não usada para o sepultarem nela — *o colocou num sepulcro cavado na rocha, no qual ninguém ainda fora colocado* (Lc 23.53) —, mas também pediu, corajosamente, a liberação do corpo a Pilatos (Mt 27.58). Ele então sepultou o corpo de Jesus, com a ajuda de Nicodemos, outra pessoa proeminente que também era discretamente discípulo de Jesus (Jo 19.39-42). Então, em vez de o corpo de Jesus se decompor e ser jogado sem o menor respeito no depósito de lixo de Jerusalém, ele foi sepultado em um túmulo ainda não usado de propriedade de um homem rico — exatamente como Isaías previra sete séculos antes. Deus providenciou para que o sepultamento de seu filho fosse honroso e assim demonstrasse ao mundo que seu Servo, o Messias de Israel, era inocente.

A frase final no versículo 9 revela a importância do sepultamento do Servo: esse era o modo de Deus provar a inocência de Cristo. Ele não permitiria que seu Filho se submetesse a mais nenhuma humilhação. As palavras finais desta seção dizem que, *embora não tivesse cometido qualquer violência* [pecado de ação], *nem houvesse qualquer mentira em sua boca* [pecado no coração], foi um testemunho do Pai à completa e pura perfeição de Jesus.

Foi também o primeiro pequeno passo de sua exaltação.

capítulo sete

O SERVO SOFREDOR E EXALTADO

Não há dúvida de que o profeta está aqui comparando dois opostos, a saber: **1.** Que Jesus Cristo deveria ter estado muito tempo escondido, como se mergulhado nas profundezas do inferno, e, mesmo quando ele viesse, não deveria receber grande pompa para ser valorizado pelos homens; mas, pelo contrário, que ele deveria ser rejeitado, desprezado e que ninguém jamais pensaria que a salvação do povo seria alcançada por meio dele; **2.** Ele não seria, no entanto, menos exaltado.

JOÃO CALVINO[1]

---

[1] NIXON, Leroy, trad. *The gospel according to Isaiah*. Grand Rapids, MI: Eerdmans, 1953, p. 14.

Era ainda o próprio dia da sua ressurreição quando Jesus encontrou aqueles dois discípulos que viajavam de Jerusalém para a aldeia vizinha de Emaús. Marcos 16.12,13 menciona esse evento só de passagem, mas Lucas nos conta o que aconteceu.

A caminhada para Emaús era de quase doze quilômetros (Lc 24.13). Em um ritmo bem acelerado, isso levaria pelo menos umas duas horas. Como as pessoas tendiam a viajar em pequenos grupos e a conversar enquanto caminhavam, a marcha que desenvolviam era um pouco mais lenta. Assim, a caminhada até Emaús levaria cerca de duas horas e meia a três horas. Esses dois discípulos *no caminho, conversavam a respeito de tudo o que havia acontecido* (v. 14). Especificamente, repassavam e tentavam compreender os eventos inquietantes dos últimos três dias — da prisão de Jesus na noite de quinta-feira até o túmulo vazio daquela mesma manhã.

Foi quando um caminhante solitário os alcançou. *Enquanto conversavam e discutiam, o próprio Jesus se aproximou e começou a caminhar com eles* (v. 15).[2] Jesus, então, perguntou: *Sobre o que vocês estão discutindo enquanto caminham?* (v. 17). Eles responderam fazendo um breve resumo:

---

[2] Lucas diz que os dois discípulos (um chamado Cleofas e o outro anônimo) foram *impedidos de reconhecê-lo* (Lc 24.16). Isso obviamente significa que Deus, de forma sobrenatural, os impediu de perceberem quem ele era (cf. v. 31). Não foi, necessariamente, um milagre que literalmente lhes toldasse a visão. É mais provável que ele utilizou a dor e a confusão emocional que atravessavam para impedi-los de reconhecer que aquele homem ao lado deles era o Cristo ressuscitado Além disso, o corpo glorificado de Jesus era dramaticamente diferente do cadáver espancado que fora tirado da cruz e colocado em um túmulo alguns dias antes. E eles não foram os únicos a não reconhecer imediatamente o Jesus ressuscitado. Maria Madalena confundiu-o com o jardineiro do sepulcro (Jo 20.25) Os Onze também, a princípio, não reconheceram quando Jesus os encontrou na praia da Galileia (Jo 21.4). Era o mesmo corpo, mas o que *semeia-se em fraqueza, ressuscita em poder. Semeia-se corpo natural, ressuscita corpo espiritual* (1Co 15.43).

O SERVO SOFREDOR E EXALTADO

O que aconteceu com Jesus de Nazaré [...]. Ele era um profeta, poderoso em palavras e em obras diante de Deus e de todo o povo. Os chefes dos sacerdotes e as nossas autoridades o entregaram para ser condenado à morte, e o crucificaram; e nós esperávamos que era ele que ia trazer a redenção a Israel. E hoje é o terceiro dia desde que tudo isso aconteceu (v. 19-21).

Eles continuaram dizendo que tinham ouvido falar de *algumas mulheres* que haviam ido até o sepulcro e que ele estava vazio, e também de *uma visão de anjos, que disseram que ele está vivo*. Alguns de seus companheiros foram, então, ao sepulcro e também constataram que ele estava vazio, *mas não o viram* (v. 22-24).

Aqueles dois discípulos não perceberam que estavam contando aquilo tudo ao próprio Senhor ressuscitado!

Então, Jesus respondeu repreendendo-os: *Como vocês custam a entender e como demoram a crer em tudo o que os profetas falaram! Não devia o Cristo sofrer estas coisas, para entrar na sua glória?* (v. 25,26).

Em outras palavras, Jesus estava dizendo a eles que a trajetória do Messias se dividia em duas categorias: *sofrimento* e *glória*. Se eles tivessem entendido esse princípio simples dos escritos dos profetas, sua fé não teria sido tão abalada!

Depois que eles finalmente perceberam com quem estavam falando, *perguntaram-se um ao outro: Não estavam ardendo os nossos corações dentro de nós, enquanto ele nos falava no caminho e nos expunha as Escrituras?* (v. 32).

Naquela mesma noite, Jesus apareceu aos onze apóstolos restantes e a alguns de seus outros seguidores, que estavam em Jerusalém escondidos em um local secreto com medo das autoridades judaicas (Jo 20.19). Depois de tranquilizar os apavorados discípulos de que era realmente ele, e não um fantasma, Jesus lhes disse:

> *Foi isso que eu lhes falei enquanto ainda estava com vocês: Era necessário que se cumprisse tudo o que a meu respeito estava escrito na Lei de Moisés, nos Profetas e nos Salmos. Então lhes abriu o entendimento, para que pudessem compreender as Escrituras. E lhes disse: Está escrito que o Cristo haveria de sofrer e ressuscitar dos mortos no terceiro dia* (Lc 24.44-46).

Em outras palavras, Jesus reiterou o que havia dito mais cedo aos dois discípulos no caminho de Emaús: que o Antigo Testamento ensinava que o Messias teria de sofrer. Só então ele viria a ser glorificado e exaltado. Sua exaltação começou quando ele ressuscitou dos mortos e depois ascendeu para ficar à mão direita do Pai.

Aqueles que não percebem que o sofrimento de Cristo foi pré-requisito para a glória não entenderam o ponto de partida. Esse tema ressoa através de toda a mensagem do evangelho (Mt 26.64; At 2.33; 7.55; Rm 8.34; Ef 1.20; Cl 3.1; Hb 1.3; 1Pe 3.22).

Porém, como vimos desde o início, o ensinamento de que o Messias sofreria simplesmente não constava da esperança messiânica popular. Os doutores em teologia judaica fixaram-se em sua glória, ignorando a necessidade de seu sofrimento. Eles estavam absolutamente confiantes de que o Messias estabeleceria o seu reino e libertaria Israel dos seus inimigos — e esperavam ardentemente por esse dia, que não tardaria a chegar. Eles não entenderam o preceito do Antigo Testamento de que o Messias deveria sofrer e morrer antes de conquistar e governar.

A expectativa de que o Messias traria prontamente a glória de seu reino à terra era tão forte e tão persistente que, por ocasião de sua ascensão, os principais discípulos lhe perguntaram: *Senhor, é neste tempo que vais restaurar o reino a Israel?* (At 1.6). Fosse qual fosse a esperança que eles tinham de que o reino ia começar imediatamente, ela frustrou-se quando ele respondeu: *Não lhes compete saber os tempos ou as datas que o Pai estabeleceu pela sua própria autoridade* (v. 7). E em poucos minutos, *tendo dito isso, foi elevado às alturas enquanto eles olhavam, e uma nuvem o encobriu da vista deles* (v. 9).

Eles finalmente entenderam, e aceitaram, que o sofrimento, e não apenas a glória, era parte integrante do ministério do Messias. Pedro escreveria mais tarde: *Foi a respeito dessa salvação que os profetas que falaram da graça destinada a vocês investigaram e examinaram, procurando saber o tempo e as circunstâncias para os quais apontava o Espírito de Cristo que neles estava, quando lhes predisse os sofrimentos de Cristo e as* GLÓRIAS QUE SE SEGUIRIAM ÀQUELES SOFRIMENTOS (1Pe 1.10,11 — grifos do autor).

É impossível entender a pessoa e a obra do Senhor Jesus Cristo separadas dessas duas categorias. Juntas, elas abrangem todo o leque de profecias do Antigo Testamento sobre o Messias. Ambos os temas (sofrimento e glória) seguem consistentemente as mensagens dos profetas. De fato, há numerosos textos espalhados por todo o Antigo Testamento (*começando por Moisés e todos os Profetas* [Lc 24.27]) que Jesus poderia ter apresentado naquela caminhada de duas horas e meia até Emaús.

Como já sugerido anteriormente, as passagens do Antigo Testamento que prefiguravam ou previam os sofrimentos de Jesus incluíam a simbologia existente na disposição de Abraão em sacrificar Isaque; no cordeiro pascal; na serpente de bronze levantada no deserto (Jo 3.14); no derramamento de sangue, tão relevante no sistema sacrifical; nas torturas e zombarias retratadas em Salmo 22; no sofrimento descrito nos Salmos 69, 118 e em outros salmos messiânicos; como também quando foi traído e traspassado, como aludido em Zacarias 11.12,13; 12.10.

Contudo, em nenhum outro lugar do Antigo Testamento o par de temas sofrimento e glória se une tão claramente, e com tantos detalhes, quanto em Isaías 52.13—53.12. Agora certamente está mais fácil de entender o motivo de essa detalhada profecia messiânica ser excepcionalmente notável, revelando tantos detalhes precisos, e historicamente verificados, da vida, morte, ressurreição e exaltação do Messias, sete séculos antes de seu nascimento.

Os versículos 10-12 compreendem a quinta e última estrofe desse quarto e último Cântico do Servo de Isaías. Estrofes anteriores têm retratado o Servo do Senhor como o Servo surpreendente, o Servo rejeitado, o Servo substituído e o Servo silencioso. Mas "esta estrofe final é como um reservatório do qual fluem todas as principais linhas de pensamento".[3] Começa com uma promessa triunfante e termina com uma triunfante proclamação.

Para entender a estrofe final, precisamos examinar novamente a seção inicial da passagem de Isaías 52.13-15. O versículo 13 apresenta um enigma para o leitor judeu sobre o Messias, o Servo do Senhor: *Será levantado e erguido e muitíssimo exaltado*. A expressão *levantado e erguido* refere-se à sua divindade. Essas mesmas palavras são usadas em Isaías 6.1 e 57.15 para

---

[3]Motyer, J. Alec. *The prophecy of Isaiah*, 1993, p. 436.

descrever Deus. Sua divina majestade e glória surpreenderão as nações, e é isso que conduzirá seus governantes a um estupefato silêncio quando ele retornar em todo o seu esplendor (Is 52.15).

No entanto, por outro lado, o Servo também é um homem. De acordo com o versículo 14, *sua aparência estava tão desfigurada, que ele se tornou irreconhecível como homem; não parecia um ser humano*. Como Deus, ele é altamente exaltado; porém, como homem, marcado e desfigurado.

Este é o mistério, o enigma aparentemente indecifrável para os leitores do Antigo Testamento: como poderia esse glorioso, surpreendente e divino libertador ser ao mesmo tempo o mais desfigurado e maltratado dos homens? A resposta está na compreensão de que o Messias seria humilhado e sofreria em sua primeira vinda. Paulo escreveu em Filipenses:

> *E, sendo encontrado em forma humana, humilhou-se a si mesmo e foi obediente até à morte, e morte de cruz!* Depois, ele seria exaltado pelo Pai. Dada a sua obediência voluntária, *Deus o exaltou à mais alta posição e lhe deu o nome que está acima de todo nome, para que ao nome de Jesus se dobre todo joelho, no céu, na terra e debaixo da terra, e toda língua confesse que Jesus Cristo é o Senhor, para a glória de Deus Pai* (2.8-11).

Era plano de Deus que o Servo fosse humilhado e exaltado. Javé é o que fala antes e depois da confissão de Israel — os versículos 13-15 do capítulo 52 descrevem o sofrimento do Servo, e a segunda metade dos versículos 11 e 12 do capítulo 53 descrevem sua exaltação. O que aconteceu com Jesus Cristo não foi uma tragédia inesperada, mas o cumprimento exato do plano de Deus. O Servo sofredor não era uma vítima infeliz; ele é (mesmo no ápice de sua crucificação) o vitorioso Filho de Deus. Ele foi escolhido pelo Pai e capacitado pelo Espírito para sofrer e ser glorificado — tudo para dar o perdão aos pecados de seu povo e uma vida eterna no céu. Ele é o único sacrifício aceitável para tirar os pecados do mundo (Jo 1.29).

Então, o próprio Deus fornece a resposta ao enigma de Israel sobre o seu Servo. Em Isaías 53.12 ele diz que, embora o Servo tenha sido humilhado e *contado entre os transgressores [...] pois carregou o pecado de muitos*, ele será altamente exaltado, como Deus disse: *Por isso eu lhe darei uma porção entre os grandes, e ele dividirá os despojos com os fortes.* Essa é a verdade mais gloriosa e importante já revelada à humanidade — as boas novas da salvação dos pecadores, pela morte do Servo do Senhor. E tudo havia sido predito para a nação judaica em Isaías 53.

A ele virão e se envergonharão todos os que se irritaram contra ele (Is 45.24).

Isaías 53 é, como dito desde o início, a confissão que será feita quando o povo de Israel finalmente reconhecer e receber Jesus como o verdadeiro Messias. Até esse ponto, em Isaías 53, as provisões e os benefícios da morte do Servo foram vistos sob a perspectiva do Israel arrependido. Essa perspectiva continua na primeira metade da estrofe final (v. 10 e a primeira parte do v. 11).

No entanto, na parte final da quinta estrofe (a segunda metade do v. 11 e v. 12) há uma mudança na voz e na perspectiva. Começando no meio do versículo 11, essa já não é mais a confissão do Israel arrependido. É Deus dando seu veredito sobre o sofrimento e a morte do Servo. O pronome possessivo na expressão "meu Servo" sinaliza a mudança de voz. Deus é agora quem fala, e ele afirma a veracidade da confissão de Israel.

Assim, em Isaías 52.13-15 e 53.11,12 ouve-se a voz de Deus elogiando a fidelidade de seu Servo. A passagem entre essas duas declarações é a parte que prediz o futuro arrependimento de Israel.

Esse dia virá, tão certo quanto Deus é fiel. Toda a promessa da nova aliança (Jr 31.31-36) é pontuada com a seguinte promessa: *Se os céus em cima puderem ser medidos, e os alicerces da terra embaixo puderem ser sondados, então eu rejeitarei os descendentes de Israel, por causa de tudo o que eles têm feito, diz o* SENHOR (v. 37). Em outras palavras, não é mais possível que Deus abandone sua nação escolhida, como não é possível medir o infinito. O apóstolo Paulo faz a pergunta e ele mesmo responde explicitamente a ela: *Acaso Deus rejeitou o seu povo? De maneira nenhuma! Eu mesmo sou israelita, descendente de Abraão, da tribo de Benjamim* (Rm 11.1). Ezequiel 36.22-38 é uma promessa extensiva a Israel de que Deus ainda não está lidando com eles como uma nação. *Vocês habitarão na terra que dei aos seus antepassados; vocês serão o meu povo, e eu serei o seu Deus* (v. 28).

Paulo tratou de tudo isso com detalhes em Romanos, nos capítulos de 9–11. No final, ele afirma que todas as promessas da antiga aliança a Israel serão cumpridas. Assim como as ameaças e maldições por sua apostasia foram literalmente realizadas, assim também serão as promessas de sua restauração à Terra Prometida: *Israel experimentou um endurecimento em parte, até que chegasse a plenitude dos gentios. E assim* TODO O ISRAEL SERÁ SALVO, *como está escrito: Virá de Sião o redentor que desviará de Jacó a impiedade. E esta é a minha aliança com eles quando eu remover os seus pecados* (Rm 11.25-27 — grifo do autor).

Esta não é uma inovação recente na doutrina cristã sobre o fim dos tempos. O próprio Jesus disse: *e,* ATÉ QUE OS TEMPOS DOS GENTIOS SE COMPLETEM, *Jerusalém será pisada por eles* (Lc 21.24 — grifo do autor). Teólogos ao longo da história da igreja — incluindo muitos da tradição reformada — há muito tempo ensinam que o Israel nacional abandonará sua incredulidade, abraçará Jesus como Messias e herdará todas as bênçãos das alianças abraâmica e davídica. Como pode ser visto em Romanos 11.24: *Pois, se foste cortado da que, por natureza, era oliveira brava e, contra a natureza, enxertado em boa oliveira, quanto mais não serão enxertados na sua própria oliveira aqueles que são ramos naturais!*

Essa visão foi ensinada por muitos dos pais da igreja, entre eles Justino Mártir, Orígenes, João Crisóstomo, Jerônimo e Cirilo de Alexandria. Tertuliano escreveu: "Em sua segunda vinda [Cristo] favorecerá a circuncisão com sua aceitação e bênção; assim fará com a raça de Abraão, que eventualmente vier a reconhecê-lo".[4]

O maior de todos os teólogos nos primeiros séculos da igreja, Agostinho, também afirmou sua crença na futura salvação de Israel, uma visão difundida em seus dias: "É um tema familiar na conversa e no coração dos fiéis que, nos últimos dias antes do julgamento, os judeus crerão no verdadeiro Cristo, isto é, no nosso Cristo, por meio do grande e admirável profeta Elias que lhes explicará a lei".[5]

---

[4]TERTULLIAN [TERTULIANO]. *The five books against Marcion*, 5.9, in: ROBERTS, A. e DONALDSON, J., eds. *The ante-nicene fathers*, 10 vols. Grand Rapids MI: Eerdmans, 1951, 3:448.
[5]AUGUSTINE [AGOSTINHO]. *The city of God*, 20.29, in: SCHAFF, Philip, ed. *The Nicene and post-nicene Fathers*, 14 vols. New York: Scribners, 1887, 2:448.

Tomás de Aquino, o mais influente (e provavelmente o melhor) dos teólogos católicos romanos medievais, também concordava com a interpretação de uma salvação nacional para Israel. Ele acreditava que, no fim dos tempos, "os remanescentes de Israel se converterão".[6] Ele escreveu: "Assim como, pela queda dos judeus, os gentios que tinham sido inimigos foram reconciliados, após a conversão dos judeus, perto do fim dos tempos, haverá uma ressurreição geral em que os homens ressuscitarão dos mortos para a vida imortal".[7] Ele escreveu que "a cegueira dos judeus permanecerá até que todos os pagãos que tiverem sido escolhidos para a salvação tenham aceitado a fé. Isso vai ao encontro do que Paulo diz sobre a salvação dos judeus, ou seja, que após a conversão dos pagãos todo o Israel será salvo".[8]

O teólogo com mais autoridade entre os reformadores emblemáticos, João Calvino, escreveu em seus comentários sobre Isaías 59.20:

> Paulo cita essa passagem (Rm 11.26) para dizer que, apesar da obstinação e teimosia dos judeus indicar que eles foram totalmente rejeitados e condenados à morte eterna, ainda lhes resta alguma esperança. Pelo fato de Deus estar permanentemente consciente de sua aliança, e porque seus *dons e chamado são irrevogáveis* (Rm 11.29), Paulo conclui, justamente, que é impossível não haver *algum remanescente que venha a Cristo e receba a* salvação que ele oferece. Assim os judeus, finalmente, se unirão aos gentios e, então, haverá um só rebanho em Cristo (Jo 10.16).[9]

A Bíblia de Genebra foi a versão da Bíblia utilizada pelos reformadores ingleses originais. Foi a Bíblia inglesa mais influente antes da *King James Version* [Versão do rei Tiago]. Continha anotações escritas por muitos dos principais teólogos protestantes da época. Na passagem de Romanos 11.24,25 lia-se:

---

[6]THOMAS AQUINAS [TOMÁS DE AQUINO]. *Summa theologica*. New York: Cosimo, 2007, 2:1072.
[7]THOMAS AQUINAS [TOMÁS DE AQUINO], *On the Epistle of Romans*.
[8]HOOD, John Y. B. *Aquinas and the Jews*. Philadelphia: University of Philadelphia Press, 1995, p. 77. O excerto foi extraído do comentário de Romanos de Aquino.
[9]CALVIN, John [CALVINO, João]. *Commentary on the book of the prophet Isaiah*, trad. William Pringle, 4 vols. Edinburgh: Calvin Translation Society, 1853, 4:269.

> Ele [Paulo] fala de toda a nação, não só de uma parte dela [...]. A cegueira dos judeus não é tão generalizada que o Senhor não tenha ali eleitos, tampouco é permanente. Haverá um tempo em que (como os profetas previram) eles também abraçarão a quem agora tão obstinadamente rejeitam.

Muitos dos puritanos ingleses e americanos, incluindo John Owen, Thomas Manton, John Flavel, William Perkins, Thomas Boston, Increase Mather e Cotton Mather, também acreditavam que haveria uma conversão nacional de Israel.

Jonathan Edwards, considerado por muitos o maior teólogo americano, declarou sem rodeios: "Nada é tão seguramente predito do que essa conversão nacional dos judeus no capítulo 11 de Romanos. Há inúmeras outras passagens do Antigo Testamento que não podem ser interpretadas de outra forma".[10]

O teólogo batista inglês do século 18 John Gill acreditava na "conversão dos judeus e no assentamento deles em sua própria terra".[11] Ele escreveu:

> A conversão dos judeus [...] virá depois da destruição do anticristo [...]. Existem muitas profecias que falam dessa conversão, de como eles deverão nascer de novo; não no sentido civil, nem de se estabelecerem como nação, mas no sentido espiritual; nascer novamente da água e do espírito. Eles serão conduzidos à plena convicção do pecado, se conscientizarão e se lamentarão profundamente; em especial pelo pecado da obstinada rejeição ao verdadeiro Messias e de sua contínua incredulidade. Isso ocorrerá quando eles se deixarem conduzir, chorarem, suplicarem e buscarem o Senhor, seu Deus, e Davi, seu rei, o Messias, recebendo-o e a ele se submetendo; e unirem-se a igrejas cristãs, e se sujeitarem às ordenanças de

---

[10]EDWARDS, Jonathan. *A History of the work of redemption*. Worcester, MA: Thomas & Whipple, 1808, p. 487.
[11]GILL, John. *A complete body of doctrinal and practical divinity*, 3 vols. London: Ridgway, 1796, 2:155.

Cristo: e isso será universal; todo o Israel será salvo, toda a nação nascerá de uma vez, de repente; por muitas centenas de anos eles foram mantidos um só povo, foram dispersos, e embora espalhados não se misturaram entre as nações; essa providência é maravilhosa e mostra claramente que Deus tem grandes coisas para fazer para eles e por eles.[12]

Charles Hodge, um dos principais teólogos presbiterianos do século 19, escreveu: "O segundo grande evento que, de acordo com o que a igreja acredita, virá logo antes da segunda vinda de Cristo, é a conversão nacional dos judeus.[13]

Em um sermão intitulado "A colheita e a safra", Charles Spurgeon falou sobre a futura conversão de Israel como nação:

> É certo que os judeus, como povo, aceitarão Jesus de Nazaré, o Filho de Davi, como seu Rei, e retornarão à sua própria terra. Eles reconstruirão dos escombros, levantarão áreas que foram desoladas e reedificarão as cidades antigas que, por muitas gerações, ficaram desoladas.[14]

J. C. Ryle, contemporâneo de Spurgeon, também expressou sua convicção de que Israel um dia será restaurado:

> Sempre me pareceu que, como tomamos literalmente os textos que predizem que os muros da Babilônia serão derrubados, que também devemos fazê-lo com as passagens que predizem que os muros de Sião serão construídos. De acordo com a profecia, isso será feito pelos judeus que estão literalmente espalhados, mas também, segundo as profecias, serão literalmente reunidos.[15]

Teólogos contemporâneos como Geerhardus Vos, George Eldon Ladd, John Murray, William Hendriksen, R. C. Sproul, Millard Erickson e

---

[12]Ibid., 2:155.
[13]HODGE, Charles. *Systematic theology*. New York: Scribner's, 1884, 3:805.
[14]SPURGEON, Charles. *The metropolitan tabernacle pulpit*, 50:553.
[15]RYLE, J. C. *Watch!*, em *Coming events and present duties*. London: William Hunt, 1879, p. 19.

Wayne Grudem também ensinaram que haverá uma conversão futura da nação de Israel.

Quando esse dia chegar, os judeus olharão para *aquele a quem traspassaram* (Zc 12.10) e mudarão de opinião sobre ele. O discurso até então era o de que ele tinha sido atingido e afligido por Deus por ser um pecador blasfemo. Porém, finalmente entenderão que o ocorrido com ele foi exatamente para pagar as transgressões do povo, as quais foram lançadas sobre ele (2Co 5.21) para que alcançassem libertação espiritual e perdão dos pecados.

O SERVO SOFREDOR

Uma das características mais surpreendentes de Isaías 53 é que a futura geração de crentes judeus que fará essa confissão expressará uma compreensão plena do significado da cruz de Cristo. Seu conhecimento do evangelho — enraizado nessa antiga profecia — finalmente será correto e completo. Eles confessarão que *embora não tivesse cometido qualquer violência nem houvesse qualquer mentira em sua boca* (Is 53.9), *contudo foi da vontade do Senhor esmagá-lo e fazê-lo sofrer e embora o Senhor faça da vida dele uma oferta pela culpa* (v. 10). Cada detalhe vital da doutrina da expiação vicária e remidora de Cristo pelos pecadores é expresso nessa declaração. Não é exagero afirmar que essa é a verdade central, o cerne da fé cristã.

Para ter certeza, os homens fizeram o pior que podiam ao Servo. Eles abusaram dele a tal ponto que nem mais humano ele parecia (52.14). Eles o desprezaram, rejeitaram, oprimiram, afligiram e tentaram desonrá-lo até mesmo em seu sepultamento (53.3,7-9). *E com a ajuda de homens perversos, o mataram, pregando-o na cruz* (At 2.23).

No entanto, como já enfatizado mais de uma vez, o texto diz de forma impressionante que *foi da vontade do Senhor esmagá-lo e fazê-lo sofrer* (Is 53.10). Javé ordenou que algo horrível, inexplicável e incompreensível fosse feito ao seu Servo. A morte dele foi obra de Deus e de acordo com os planos de Deus. Como a primeira metade de Atos 2.23 reconhece, Jesus *foi entregue por propósito determinado e pré-conhecimento de Deus*. Sem reduzir o mal do ato em si, as Escrituras claramente ensinam que era *para fazerem tudo o que a tua mão e o teu propósito predeterminaram* (At 4.27,28). Em última análise, foi *o Senhor Deus* quem o traspassou pelas nossas transgressões, castigou-o para nos trazer paz, feriu-o para nos curar e lançou sobre ele as nossas iniquidades.

No entanto, mais chocante ainda é saber que o Deus que não tem prazer na morte do ímpio (Ez 18.23,32; 33.11) agradou-se com a morte de seu Servo, o justo. A palavra hebraica traduzida por "vontade" de Isaías 53.10 (*Contudo foi da vontade do Senhor esmagá-lo e fazê-lo sofrer*) significa literalmente "agradar-se" ou "ter prazer em". Algumas versões da Bíblia, como a *Almeida Revista e Corrigida*, traduzem a frase um pouco mais literalmente: *Contudo, ao Senhor agradou moê-lo*. A expressão *agradou moê-lo* tem forte conotação, descrevendo a intensidade do sofrimento de Cristo. Isso indica uma experiência insuportável a ponto de debilitá-lo completamente. Deus não apenas esmagou o Servo no sentido de matá-lo; ele o fez da maneira mais chocante possível!

Como já apontado várias vezes, Jesus não foi morto como um mártir bem-intencionado. Mártires, ao longo da história da igreja, morreram cantando hinos de louvor a Deus, testificando com confiança a fé no Senhor. Eles morreram com esperança e alegria no coração porque morreram sob o doce conforto da graça.

Mas Jesus não recebeu ajuda ou socorro em sua morte. Ele sofreu os terrores implacáveis e não aliviados da ira divina e da fúria contra o pecado. Deus foi à escuridão do Calvário para julgar não o ímpio, mas o seu Filho. Naquele dia ele trouxe as trevas do inferno para a cruz, quando lançou toda a sua ira contra os pecados de todos aqueles que um dia viriam a crer em Jesus Cristo.

A ira infinita movida pela infinita justiça trouxe punição infinita ao eterno Filho de Deus.

Certamente dura é essa palavra. Quem consegue ouvi-la? (Jo 6.60). Há até mesmo cristãos que rejeitam a verdade da substituição penal, comparando-a ao que chamaram de "abuso infantil divino". Um escritor escreveu cinicamente: "Se Deus quer nos perdoar, por que ele simplesmente não perdoa? Como o fato de punir uma pessoa inocente pode melhorar as coisas? Isso me parece mais como outra injustiça na equação cósmica.

Soa como abuso infantil divino. Sabe como é?"[16] Na realidade, o fato de Deus, o Pai, ter feito da alma de seu próprio Filho uma oferta pelo pecado é a maior expressão possível de seu amor pela humanidade. *Nisto consiste o amor: não em que nós tenhamos amado a Deus, mas em que ele nos amou e enviou seu Filho como propiciação pelos nossos pecados* (1Jo 4.10).

Em apenas três horas Jesus foi capaz de absorver o julgamento infinito do inferno eterno para todos os que viessem a crer (e depois ressuscitar dos mortos), porque ele mesmo é Deus infinito, com poder infinito. As Escrituras são claras sobre isso quando dizem que ele levou os nossos pecados em seu próprio corpo (1Pe 2.24). Embora ele não conhecesse pecado, foi feito pecado por nós (2Co 5.21). *Mas ele foi traspassado por causa das nossas transgressões, foi esmagado por causa de nossas iniquidades* (Is 53.5). Ele foi feito maldição por nós (Gl 3.13). E essa foi a "taça" que, no Getsêmani, ele implorou ao Pai que, se possível, não tivesse de "beber".

O grito do Senhor na hora nona: *Eloí, Eloí, lamá sabactâni?* Significa: *Meu Deus, meu Deus! Por que me abandonaste?* (Mc 15.34). Esse clamor revela que o Pai não confortou imediatamente seu Filho quando as profundezas das trevas o envolveram. Essa é a única vez, no Novo Testamento, em que Jesus não se refere a Deus como "Pai". A frase repetida *Meu Deus, meu Deus!* é uma expressão de afeto mesclada com desapontamento (cf. Lc 10.41; 13.34; 22.31). O Pai estava presente no furor do julgamento, mas ausente em termos de conforto.

Essa ausência, no entanto, foi necessária. Enquanto o inferno utiliza a fúria completa da presença pessoal de Deus para punir, essa presença, no entanto, não dará conforto, simpatia, nem alívio. Se Jesus devia suportar todo o sofrimento do inferno, esse sofrimento tinha que incluir tanto a punição de Deus quanto a ausência de seu conforto.

Como Deus poderia ter ficado "satisfeito" ao trazer tamanha agonia e tormento ao seu Filho?

---

[16]McLaren, Brian. *The story we find ourselves in: Further adventures of a new kind of christian.* San Francisco: Jossey-Bass, 2003, p. 143. McLaren, Tony Campolo, Steve Chalke, e outros, nos últimos anos, fizeram essa mesma observação absurda sobre "abuso infantil divino".

Foi o *resultado* que *o* agradou, e não a *dor*. Seu prazer em esmagar Jesus e fazê-lo sofrer não estava no tormento infligido a seu Filho, mas em o Filho cumprir o propósito do Pai — não a agonia, mas o feito em si; não o seu sofrimento, mas a salvação que o sofrimento realizou. Deus ficou satisfeito porque o Servo se sacrificou voluntariamente como oferta pela culpa; ele deu a sua vida para salvar os pecadores.

A oferta pela culpa do Antigo Testamento (às vezes referida como oferta pela transgressão) era um dos cinco principais sacrifícios do sistema levítico. Esses sacrifícios, descritos nos primeiros sete capítulos de Levítico, incluíam também a oferta queimada, a oferta de cereais, a oferta pacífica e a oferta pelo pecado. As três primeiras — as ofertas queimadas, as dos cereais e as de paz — eram voluntárias e individuais para os israelitas, mas as ofertas pelo pecado e pela culpa eram obrigatórias. Essas ofertas (pelo pecado e pela culpa) eram oferecidas a cada manhã, nos sacrifícios noturnos e também aos sábados (Nm 28.1-10). Quatro das ofertas (com exceção da oferta de cereais) envolviam sacrifício de animais. Estes representavam o resultado mortal do pecado — a realidade sombria de que *aquele que pecar é que morrerá* (Ez 18.4,20). Uma vez mais, esses sacrifícios também ofereceram esperança, porque Deus permitiu que um substituto morresse em lugar do pecador, prenunciando a morte de Cristo que seria o supremo sacrifício pelo pecado (2Co 5.21; Ef 5.2; Hb 7.27; 9.26; 10.12).

O quinto e último sacrifício, a oferta pela culpa, acrescentou uma dimensão muito importante, que não havia nos outros. É o princípio da restituição, satisfação ou propiciação. A restituição é requerida quando uma pessoa (divina ou humana) é privada de algo de seu devido direito. A oferta de culpa era, portanto, a mais completa das cinco principais ofertas.

No futuro, os judeus como nação, verão tudo isso em Cristo, cujo sacrifício satisfez completamente as exigências da justiça de Deus, fez a restituição completa e serviu como propiciação integral. A dívida do pecador é paga na íntegra porque Deus *cancelou a escrita de dívida, que consistia em ordenanças, e que nos era contrária. Ele a removeu, pregando-a na cruz* (Cl 2.14). Os pecadores arrependidos, tendo morrido para o pecado por meio de sua união com Cristo em sua morte (Rm 6.2-4), são libertados da culpa do pecado (Rm 6.11,18,22; 8.2). A morte de Cristo na cruz é a propiciação pelos pecados de todos os que nele creem (1Jo 2.1,2).

O SERVO HONRADO

Ao final de sua confissão, na segunda parte de Isaías 53.10 e na primeira parte do versículo 11, o remanescente convertido se volta do sofrimento suportado pelo Servo quando Deus o esmagou para então celebrar a honra que posteriormente lhe foi concedida. Essa confissão menciona quatro aspectos específicos de como Deus honrará seu Servo.

Primeiro — *verá a sua posteridade.* Ao contrário dos humanos, que veem seus filhos, possivelmente seus netos e algumas vezes seus bisnetos, o Messias verá todas as gerações de seus descendentes espirituais — aqueles a quem não se envergonha de chamar de irmãos (Hb 2.11). Eles lhes são dados pelo Pai (Jo 6.37) e Cristo os traz à glória (v. 10).

Ele poderá fazer isso porque lhes *prolongará os dias na terra.* Essa frase é um hebraísmo para uma longa vida (cf. Dt 4.40; Pv 28.16; Ec 8.13). Em Apocalipse 1.18, Jesus declarou: *Estive morto mas agora estou vivo para todo o sempre.* O escritor de Hebreus declarou que *ele é capaz de salvar definitivamente aqueles que, por meio dele, aproximam-se de Deus, pois vive sempre para interceder por eles* (Hb 7.25; cf. v. 16).

O Servo também será honrado porque, em razão de ter aceitado voluntariamente o julgamento esmagador de Deus, ele concretizou o trabalho da redenção. Isso fez com que "a vontade do Senhor prosperasse em suas mãos". A obra da redenção que Cristo alcançou foi para o louvor da glória de Deus (Ef 1.12), e por causa disso *Deus o exaltou à mais alta posição e lhe deu o nome que está acima de todo nome, para que ao nome de Jesus se dobre todo joelho, no céu, na terra e debaixo da terra, e toda língua confesse que Jesus Cristo é o Senhor, para a glória de Deus Pai* (Fp 2.9-11).

Finalmente, o Servo será honrado pela satisfação de ver o plano de redenção até a sua conclusão. *Depois do sofrimento de sua alma, ele verá a luz e ficará satisfeito* (Is 53.11). Ele se alegrará em ver seus descendentes espirituais, os redimidos, reunidos no reino de Deus. Ele será honrado quando os vir cercar seu trono, adorando-o e servindo-o, para o louvor de sua glória por toda a eternidade. Em particular, ele se deleitará em ver a salvação de Israel:

> *Por meu amor misericordioso para com Sião, não deixarei de agir, por compaixão a Jerusalém não descansarei, enquanto a sua justiça não*

resplandecer como o romper da aurora, e a sua salvação como as chamas de uma grande tocha. Eis que as nações contemplarão a sua justiça, e todos os reis e governantes da terra, a sua glória; tu, ó Israel, serás chamada por um novo nome que a própria boca de Javé conferirá! Serás um maravilhoso diadema nas mãos do Eterno, uma coroa real na mão do seu Deus. Ó Israel, tua terra não mais será chamada "Desprezada" nem "Abandonada". Tu serás honrada e chamada Hefzibá, o meu prazer nela está; e sua terra: Beulá, casada, porquanto o Senhor terá grande prazer em ti, e a tua terra estará desposada! Do mesmo modo como um jovem se casa com sua noiva, assim teus filhos se casarão contigo; e, da mesma maneira como o noivo se alegra da noiva, assim também o teu Deus se alegrará de ti (Is 62.1-5, *KJV*).

O mais importante, porém, é que Jesus ficará satisfeito por seu trabalho de expiação substitutiva ter sido completado, como indica seu triunfante grito final da cruz: *Está consumado!* (Jo 19.30). Como ele disse ao Pai na noite antes de sua morte: *Eu te glorifiquei na terra, completando a obra que me deste para fazer* (Jo 17.4; cf. 4.34; 5.36).

capítulo oito

O SERVO QUE CARREGOU O PECADO

O Senhor fez cair sobre ele a iniquidade de todos nós. Foi o decreto soberano do céu que estabeleceu Cristo como o grande substituto para o seu povo. Ninguém toma essa função para si. Nem mesmo o Filho de Deus se inclinaria a assumir esse fardo se não lhe fosse determinado. Ele foi escolhido como o cabeça da aliança na eleição; foi-lhe ordenado no decreto divino que representasse seu povo. Deus Pai não pode recusar o sacrifício que ele mesmo ordenou. *Meu filho,* disse o bom e velho Abraão, *Deus mesmo há de prover o cordeiro para o holocausto.* Ele cumpriu isso no Salvador; e o que Deus providencia, Deus aceita.

CHARLES SPURGEON[1]

---

[1] SPURGEON, Charles. *The metropolitan tabernacle pulpit*, 10:176.

saías 53 responde à mais importante pergunta que qualquer ser humano caído poderia formular: *Como um pecador pode ser totalmente reconciliado com Deus?* Essa é uma pergunta que todos, eventualmente, precisam encarar. A questão geralmente surge quando alguém está lutando sob o peso de sua própria culpa, sofrendo as angústias das consequências do pecado ou sentindo a profunda dor que sempre resulta quando o preço do pecado está sendo pago. Jó e seus amigos levantaram essa questão mais de uma vez durante sua provação. Jó perguntou: *Como pode o mortal ser justo diante de Deus?* (Jó 9.2). *Quem pode extrair algo puro da impureza?* (14.4).

Mais tarde, na história de Jó, um de seus conselheiros, Bildade, gritou o dilema humano: *Como pode então o homem ser justo diante de Deus? Como pode ser puro quem nasce de mulher? Se nem a lua é brilhante e as estrelas são puras aos olhos dele, muito menos o será o homem, que não passa de larva, o Filho do homem, que não passa de verme!* (Jó 25.4-6).

Ninguém está acima desse dilema. Ninguém é suficientemente justo para escapar do julgamento de Deus. Salomão escreveu: *Na verdade não há homem justo sobre a terra, que faça o bem, e nunca peque* (Ec 7.20). O apóstolo Paulo escreveu: *Não há justo, nem um sequer* (Rm 3.10); *... não há diferença. Porque todos pecaram e destituídos estão da glória de Deus* (Rm 3.22,23). Observe cuidadosamente que, quando as Escrituras mencionam a Queda e a universalidade do pecado, o ponto nunca é para desculpar, nem mesmo mitigar a culpa que carregamos como pecadores. Ninguém deveria pensar: "Não sou tão ruim assim! Afinal, todo mundo peca!" Isso não deveria acontecer porque, quando as Escrituras falam do fato de que todos pecaram, é sempre para enfatizar a verdade de que, sem um Salvador, toda a raça humana estaria totalmente condenada.

A verdadeira, clara e satisfatória resposta ao dilema de Jó encontra-se em Isaías 53. Vemos nessa passagem como Deus *justifica o ímpio* (Rm 4.5).

Vemos também como o homem pode ter seu relacionamento reatado com Deus e que Deus permanece justo enquanto justifica os pecadores (cf. Rm 3.26). *Com o seu conhecimento o meu servo, o justo, justificará a muitos; porque as iniquidades deles levará sobre si* (Is 53.11).

Ao continuarmos com esse poderoso versículo de Isaías 53, ficará cada vez mais claro que todo o evangelho do Novo Testamento está contido nessa breve declaração. Todas as doutrinas controvertidas essenciais para entender a doutrina bíblica da expiação estão ali presentes: propiciação pela morte de uma vítima inocente; salvação pela graça apenas por meio da fé; justificação pela imputação da justiça; e expiação por substituição penal.

Desse modo, Isaías 53 não apenas resume o evangelho, mas também o interpreta de forma clara e completa. Qualquer pessoa que tenha estudado teologia sistemática verá imediatamente o importante fato de que a soteriologia de Isaías é idêntica à de Paulo e à dos apóstolos.

Não é de admirar! Isaías 53 é o evangelho segundo Deus! Não é por acaso nem por coincidência que essa seja a mesma mensagem proclamada por Jesus e pelos apóstolos no Novo Testamento. Existe apenas um evangelho verdadeiro (cf. Gl 1.8,9).

PERSPECTIVA DE DEUS SOBRE A OBRA DO SERVO

Uma das características mais intrigantes dessa passagem é que aqueles princípios do evangelho que Isaías destaca de forma mais clara e enfática são doutrinas frequentemente atacadas por seitas pseudocristãs, denominações errantes e apóstatas, falsos mestres de toda denominação e instituições religiosas populares cujo apego à sua própria tradição é mais forte do que seu compromisso com as Escrituras. Isaías afirma aqui, inequivocamente, as doutrinas da justificação pela fé, a justiça imputada, a expiação substitutiva e a morte do Messias como um sacrifício oferecido em propiciação a Javé.

Essas doutrinas tratavam exatamente dos mesmos princípios que foram recuperados pelos reformadores protestantes depois de quase terem sido sufocados até a morte, sob séculos de erro acumulado e da asfixiante tradição da igreja. Os reformadores os "espanavam e, tirando-lhes o pó", reconheciam sua verdadeira importância, proclamando-os como verdades essenciais do evangelho. Essas verdades foram as mesmas que atearam fogo no coração dos puritanos ingleses e americanos. Foram as mesmas proclamadas, posteriormente, pelos herdeiros espirituais dos puritanos — homens como George Whitefield, Jonathan Edwards, Charles Spurgeon e outros. Quando ensinadas clara e destemidamente por pregadores que realmente acreditavam na autoridade das Escrituras e a proclamavam *segundo é, na verdade como palavra de Deus* (1Ts 2.13), essas verdades eram sempre usadas por Deus para atrair pessoas a Cristo e transformar comunidades inteiras — e, às vezes, reformar totalmente uma cultura.

Nos últimos anos, alguns dos mais perturbadores ataques a essas doutrinas vieram de escritores supostamente protestantes que abordaram a erudição bíblica, como se o objetivo fosse inventar novas perspectivas sobre doutrinas consagradas pelo tempo, encontrar novas interpretações de passagens bíblicas centrais, ou mesmo conceber um novo tipo de cristianismo.

Nenhuma dessas ideias é realmente nova. Cada ponto fundamental da verdade do evangelho tem sido continuamente atacado, em uma frente ou outra, desde os tempos apostólicos. A maioria das epístolas do Novo Testamento expõe diferentes erros doutrinários que ameaçavam a fé e a saúde espiritual dos crentes da igreja primitiva. Um exemplo clássico é a epístola aos Gálatas, que Paulo escreveu para corrigir (e condenar) um erro que era bem comum nas igrejas da Galácia. Os falsos mestres estavam atacando o princípio da *sola fide* (somente a fé) dizendo aos cristãos gentios que a fé por si só não era suficiente para a justificação. Os falsos mestres da Galácia diziam que os gentios convertidos precisavam, primeiro, ser circuncidados. Outros, ainda hoje, pregam erro semelhante ao dizer que o ritual do batismo é o novo nascimento do qual Jesus falou em João capítulo 3. Eles dizem que as pessoas não podem ser salvas, a menos que sejam batizadas! Assim, o batismo — uma ordenança que deve ser realizada — é sutilmente acrescentado à fé como requisito para entrar na vida cristã. Outra visão hoje em voga é o conceito de que a justificação é um processo que não será concluído até que Deus declare o crente justo no julgamento final. Eles invariavelmente sugerem que o veredito dependerá (pelo menos em parte) das boas obras que tenham sido realizadas por aquele que está sendo julgado.

Todas essas ideias destroem a verdade de que os crentes são salvos agora (não em algum momento no futuro). *Porque pela graça sois salvos, por meio da fé; e isto não vem de vós, é dom de Deus. Não vem das obras, para que ninguém se glorie* (Ef 2.8,9). Jesus disse: *Na verdade, na verdade vos digo que quem ouve a minha palavra, e crê naquele que me enviou, tem a vida eterna, e não entrará em condenação, mas passou da morte para a vida* (Jo 5.24). Os tempos verbais são significativos. A pessoa que crê TEM *a vida eterna* como uma possessão atual. Por outro lado, o verbo está no passado quando mostra a realidade de que tal pessoa PASSOU *da morte para a vida*.

Há nas Escrituras inúmeras declarações que confirmam todas as verdades controversas do evangelho. *Quem crê nele* [Jesus] *não é condenado; mas quem não crê já está condenado* (Jo 3.18). *Nós* [...] *temos crido em Cristo Jesus, para que fôssemos justificados pela fé em Cristo, e não por obras da lei, pois, por obras da lei, ninguém será justificado* (Gl 2.16). *Mas, àquele que não pratica, mas crê naquele que justifica o ímpio, a sua fé lhe é imputada como justiça* (Rm 4.5). *Não pelas obras de justiça que houvéssemos feito, mas segundo a sua misericórdia, nos salvou* (Tt 3.5). *Mas se é por graça, já não é pelas obras; de outra maneira, a graça já não é graça* (Rm 11.6).[2]

As doutrinas da substituição penal, da expiação pelo sangue e da propiciação também são confirmadas pelo restante das Escrituras.[3] Vários textos fundamentais deixam claro que foi o próprio Deus quem ordenou que Cristo morresse pelo pecado — punindo-o na cruz (Lc 2.44-46; At 2.23,24; 4.26-28; Rm 8.32; 1Jo 4.10). *Mas* DEUS ASSIM CUMPRIU *o que já dantes*

---

[2]Boas obras são o *fruto* resultante da nossa fé, e não um aditivo que torna a fé eficaz. Quando cremos, somos justificados e renascemos espiritualmente — vindos de um estado de morte espiritual. Esse novo nascimento (*regeneração*) é o que faz com que as boas obras sejam inevitáveis. Deus muda o coração e o caráter do crente, dando-lhe novos desejos e uma nova disposição para obedecer. Portanto, um crente não genuíno será desprovido de boas obras. Além disso, nenhum crente verdadeiro jamais abandonará a fé (1Jo 2.19). No entanto, somos *criados em Cristo Jesus* PARA *as boas obras* (Ef 2.10), e não "por" elas (v. 9). E nossa *justificação* está fundamentada no que Cristo fez por seu povo — e não no que esse povo faz por ele.
[3]Veja, p. ex., Steve Jeffrey, Michael Ovey e Andrew Sach, *Pierced for our transgressions* (Wheaton, IL: Crossway, 2007). Veja tb. John MacArthur, *The gospel according to Paul* (Nashville: Thomas Nelson, 2017).

pela boca de todos os seus profetas havia anunciado; que o Cristo havia de padecer (At 3.18 — grifos do autor).

Mas antes de qualquer livro do Novo Testamento ter sido escrito, Isaías 53 afirmou todas essas verdades nas palavras do próprio Deus — e com a mais clara linguagem possível. Depois da seguinte fala de Isaías, o próprio Senhor diz: *Todavia, ao Senhor agradou moê-lo, fazendo-o enfermar* (Isaías fala aqui [53.10]). E é Deus quem fala no versículo seguinte (53.11): *Com o seu conhecimento o meu servo, o justo, justificará a muitos; porque as iniquidades deles levará sobre si.*

Essa declaração é contrária a toda e qualquer religião já inventada pela mente humana. Em vez de instruir as pessoas a respeito do que elas podem fazer para melhorar a si mesmas visando ganhar o favor divino, alcançar o nirvana, obter iluminação ou seja o que for, o evangelho segundo Deus anuncia que o Servo de Javé, o Messias de Israel — o Senhor da igreja — fez o que era preciso para justificar os pecadores. De forma bem específica, Deus os considera justos porque o seu Servo levou sobre si os pecados deles. *Ele verá o fruto do trabalho da sua alma* — e assim esses pecados são expiados.

A propósito, devemos notar como essa abordagem é contrária às muitas estratégias evangelísticas populares centradas no homem, tão comuns na igreja de hoje. Esse evangelho não é um apelo do tipo "Venha para Jesus e seja feliz", mas é o comunicado de que Deus está feliz com o que seu Servo fez em favor dos pecadores.

Nos últimos dois versículos dessa incrível profecia de Isaías, Deus é a voz principal. Sabemos disso porque os pronomes mudam do plural para o singular: *meu servo, Eu vou dividir* — e o contexto deixa claro que Deus é o único a falar. O Servo sofredor é Servo de Javé. Portanto, não há como ser outra, senão a voz de Deus.

O encerramento é feito com a mesma voz onipotente, primeira a falar em Isaías 52.13-15. Ali a voz fala do percurso do Servo citando que nele incluiria tanto a glória (v. 13,15) quanto o sofrimento (v. 14). Começando em Isaías 53.1, ouvimos o testemunho dos israelitas arrependidos no retorno do Messias, confessando o pecado de tê-lo rejeitado. Finalmente, em Isaías 53.11, ambas, a voz e a perspectiva, mudam novamente. Deus está falando em tempo real (às pessoas da geração de Isaías). No versículo

11 e na primeira metade do versículo 12, ele fala sobre a cruz como um evento futuro. Suas palavras declaram o testemunho dos israelitas arrependidos. Ele confere, especificamente, que eles estão corretos em sua compreensão sobre a expiação como um sacrifício vicário e propiciatório. *Ele levou sobre si o pecado de muitos* (Is 53.12).

O comentarista J. Alec Motyer destaca que a doutrina da expiação substitutiva é clara e integral na confissão de Israel:

> De todas as declarações escritas em Isaías 53, o versículo 11 é uma das mais completas da teologia da expiação. (i) O Servo conhece as necessidades a serem atendidas e o que deve ser feito. (ii) *Como meu servo justo* — ele é totalmente aceitável ao Deus a quem nossos pecados ofenderam, e foi por ele designado para essa tarefa. (iii) Como justo, ele está livre de todo contágio de nosso pecado. (iv) Ele se identificou pessoalmente com nossos pecados e necessidades. (v) Ele realiza cabalmente a tarefa. Negativamente, no porte da iniquidade; positivamente, na provisão da justiça.[4]

Javé também afirma a humanidade do Servo quando diz que ele *derramou sua vida até à morte, e foi contado entre os transgressores* (Is 53.12). Ele, portanto, reconhece-o como um verdadeiro mediador porque *levou sobre si o pecado de muitos e pelos transgressores intercedeu* (v. 12). O Novo Testamento destaca que somente alguém que fosse tanto Deus quanto homem poderia preencher tal papel — e somente uma pessoa em toda a história corresponde a essa qualificação (voltaremos a esse ponto em breve).

Deus se refere ao seu Servo como "o justo". Essa descrição também descreve apenas um ser humano em toda a história – o Senhor Jesus Cristo. Como observamos no início deste capítulo, a Bíblia diz repetidamente, e em termos muito claros, que ninguém é justo:

> *Não há homem que não peque* (1Rs 8.46).

> *Quem poderá dizer: Purifiquei o meu coração, limpo estou de meu pecado?* (Pv 20.9).

---

[4]Motyer, J. Alec. *The prophecy of Isaiah*, p. 442.

O SENHOR olhou desde os céus para os filhos dos homens, para ver se havia algum que tivesse entendimento e buscasse a Deus. Desviaram-se todos e juntamente se fizeram imundos: não há quem faça o bem, não há sequer um (Sl 14.2,3).

Se dissermos que não temos pecado, enganamo-nos a nós mesmos, e não há verdade em nós (1Jo 1.8).

A única pessoa, sem pecado, que já viveu foi o Senhor Jesus Cristo. Quando ele fez a seguinte pergunta: *Qual de vocês pode me acusar de algum pecado?* (Jo 8.46), seus inimigos não responderam. Ele *não conheceu pecado* (2Co 5.21); ele era *sem pecado* (Hb 4.15); ele *não cometeu pecado algum* (1Pe 2.22); ele era *santo, inculpável, puro* (Hb 7.26); e *nele não há pecado* (1Jo 3.5). Somente ele, o Servo do Senhor, o Messias, pode ser descrito como "o justo" — uma palavra utilizada repetidamente no Novo Testamento para se referir a Jesus. Pedro, corajosamente, declarou ao povo judeu: *Vocês negaram publicamente o Santo e Justo* (At 3.14). Quando estava sendo julgado, Estêvão desafiou sem medo seus acusadores: *Qual dos profetas os seus antepassados não perseguiram? Eles mataram aqueles que prediziam a vinda do Justo, de quem agora vocês se tornaram traidores e assassinos* (At 7.52). Após o encontro dramático de Paulo com o Cristo glorificado no caminho de Damasco, Ananias lhe disse: *O Deus dos nossos antepassados o escolheu para conhecer a sua vontade, ver o Justo e ouvir as palavras de sua boca* (At 22.14).

Deus declara que *por meio da obediência de um único homem* [o Justo] *muitos serão feitos justos*. Esses "muitos" a quem ele justificará são o povo de Deus, aqueles que creem e por cujos pecados ele morreu e fez expiação (Rm 5.15,19; 1Co 10.33; Hb 9.28). Sua justiça será a eles imputada, e somente por esse motivo (por causa do que Cristo fez por eles, e não por qualquer mérito próprio), eles são considerados justos diante de Deus.

Os muitos serão justificados pelo seu entendimento. Alguns pensam que essa frase poderia se referir ao próprio conhecimento do Servo. De fato, Isaías diz: *E repousará sobre ele o Espírito do SENHOR, o espírito de sabedoria e de entendimento* (Is 11.2). Jesus disse: *Todas as coisas me foram entregues por meu Pai, e ninguém conhece o Filho, senão o Pai; e ninguém conhece o Pai, senão o Filho, e aquele a quem o Filho o quiser revelar* (Mt 11.27).

Mas o ponto aqui não é sobre algum conhecimento especial que o Justo possua. Ele não justifica os pecadores por ser intelectualmente superior. Não foi sua destreza mental que justificou a muitos. Foi sua morte. Além disso, o conhecimento não é o instrumento da justificação, mas, sim, a fé do pecador. E é a isso que a expressão "seu entendimento" se refere nesse texto. O significado da frase em hebraico é: "Pelo conhecimento dele, o Justo, meu Servo, fará com que muitos sejam considerados justos". É o mesmo conhecimento sobre o qual Jesus falou quando disse em sua Oração Sacerdotal: *E a vida eterna é esta: que te conheçam, a ti só, por único Deus verdadeiro, e a Jesus Cristo, a quem enviaste* (Jo 17.3). É também o mesmo conhecimento que Paulo mencionou em Filipenses 3.10: *para o conhecer* [Jesus Cristo] *e o poder da sua ressurreição.*

O texto é uma declaração concisa de como os pecadores são justificados. Eles não obtêm uma posição correta com Deus porque são *tornados* justos. (Se fosse assim, teríamos de esperar até o julgamento final para descobrir se somos justificados!) O texto não poderia ser mais claro: os cristãos ganham uma posição correta com Deus porque são *considerados* justos, como diz Romanos 4.6: *Deus atribui justiça, independentemente de obras.* Como Abraão, que *creu* [...] *no* SENHOR*, e imputou-lhe isto por justiça* (Gn 15.6).

Em resumo, uma justiça que não a deles lhes é imputada — essa justiça é "creditada em sua conta". É sobre isso que Paulo fala em Filipenses 3.9, quando afirma que seu desejo é ser *achado nele, não tendo a minha justiça que vem da lei, mas a que vem pela fé em Cristo, a saber, a justiça que vem de Deus pela fé.* É também o que ele tinha em mente quando falou sobre seus companheiros israelitas: *Porque lhes dou testemunho de que têm zelo de Deus, mas não com entendimento. Porquanto, não conhecendo a justiça de Deus, e* PROCURANDO ESTABELECER A SUA PRÓPRIA JUSTIÇA, NÃO SE SUJEITARAM À JUSTIÇA DE DEUS (Rm 10.2,3 — grifos do autor). Mais adiante nesse mesmo capítulo, Paulo reforça a verdade de que a salvação vem somente por meio de conhecer a Cristo. Depois de declarar *que todo aquele que invocar o nome do Senhor será salvo* (v. 13), ele faz uma série de perguntas:

Como, pois, invocarão aquele em quem não creram? E como crerão naquele de quem não ouviram? E como ouvirão, se não há quem pregue? E como pregarão, se não forem enviados? Como está escrito: Quão formosos os pés dos que anunciam o evangelho de paz; dos que trazem alegres novas de boas coisas (Rm 10.14,15).

Os pecadores precisam *conhecer* Cristo para poderem crer nele. A propósito, essa passagem de Romanos 10 é o testemunho de Deus sobre a urgência de se proclamar a mensagem de Jesus Cristo até os confins da terra. Aqueles que se achegam a Deus por meio de uma fé penitente só serão justificados se *conhecerem* o Servo e *confiarem* naquele que deu a vida a fim de "levar suas iniquidades".

Na segunda metade de Isaías 53.12, os verbos voltam novamente ao tempo passado. Deus continua falando, mas agora ele fala sobre a morte de seu Servo como um evento passado. (Deus pode agir dessa forma porque ele transcende tempo e eternidade.) Ainda descrevendo o sacrifício voluntário feito por "meu servo, o justo", diz o Senhor: ... *derramou a sua alma até a morte.* O verbo hebraico significa "colocar a nu". Há aqui uma conotação bem forte de estar desprotegido, indefeso. Significa, literalmente, *derramou a sua alma na morte* (Is 53.12), no sentido de que a entregou; ele voluntariamente abriu mão de sua vida. O versículo 7 é um eco dessa mesma verdade, só que agora confessada pelo Israel arrependido: Ele morreu *"como um cordeiro levado ao matadouro"*.

A ênfase está na disposição do Servo em sacrificar-se. Jesus mesmo disse: *Por isto o Pai me ama, porque dou a minha vida para tornar a tomá-la. Ninguém ma tira de mim, mas eu de mim mesmo a dou; tenho poder para a dar, e poder para tornar a tomá-la* (Jo 10.17,18). *Ele derramou sua alma até a morte.* Ele estava agindo com um propósito definido; e não estava, de forma alguma, sendo manipulado por aqueles que o sujeitaram a tal sofrimento.

O Servo também *foi contado com os transgressores* (Is 53.12). Essa não é uma referência direta ao fato de ele ter sido crucificado entre dois ladrões (embora esse arranjo se encaixe como um retrato vivo da extrema humilhação sobre a qual esse versículo está falando). Antes, fala do seu desejo de ser identificado com os transgressores em sua encarnação.

Apesar de realmente não ter pecado algum — na verdade, ele era revestido com a glória de Deus, compartilhava da mesma autoridade de Deus Pai, habitava no alto e santo lugar do céu — ele *não considerava a igualdade com Deus algo a ser apreendido, mas esvaziava a si mesmo, tomando a forma de servo, nascendo à semelhança dos homens. E sendo encontrado em forma humana, ele se humilhou tornando-se obediente até a morte, e morte de cruz* (Fp 2.6-8).

Ele veio à terra como uma criança, cresceu na pobreza, viveu entre os pecadores, misturou-se com eles e acabou morrendo em lugar deles. De uma perspectiva visual, Jesus não se destacou entre outros. Ao contrário, dos inúmeros retratos ao longo dos séculos, ele não tinha auréola. Nada em sua aparência física o marcou como um ser sobrenatural. De fato, como vimos desde o início, havia uma enorme desconexão entre sua aparência comum e o poder milagroso que ele possuía. Isso era uma pedra de tropeço para muitos que o rejeitavam (Is 53.2). Portanto, eles decidiram que o poder que aquele homem tinha devia vir de Satanás.

Embora tenha vindo à terra *em SEMELHANÇA da carne do pecado*, e ter sido contado com os transgressores, Jesus foi capaz de fazer o que nenhum ser humano poderia fazer: ele carregou o pecado de muitos e *condenou o pecado na carne* (Rm 8.3).

A palavra final do Pai sobre o Servo é que ele intercede pelos transgressores (Is 53.12). Um intercessor, ou mediador é aquele que age como um elo entre duas partes. Jesus Cristo é a ponte entre Deus e os pecadores *Porque há um só Deus, e um só Mediador entre Deus e os homens, Jesus Cristo homem* (1Tm 2.5). É ele quem defende nosso caso perante Deus, apresentando os méritos de seu sacrifício como pagamento integral pelos nossos pecados.

O apóstolo João pode estar se referindo especificamente a Isaías 53.12 quando disse: *Temos um advogado para com o Pai, Jesus Cristo, o Justo* (1Jo 2.1). Realmente, Jesus Cristo começou a ser nosso sacerdote mediador antes mesmo de sua morte. Em sua Oração Sacerdotal, registrada em João 17, Jesus nos deixa entrever seu papel como o Grande Sumo Sacerdote intercedendo por seu povo. Oferecer-se como expiação pelos nossos pecados foi o auge de seu trabalho como sumo sacerdote, mas ele continua exercendo-o como nosso Grande Sumo Sacerdote. Ele *pode salvar perfeitamente os que por ele se chegam a Deus, vivendo sempre para interceder por eles* (Hb 7.25).

Nas frases traduzidas por *derramou sua alma, foi contado* e *tomou sobre si* (Is 53.4,12), os verbos estão no tempo perfeito, significando uma ação completa. Mas o verbo "interceder" no original está no tempo imperfeito, descrevendo uma ação contínua e permanente. Jesus é nosso incessante defensor, intercessor e mediador (Rm 8.34; Hb 7.25; 1Jo 2.1).

O próprio Deus afirma que o sacrifício vicário de Cristo é a única oferta que pode satisfazer sua justiça e (ao mesmo tempo) justificar os pecadores. Somente aqueles que conhecem Cristo serão declarados justos por Deus. Conhecer o Salvador é, portanto, essencial — ninguém entra no céu sem conhecer Jesus como Salvador. Portanto, o mandamento para os cristãos não é inflar sua autoestima, manipular Deus para que possam ser saudáveis e ricos, ou usar estratégias de *marketing* para que suas igrejas fiquem lotadas, mas, sim, espalhar a mensagem salvífica de Jesus Cristo ao mundo, proclamando o evangelho. O mandamento de nosso Senhor é: *Ide, fazei discípulos de todas as nações, batizando-os em nome do Pai, e do Filho, e do Espírito Santo; ensinando-os a guardar todas as coisas que eu vos tenho mandado* (Mt 28.19,20).

Vemos as palavras do próprio Javé em Isaías 53.12: *Por isso lhe darei a parte de muitos, e com os poderosos repartirá ele o despojo.* Esta passagem magnífica termina onde começou, no versículo 13 do capítulo 52, com a exaltação de Jesus Cristo. Ele voltará para derrotar a rebelião mundial contra Deus, julgar os ímpios e estabelecer seu glorioso reino de mil anos na terra (Ap 19.11—20.6). Ele receberá o título de propriedade da terra (Ap 5). *O reino do mundo se tornou de nosso Senhor e do seu Cristo, e ele reinará pelos séculos dos séculos* (Ap 11.15). *Para que ao nome de Jesus se dobre todo o joelho dos que estão nos céus, e na terra, e debaixo da terra* (Fp 2.10).

Os "muitos" e os "fortes" são as multidões a quem Cristo justificou e por quem derramou o seu sangue (Mt 26.28). A força deles não vem de um poder carnal próprio, mas do poder da habitação do Espírito Santo. Eles também serão exaltados como coerdeiros com ele (Rm 8.17). Todos os redimidos, de todas as épocas, serão participantes de uma eterna comunhão com ele, o que enriquecerá sobremaneira suas vidas. Tudo o que ele possui de glória eterna no novo céu e nova terra também será nossa possessão. Reinaremos com ele na terra, no reino milenar, e depois para sempre no novo céu e nova terra.

Devemos ter em mente que o próprio Deus afirma, categoricamente, que a confissão de fé de Isaías 53 é uma sólida compreensão da obra de Cristo na cruz. Essa deve ser a confissão de todos os que se achegam à fé em Cristo. Eles devem reconhecê-lo como o único sacrifício aceitável pelo pecado, recebê-lo como o substituto que morreu em seu lugar e confessar que ele ressuscitou dos mortos. Esse é o único caminho de salvação (Jo 14.6; At 4.12).

SETE QUESTÕES IMPORTANTES QUE RESUMEM ISAÍAS 53

Podemos resumir Isaías 53 com uma série de perguntas:

1. *Qual é o tema desse capítulo?*

    Seu tema é sofrimento — sofrimento horrível, horripilante, traumático e agonizante. O Servo era *homem de dores e que sabe o que é padecer* (Is 53.3). Ele suportou tristezas, carregou sofrimentos e foi *aflito, ferido de Deus, e oprimido* (v. 4). Ele foi traspassado, moído, castigado e ferido (v. 5). Ele foi oprimido e afligido como um cordeiro levado ao matadouro (v. 7). Ele sofreu opressão e julgamento, foi cortado da terra dos viventes e atingido pela transgressão de seu povo (v. 8). Ele foi esmagado e afligido (v. 10), e o versículo 11 se refere à angústia e ao sofrimento de sua alma.

2. O sofrimento do Servo leva a uma segunda questão: *Seu sofrimento foi merecido?*

    Não, o sofrimento não foi merecido por aquele que sofreu, já que *ele não havia cometido violência, nem havia qualquer mentira em sua boca* (v. 9). E, como o que sai da boca reflete o que está no coração (Mt 12.34), não havia mal ou engano em sua boca porque não havia mal em seu coração. De fato, ele é identificado no versículo 11 como *o justo*.

3. *Deus tentou proteger o Servo do sofrimento?*

   Não. Pois foi da vontade do Senhor esmagá-lo e fazê-lo sofrer (v. 10).

4. *A negação de Deus em proteger o Servo silencioso e sem pecado está de acordo com a natureza justa de Deus?*

   Sim, porque o sofrimento do Servo foi substitutivo. Ele o suportou não por seus próprios pecados, mas pelos pecados de outros. *Ele foi traspassado por causa das nossas transgressões, foi esmagado por causa de nossas iniquidades; o castigo que nos trouxe paz estava sobre ele, e pelas suas feridas fomos curados* (v. 5); *o Senhor fez cair sobre ele a iniquidade de todos nós* (v. 6); *ele foi eliminado da terra dos viventes; por causa da transgressão do meu povo ele foi golpeado* (v. 8); *levará a iniquidade deles* (v. 11); *ele carregou o pecado de muitos* (v. 12).

5. *Por que o Servo se submeteria voluntariamente a tudo isso?*

   Por que um homem justo sofreria tão horrivelmente, ficaria desprotegido por Deus e aguentaria tantos sofrimentos de forma vicária por pecados que não cometeu? Porque ele obedeceu à vontade de seu Pai de bom grado e amorosamente. Ele se fez oferta pelos pecados dos outros (v. 10); *ele derramou sua vida até à morte* (v. 12). Somente uma pessoa surpreendente sofreria tanto e injustamente, ficando sem a proteção de Deus, mesmo sendo justo, para sofrer voluntariamente em nosso lugar.

6. *Qual é o resultado do seu sofrimento?*

   Primeiro por causa de seu sofrimento, ele justificará a muitos. Ele lhes dará a sua justiça. *Depois do sofrimento de sua alma, ele verá a luz e ficará satisfeito; pelo seu conhecimento meu servo justo justificará a muitos, e levará a iniquidade deles* (v. 11). Em segundo lugar, ele será exaltado:

   > *Vejam, o meu servo agirá com sabedoria; será levantado e erguido e muitíssimo exaltado* [...] *de igual modo ele aspergirá muitas nações, e reis calarão a boca por causa dele. Pois aquilo que não lhes foi dito verão, e o que não ouviram compreenderão* (Is 52.13,15).

7. *Quem é esse servo que de bom grado suportou tal sofrimento?*

Não pode ser outro senão o Senhor Jesus Cristo. Como alguém pode não perceber isso?

Minha sincera esperança é que, se você leu até aqui, já tenha entendido a verdade — e seja você judeu, seja gentio, que sua humilde confissão ecoe a mensagem de Isaías 53. Não há, em todas as Escrituras, outra verdade que possa aliviar mais o fardo do que essa: *Certamente ele tomou sobre si as nossas enfermidades e sobre si levou as nossas doenças, contudo nós o consideramos castigado por Deus, por ele atingido e afligido. Mas ele foi traspassado por causa das nossas transgressões, foi esmagado por causa de nossas iniquidades; o castigo que nos trouxe paz estava sobre ele, e pelas suas feridas fomos curados* (Is 53.4,5).

parte dois

A VIDA E A ÉPOCA DO PROFETA ISAÍAS

capítulo nove

EIS-ME AQUI! ENVIA-ME A MIM!

Isaías foi, sem a menor sombra de dúvida, o maior dos profetas hebreus, o principal homem da nação em sua época e, possivelmente, depois de Davi a personagem mais notável da história de Israel. Talvez, mais do que qualquer outro profeta, ele tenha influenciado poderosamente, por mais de 2700 anos, tanto judeus quanto cristãos. Em um período crítico e efervescente da história de sua nação, ele atuou como profeta, estadista, reformador, mestre, escritor, orador e poeta.

W. Graham Scroggie[1]

---

[1] Scroggie, W. Graham. *The unfolding drama of redemption*, 3 vols. London: Pickering & Inglis, 1953, 1:322-323.

Nesta parte de nosso estudo, vamos considerar não só a vida e o ministério de Isaías, mas também o contexto histórico de seus escritos. Será útil ver como Isaías 53 se encaixa na série de mensagens proféticas escritas por esse profeta inspirado por Deus. O que descobrimos é que o "brilho dessa pedra preciosa" é intensificado pelo cenário no amplo panorama da vida e das profecias de Isaías.

Começamos a introdução deste livro observando que o próprio nome de Isaías está relacionado com salvação. Poderia ser traduzido por "Javé salva", ou "Javé é salvação". O nome é um resumo adequado da mensagem profética de Isaías, que (como vimos) toca essa nota, a qual ressoa por todo o capítulo 53.

Isaías é, em muitos aspectos, uma figura misteriosa. Ele aparece apenas como uma personagem menor nos livros históricos do Antigo Testamento. Ele é mencionado apenas treze vezes em 2Reis e três vezes em 2Crônicas — sempre relacionado às suas profecias. Sabemos por Isaías 8.3 que ele era casado, embora nunca nos seja dito o nome de sua esposa. Ele a chama simplesmente de "a profetisa". Juntos, eles tiveram pelo menos dois filhos cujos nomes são dados, Shear-jashub (Is 7.3) e Maher-shalal-hash-baz (8.3). Esses poucos detalhes biográficos foram colhidos das próprias profecias de Isaías. Além do nome de seu pai, os livros históricos do Antigo Testamento não contêm informações pessoais sobre ele.

O profeta se apresenta em Isaías 1.1 como "o filho de Amoz". Ele é identificado dessa forma no total de treze vezes em referências espalhadas por 2Reis, 2Crônicas e Isaías. Talvez o pai do profeta fosse uma pessoa tão proeminente por ocasião do registro bíblico que nenhuma outra informação foi considerada necessária. Por outro lado, não há nenhuma outra menção sobre Amoz em qualquer outro livro da Bíblia, a não ser como pai de Isaías mesmo, de modo que o histórico familiar de Isaías é essencialmente desconhecido para os leitores das gerações posteriores. Não há nenhum registro sequer que nos diga de que tribo ele era. Uma antiga tradição judaica diz que Isaías era primo do rei Uzias, mas não há evidência bíblica sobre isso.

Há, no entanto, algumas pistas que sugerem que Isaías provinha de uma família importante ou influente. Ele tinha *status* social suficiente para poder fazer uma visita pessoal não anunciada ao rei (Is 7.3), e tinha também um relacionamento próximo o bastante com Urias, o sumo sacerdote, e com o profeta Zacarias, os quais ele pôde citar como testemunhas de caráter para o rei, confirmando as suas qualificações proféticas (Is 8.2).

Não nos é dito, porém, como ou quando Isaías morreu — uma omissão incomum para uma figura bíblica tão proeminente. A *Mishná*, um registro escrito de antigas tradições orais judaicas, diz que Isaías foi morto por Manassés, um dos últimos reis de Judá. Examinaremos mais de perto o reinado do rei Manassés no capítulo 10, mas por enquanto é suficiente observar que o relato da *Mishná* está em perfeita harmonia com o que a Bíblia diz sobre o caráter de Manassés, que *derramou tanto sangue inocente que encheu Jerusalém de um lado a outro* (2Rs 21.16). Numerosas fontes judaicas e cristãs datadas do século 2 (d.C.) declaram que Isaías foi serrado ao meio com uma serra de madeira.[2] Hebreus 11.37 faz uma possível alusão ao martírio de Isaías, citando a fé dos santos do Antigo Testamento que "foram serrados em dois".

Às vezes, Isaías é chamado o "Paulo" do Antigo Testamento — e a comparação é adequada. Como Paulo, Isaías claramente tinha um intelecto bem desenvolvido e um conhecimento profundo da palavra de Deus. O foco no centro da mensagem do profeta é o Messias prometido e o meio gracioso pelo qual ele provê a salvação para seu povo. Esse também era o tema principal do apóstolo: *Jesus Cristo e ele crucificado* (1Co 2.2; veja tb. 1.23). Você certamente percebeu em nosso estudo até agora que Isaías 53 é dominado pelas mesmas doutrinas redentoras que são características

---

[2] Por ex., *Justin Martyr's dialogue with trypho the jew*. Trad. Henry Brown. London: George Bell, 1846, p. 256. O comentário latino de Jerônimo sobre Isaías 57.1 (c. 410 d.C.) chama isto de *certissima traditio*, uma tradição altamente certa.

distintivas da teologia paulina: Cristo crucificado e ressuscitado, expiação substitutiva, justificação pela fé e a soberania de Deus.

O CENÁRIO HISTÓRICO

Isaías teve, aparentemente, uma vida longa, a julgar pelo fato de que sua carreira profética durou o reinado de pelo menos quatro monarcas: Uzias, Jotão, Acaz e Ezequias (Is 1.1). O versículo de abertura nos permite identificar precisamente onde Isaías se encaixa na cronologia do Antigo Testamento. A janela que ele nos dá começa realmente em 739 a.C. (o ano em que o reinado de Uzias terminou) e se estende além do tempo de Ezequias. Ezequias morreu por volta de 686 a.C., e sabemos que Isaías viveu após isso, porque 2Crônicas 32.32 diz que Isaías escreveu um relato completo da vida de Ezequias. (Esse trabalho não está incluído no cânon das Escrituras, e não há cópias sobreviventes dele. O único texto inspirado que Isaías escreveu é o livro do Antigo Testamento que leva seu nome.)

Isaías compilou suas profecias deixando-as para a posteridade, provavelmente completando o trabalho por volta de uma década após a morte de Ezequias. Esse prazo é deduzido porque o último evento que Isaías registra como *história* (não como profecia) é o assassinato de Senaqueribe (Is 37.36-38). O rei assírio foi morto por dois de seus próprios filhos em 681 a.C. — cerca de cinco anos após a morte de Ezequias.

Isso significa que o ministério do profeta durou cerca de sessenta anos (ou mais). Como já visto anteriormente, essa linha do tempo também mostra que Isaías 53 foi escrito pelo menos setecentos anos antes do evento que ele descreve.

Vimos no capítulo 2 que Isaías organizou as suas profecias tematicamente em duas seções principais, com o ponto de divisão entre os capítulos 39 e 40. Os primeiros 39 capítulos começam e terminam com advertências proféticas sobre o *julgamento e cativeiro* que estavam chegando ao reino de Judá. Os capítulos 40—66, então, anunciam *graça e salvação*.

A segunda parte de Isaías é mais bem compreendida como uma única promessa de libertação, que foi tecida em conjunto de várias profecias menores que Isaías recebeu ao longo de seu ministério. Vinte e quatro versículos em Isaías 40—66 incluem as palavras *assim diz o Senhor*. Essas são profecias individuais dadas a Isaías, nas quais ele foi dirigido pelo Espírito Santo (cf. 2Pe 1.21) para trançá-las juntas em uma visão gloriosa. É uma majestosa revelação da salvação que seria trazida ao povo de Deus com a vinda do Messias.

Os 27 capítulos finais descrevem não apenas a libertação de Israel do cativeiro e a redenção dos pecadores da culpa e da escravidão do pecado, mas também a libertação definitiva de todas as nações e povos da terra do domínio de Satanás. Em resumo, o relato de Isaías sobre a salvação prometida por Deus é um longo "crescendo" que, em última análise, descreve como a maldição de Gênesis 3.17-19 será completamente anulada no reino milenar vindouro sob o governo do Messias. Como observamos no capítulo 2 deste livro, Isaías gradualmente constrói essa progressão em três movimentos de nove capítulos cada. Os capítulos 40—48 são principalmente sobre *a libertação de Judá do cativeiro babilônico*. O tema nos capítulos 49—57 é *a redenção do pecado*. E os capítulos 58—66 culminam com uma profecia sobre *o reino da justiça na terra*, quando o Messias assume seu legítimo trono em Jerusalém, e Javé diz: *Estenderei para ela a paz como um rio* (Is 66.12).

As pessoas no tempo de Isaías tinham boas razões para ficar ansiosas, esperando a paz prometida que haveria no reino messiânico. Ao longo da carreira de Isaías, Jerusalém foi inúmeras vezes cercada por exércitos inimigos. Os tempos de paz eram frágeis. E a "paz" era geralmente negociada por meio de alianças profanas com governantes pagãos ou mediante pagamentos de tributo a impérios do mal. (Mesmo os melhores reis judeus da época tinham a tendência de ser muito pragmáticos e propensos a compromissos quando se tratava de lidar com assuntos internacionais.) O resultado inevitável para toda a nação judaica era uma espiral recorrente de declínio espiritual e a perda das bênçãos que acompanham a permanência na fé.

Como o povo de Deus entrava em um ciclo tão destrutivo?

O REINO DIVIDIDO

Se você está familiarizado com a história do Antigo Testamento, deve saber que após a morte de Salomão, por volta de 930 a.C., Israel se dividiu em dois reinos. Foi uma grande transição histórica que marcou o fim abrupto da era de ouro de Israel. O Reino do Norte manteve o nome *Israel* e tornou-se uma federação de dez tribos governadas por uma série de reis ímpios que não tinham direito legítimo ao trono davídico. A divisão começou quando as dez tribos rejeitaram Roboão, herdeiro legítimo de Salomão. Eles estavam, de fato, repudiando a linhagem real escolhida por Deus e, portanto, desprezando as promessas messiânicas das Escrituras. Nessa rebelião, ungiram um rei rival de sua própria escolha, Jeroboão. Eles abandonaram Jerusalém, o templo e o sacerdócio levítico; adotaram Samaria como capital e mantiveram essa sucessão de reis usurpadores por mais de duzentos anos. Naturalmente, todos os seus reis eram apóstatas, e a história espiritual das tribos do Norte é uma sucessão de retrocessos e declínios. Embora o Senhor lhes tenha enviado profetas (começando com Elias e seu sucessor, Eliseu), o reino de Israel nunca se arrependeu verdadeiramente. Finalmente, em 722 a.C., a capital, Samaria, foi tomada pelos assírios, e a maioria do povo do Reino do Norte, arrastada para o exílio, e nunca mais voltou a ser a nação sob a mão de Deus (2Rs 17.24).

O Reino do Sul, *Judá*, consistia em apenas duas tribos — Judá e Benjamim. Elas permaneceram leais ao trono davídico quando o reino se dividiu após a morte de Salomão (1Rs 12.21).[3] Judá era a maior de todas as tribos, e Benjamim era a menor. A cidade de Jerusalém estava dentro do território de Benjamim, e a tribo de Judá ocupava uma vasta região que se estendia desde a fronteira meridional de Benjamim até Cades-Barneia (Cades era o local no deserto do Sinai pelo qual os israelitas do tempo de Moisés deveriam, originalmente, entrar na Terra Prometida. No entanto, eles se rebelaram e foram condenados a quarenta anos de peregrinação pelo deserto).

---

[3] De acordo com 1Reis 12.20, *somente a tribo de Judá permaneceu leal* à *dinastia de Davi*. Mas o versículo seguinte diz: *Convocou cento e oitenta mil homens de combate, das tribos de Judá e de Benjamim* — e estes, ao serem convocados, foram guerrear contra Jeroboão. Alguns benjamitas nas fronteiras do norte da tribo podem ter se aliado a Jeroboão, porque o território de Benjamim fora dividido. Betel, por exemplo, estava dentro das fronteiras de Benjamim (Js 18.21,22), e as Escrituras dizem que Jeroboão colocou um bezerro de ouro ali (1Rs 2.29). No entanto, a maior parte de Benjamim permaneceu fiel a Roboão (2Cr 11.1-12) O Reino do Sul mais tarde recuperou Betel e, muito provavelmente, todo o território restante que era originalmente parte do lote de Benjamim (2Rs 23.15).

Combinando terras e populações, Judá e Benjamim constituíam um reino que perfazia, aproximadamente, dois terços do tamanho das outras dez tribos. Além disso, quando a maioria no Reino do Norte foi levada cativa pelos assírios (tendo isso ocorrido com membros de todas as tribos), muitos *dos que pertenciam* a Efraim, Manassés e Simeão (três das tribos do Norte) fugiram de sua própria terra e se mudaram para o território de Judá (2Cr 15.9). Então, Judá estabeleceu uma entidade política extraordinária, com todas as tribos representadas.

No entanto, muitos dos reis de Judá não foram melhores do que seus rivais ilegítimos do Norte. A dinastia davídica teve alguns reformadores piedosos, mas em geral a história espiritual de Judá foi um período muito triste — uma longa história de declínio e desobediência, interrompida ocasionalmente por algumas épocas brilhantes de reavivamento e bênção. Os períodos de reforma geralmente não duravam mais do que uma ou duas gerações.

Isaías ministrou no reino de Judá. Precisamos manter em mente que o ministério do profeta se estendeu por muitas décadas e abrangeu, pelo menos, quatro administrações reais. Os quatro reis a quem Isaías nomeou em seu versículo de abertura oscilavam entre o bem e o mal. Isaías, porém, inicia o registro de suas profecias dirigindo-se a todo o Judá como uma *nação pecadora, povo carregado de iniquidade! Raça de malfeitores, filhos dados à corrupção* (Is 1.4). Os primeiros 39 capítulos, então, são preenchidos por advertências dirigidas a reis e pessoas, insistindo para não seguirem a trilha aberta por seus parentes do Norte. No final, Judá não deu atenção a nenhum desses avisos.

UZIAS E JOTÃO

O primeiro rei com quem Isaías teve alguma conexão foi Uzias (também conhecido por Azarias; cf. 2Rs 14.21; 2Cr 26.1). Uzias foi um rei essencialmente bom, com instintos piedosos. Sob sua liderança, Judá prosperou materialmente, porque Uzias, de forma geral, *fez o que o Senhor aprova* (2Cr 26.4). Ao final de seu reinado, porém, Uzias ficou muito envolvido por seus próprios êxitos políticos e econômicos. *Depois que Uzias se tornou poderoso, o seu orgulho provocou a sua queda. Ele foi infiel ao Senhor, ao seu Deus, e entrou no templo do* Senhor *para queimar incenso no altar de incenso* (2Cr 26.16).

Somente os sacerdotes tinham permissão para oferecer incenso no templo. Por essa intromissão arrogante no ofício sacerdotal, Uzias foi acometido de lepra naquele mesmo local. E continuou leproso *até o dia em que morreu. Durante todo esse tempo morou numa casa separada, leproso e excluído do templo do* Senhor (2Cr 26.21).

Podemos seguramente inferir que Isaías nasceu e cresceu sob o regime de Uzias porque o rei governou por 52 anos (2Rs 15.2), e Isaías só recebeu seu chamado oficial ao ofício profético após a morte do rei. Naquela ocasião, Isaías teve uma visão do *Senhor assentado num trono alto e exaltado, e a aba de sua veste enchia o templo* (Is 6.1). Isaías, aparentemente, recebeu outras visões antes da morte de Uzias (cf. 1.1), mas a experiência que ele descreve no capítulo 6 foi o primeiro ponto decisivo na vida e na carreira do profeta. Isaías conta a história como um *flashback*; por isso, embora já seja o capítulo 6, trata-se de seu relato sobre como começou o seu ministério público, estabelecendo dessa forma, para nós, a época dessa ocorrência com razoável precisão: *No ano em que morreu o rei Uzias...* (Is 6.1). Repetindo, para ficar bem claro, isso ocorreu em 739 a.C.

O próximo rei na lista de Isaías é Jotão, sobre quem não é necessário dizer muita coisa. As Escrituras registram que *ele fez o que o* Senhor *aprova, tal como seu pai, mas, ao contrário deste, não entrou no templo do* Senhor (2Cr 27.2) — isso significa que Jotão não se envolveu com os deveres sacerdotais como seu pai fizera. Ele, aparentemente, aprendeu com os erros do pai.

Então, o texto muda e registra de forma soturna: *O povo, contudo, prosseguiu em suas práticas corruptas* (2Cr 27.2). Jotão, ao que tudo indica, apesar de sua retidão pessoal e integridade, não era um líder eficaz e não conseguiu conduzir a nação em uma direção mais piedosa. Ele pouco fez para eliminar a falsa adoração ou refrear a tendência espiritual decadente da nação (2Rs 15.35). Quando uma sociedade adquire o gosto pela concessão e adota certo nível de desprezo pelas coisas de Deus, não é tarefa fácil reformar a cultura. Essa dificuldade entrará em cena novamente quando considerarmos o reinado do neto de Jotão, Ezequias.

O reinado de Jotão durou dezesseis anos e, quando ele morreu, seu filho e sucessor levou o reino de Judá a uma era de apostasia e rebelião sem precedentes.

ACAZ

O terceiro na lista dos quatro reis citados em Isaías 1.1 era Acaz, um homem ímpio, guiado apenas por impulsos maldosos, superstições de toda sorte e uma fascinação profana pela religião pagã. Acaz era totalmente incapaz de liderar espiritualmente a nação judaica. Embora ele fosse o rei no trono de Judá quando Israel caiu sob os assírios, Acaz não aprendeu nada com o julgamento divino que ocorreu com o Reino do Norte. Na verdade, ele parecia estar se esforçando para imitar, ou até mesmo superar, a maldade dos reis de Israel. De acordo com 2Crônicas 28.2,3, *ele andou nos caminhos dos reis de Israel e fez ídolos de metal para adorar os baalins. Queimou sacrifícios no vale de Ben-Hinom e chegou até a queimar seus filhos em sacrifício, imitando os costumes detestáveis das nações que o* SENHOR *havia expulsado de diante dos israelitas.*

Em outras palavras, Acaz sacrificou seu próprio filho, ainda criança, como holocausto a Moloque (cf. 2Rs 16.3) naquele lugar do mal na periferia de Jerusalém chamado "Hinom", ou vale de Hinom — *Gehenna* em aramaico. (Esse lugar foi citado no final do capítulo 6. Era um lugar tão associado à maldade e ao fogo que se tornou uma metáfora para o inferno.)

Acaz claramente odiava Deus, engajando-se em toda prática abominável que originalmente havia provocado o Senhor a condenar as religiões bárbaras dos cananeus quando ele os expulsou da terra no tempo de Josué.

O rei desprezou tanto o Senhor que tentou recusar uma promessa de libertação divina em época de extrema necessidade. De fato, *mesmo nessa época em que passou por tantas dificuldades, o rei Acaz tornou-se ainda* MAIS *infiel ao* SENHOR (2Cr 28.22). Quando os reis de Damasco e da Síria ameaçaram atacar Jerusalém, Isaías foi até Acaz e levou uma mensagem encorajadora de Deus, assegurando-lhe que ele não precisaria ter medo do poderio militar apresentado por aquelas nações hostis. O Senhor se ofereceu para dar a Acaz qualquer sinal que ele pedisse. A ideia seria que o cumprimento daquele sinal confirmaria a verdade da profecia encorajadora de Isaías. Em outras palavras, Acaz recebeu, literalmente falando, uma promessa de libertação e um cheque em branco de Deus em que ele poderia pedir qualquer coisa que quisesse! *Peça ao Senhor, ao seu Deus, um sinal miraculoso, seja das maiores profundezas, seja das alturas mais elevadas* (Is 7.11).

Acaz, porém, era tão hostil a Deus e tão pouco inclinado a orar que ele simplesmente rejeitou a proposta graciosa do Senhor. *Não pedirei*, disse ele ao profeta (v. 12). Ele chegou a tentar, em vão, disfarçar seu total desprezo por Deus por trás de um manto de falsa piedade, ao acrescentar: *não porei o Senhor à prova* (Is 7.12). Ele se recusou, categoricamente, a pedir qualquer tipo de sinal — mesmo que fosse algo tão simples quanto palha ao vento ou o orvalho na lã de carneiro de Gideão.

Então, Deus mesmo escolheu um grande e celestial sinal. Isaías transmitiu a mensagem por meio desta profecia, com a qual estamos agora nos tornando mais familiarizados: *Por isso o Senhor mesmo lhes dará um sinal: a virgem ficará grávida e dará à luz um filho, e o chamará Emanuel* (Is 7.14). Esse sinal, dado por Deus, se cumpriria muito além da vida de Acaz e apontava para a vinda do Messias como a maior prova possível do cuidado e da proteção de Deus para com o seu povo.

Acaz não só teve a insensatez de recusar o cuidado e a segurança do Senhor, como buscou a proteção militar da Assíria — uma nação maior, mais poderosa e (se fosse possível) mais pagã do que Damasco e a Síria juntos. Foi uma aliança pecaminosa, inteiramente proibida pela lei mosaica (Êx 23.31-33). Então, aumentando esse pecado, Acaz "comprou" a ajuda do rei da Assíria, pagando com objetos valiosos por ele roubados do templo. *Acaz ajuntou a prata e o ouro encontrados no templo do Senhor e nos tesouros do palácio real e enviou-os como presente para o rei da Assíria* (2Rs 16.8).

Tendo em vista solidificar ainda mais sua aliança com a Assíria, Acaz empreendeu uma campanha de sincretismo religioso, mesclando as formas e rituais da idolatria assíria com a cerimônia judaica. No espaço do templo, Acaz construiu um altar pessoal (copiou um modelo pagão por ele visto em Damasco). Ele tirou o altar de bronze do Senhor e reorganizou o templo de acordo com suas próprias preferências (2Rs 16.10-20). Seu nítido objetivo era fundir o paganismo assírio com as tradições judaicas.

Esse ato corrompeu, logicamente, todas as atividades do templo, eliminando qualquer intenção de adoração verdadeira. Foi uma vergonhosa violação do primeiro mandamento, do próprio fundamento da lei judaica: *Não terás outros deuses diante de mim* (Êx 20.3).

Como consequência, o próprio templo se tornou um centro de adoração pagã. No final do reinado de Acaz, o paganismo havia dominado e praticamente erradicado todos os vestígios de adoração coletiva legítima em Judá. *Acaz juntou os utensílios do templo de Deus e os retirou de lá. Trancou as portas do templo do* SENHOR *e ergueu altares em todas as esquinas de Jerusalém* (2Cr 28.24).

Aqueles foram dias sombrios em Israel — espiritual, econômica e politicamente. O próprio povo foi grandemente desviado chegando a se tornar indiferente ao "flerte" de Acaz com as abominações pagãs. Ele foi profundamente odiado, não por isso, mas por sua maldade tirânica e — por ocasião de sua morte — *ele foi sepultado na cidade de Jerusalém, mas não nos túmulos dos reis de Israel. Seu filho Ezequias foi o seu sucessor* (2Cr 28.27).

EZEQUIAS

Imediatamente as coisas mudaram para melhor. *Ezequias tinha vinte e cinco anos de idade quando começou a reinar, e reinou vinte e nove anos em Jerusalém [...]. Ele fez o que o* SENHOR *aprova, tal como tinha feito Davi, seu predecessor* (2Cr 29.1,2).

Ezequias é o último dos quatro reis citados no versículo inicial do livro de Isaías. Dentre os reis que já se sentaram no trono de Davi, ele foi um dos mais fiéis, e sua história é notável. Ezequias governou de forma consistente, sendo um rei bom e piedoso para o seu povo, mesmo tendo assumido o reino em um ponto da história em que aparentemente a dinastia davídica havia se corrompido de forma irremediável. Sua influência piedosa foi uma pausa muito bem-vinda após seu implacável, perverso e mundano predecessor — seu próprio pai.

A reforma e o avivamento chegaram de forma inesperada, aparentemente do nada. Como um reformador como Ezequias poderia ter emergido da casa de um homem tão perverso quanto Acaz? As Escrituras nada falam sobre a educação de Ezequias. Não sabemos quem o instruiu nos caminhos do Senhor, mas desde o início era evidente sua sincera dedicação ao Deus de Abraão, de Isaque e de Jacó. Além disso, ele era um reformador zeloso e dinâmico. Ezequias começou, prontamente, a trabalhar em uma campanha para restaurar a fé que seu pai tinha, tão insensatamente, tentado erradicar:

> *No primeiro mês do primeiro ano de seu reinado, ele reabriu as portas do templo do Senhor e as consertou. Convocou os sacerdotes e os levitas, reuniu-os na praça que fica no lado leste e disse: Escutem-me, levitas! Consagrem-se agora e consagrem o templo do Senhor, o Deus dos seus antepassados. Retirem tudo o que é impuro do santuário. Nossos pais foram infiéis; fizeram o que o Senhor, o nosso Deus, reprova e o abandonaram. Desviaram o rosto do local da habitação do Senhor e deram-lhe as costas. Também fecharam as portas do pórtico e apagaram as lâmpadas. Não queimaram incenso nem apresentaram holocausto no santuário para o Deus de Israel* (2Cr 29.3-7).

Ezequias proibiu a adoração pagã nos lugares altos. Ele até mesmo *despedaçou a serpente de bronze que Moisés havia feito, pois até àquela época os israelitas lhe queimavam incenso* (2Rs 18.4). A serpente de bronze era, sem dúvida, uma peça importante da herança espiritual do antigo Israel e também uma das principais simbologias de Cristo no Antigo Testamento (Nm 21.4-9; Jo 3.14,15). No entanto, o povo pecou fazendo dela um ídolo. Era chamada de Neustã, como se fosse um deus, e as Escrituras elogiam Ezequias por destruí-la. A fé pessoal e a devoção de Ezequias ao Senhor são inquestionáveis.

Contudo, apesar da reforma de Ezequias, o povo de Judá, em geral, permaneceu alheio, profano e espiritualmente complacente — facilmente manipulado de um lado ou de outro. Quando os assírios estavam prestes a invadir Jerusalém, os principais assessores de Ezequias o aconselharam a fazer uma aliança com o Egito para reverter a ameaça. Isso teria sido repetição do pecado que levou Acaz aos seus piores atos de apostasia. O fato de os conselheiros mais próximos de Ezequias terem sido a favor de tal acordo é um bom indicador da condição espiritual do resto da população. A maior parte da nação continuou vulnerável ao engano espiritual, apesar da liderança piedosa de Ezequias. Por tudo isso, conclui-se novamente que é mais fácil levar as pessoas à apostasia do que a sair dela.

Esse relato explica o motivo de as profecias de Isaías, nesses primeiros 39 capítulos, serem pontuadas por reprimendas e admoestações concernentes à falta de fé do povo de Deus. O próprio Senhor os advertiu, repetidamente, por sua inclinação a confiar no poder da carne e nas armas da guerra carnal:

> *Ai dos filhos obstinados, declara o* SENHOR, *que executam planos que não são meus, fazem acordo sem minha aprovação, para ajuntar pecado sobre pecado, que descem ao Egito sem consultar-me, para buscar proteção no poder do faraó, e refúgio na sombra do Egito. Mas a proteção do faraó lhes trará vergonha, e a sombra do Egito lhe causará humilhação. [...] Agora vá, escreva isso numa tabuinha para eles, registre-o num livro, para que nos dias vindouros seja um testemunho eterno. Esse povo é rebelde; são filhos mentirosos, filhos que não querem saber da instrução do* SENHOR. *Eles dizem aos videntes: Não tenham mais visões!, e aos profetas: Não nos revelem o que é certo! Falem-nos coisas agradáveis, profetizem ilusões. Deixem esse caminho, abandonem essa vereda, e parem de confrontar-nos com o Santo de Israel!* (Is 30.1-3,8-11).

Ainda tem mais:

> *Ai dos que descem ao Egito em busca de ajuda, que contam com cavalos. Eles confiam na multidão dos seus carros e na grande força dos seus cavaleiros, mas não olham para o Santo de Israel, nem buscam a ajuda que vem do* SENHOR! (Is 31.1).

Ezequias tem o mérito de ter ouvido a palavra do Senhor e, ao contrário de seu ímpio pai, mesmo indo contra o conselho de seus conselheiros políticos, ele não depositou sua confiança no poder militar, buscando apoio em alianças estrangeiras. Ele olhou para o Senhor como sua força e salvação.

O testemunho da fé de Ezequias era tão conhecido que os assírios o usaram para zombar das pessoas sem fé em Jerusalém. Com o exército assírio pronto para o combate fora da cidade, Senaqueribe instruiu seu comandante, Rabsaqué, que falasse ao povo judeu em hebraico: *Ouçam as palavras do grande rei, do rei da Assíria! Não deixem que Ezequias os engane. Ele não poderá livrá-los! Não deixem Ezequias convencê-los a confiar no Senhor, quando diz: Certamente o Senhor nos livrará; esta cidade não será entregue nas mãos do rei da Assíria* (Is 36.13-15 — grifos do autor). Rabsaqué seguiu aquela mensagem com ameaças infames e ofensivas, visando suscitar medo e repulsa nos judeus. (Essas zombarias contêm alguns dos termos mais grosseiros e vulgares jamais registrados nas Escrituras.)

Quando Ezequias viu o exército assírio cercando a sua porta, e ouviu as palavras ameaçadoras de Rabsaqué, cobriu-se de saco (símbolo de pesar, humildade e contrição) e enviou mensageiros a procurar mais conselhos de Isaías.

Isaías respondeu ao rei com uma carta, dizendo: *Assim diz o Senhor: Não tenha medo das palavras que você ouviu, das blasfêmias que os servos do rei da Assíria falaram contra mim. Porei nele um espírito para que, quando ouvir uma certa notícia, volte à sua própria terra, e ali farei com que seja morto à espada* (Is 37.6,7).

O profeta registra o que aconteceu em seguida:

> *Ezequias recebeu a carta das mãos dos mensageiros e a leu. Então subiu ao templo do Senhor, apresentou-a diante do Senhor e orou: Senhor dos Exércitos, Deus de Israel, cujo trono está entre os querubins, só tu és Deus sobre todos os reinos da terra. Tu fizeste os céus e a terra. Dá ouvidos, Senhor, e ouve; abre os teus olhos, Senhor, e vê; escuta todas as palavras que Senaqueribe enviou para insultar o Deus vivo. É verdade, Senhor, que os reis assírios fizeram de todas essas nações e de seus territórios um deserto. Atiraram os deuses delas no fogo e os destruíram, pois em vez de deuses, não passam de madeira e pedra, moldados por mãos humanas. Agora, Senhor nosso Deus, salva-nos das mãos dele, para que todos os reinos da terra saibam que só tu, Senhor, és Deus* (Is 37.14-20).

Vemos, mais uma vez, com essa situação, a piedade e a fé de Ezequias. Ele faz um contraste gritante e revigorante com o seu pai, o cruel Acaz, que tolamente rejeitou a confiança de Deus e tentou selar a vitória por si mesmo, assumindo compromissos pecaminosos com os inimigos do Senhor.

Como havia prometido, Deus libertou Ezequias. Ele também respondeu à arrogância de Senaqueribe com vários golpes pesados da vara do julgamento divino, começando naquela mesma noite:

> *Então o anjo do* Senhor *saiu e matou cento e oitenta e cinco mil homens no acampamento assírio. Quando o povo se levantou na manhã seguinte, só havia cadáveres! Assim Senaqueribe, rei da Assíria, fugiu do acampamento, voltou para Nínive e lá ficou. Certo dia, quando adorava no templo de seu deus Nisroque, seus filhos Adrameleque e Sarezer o feriram à espada, e fugiram para a terra de Ararate. E seu filho Esar-Hadom foi o seu sucessor* (Is 37.36-38).

A PALAVRA DO SENHOR É BOA

Então a história toma um rumo inesperado. O triunfo de Ezequias é seguido por um severo julgamento, em vez de um final feliz. Ele deparou face a face com sua mortalidade. *Naqueles dias Ezequias ficou doente, à beira da morte* (Is 38.1).

Como era seu costume, Ezequias recorreu ao Senhor, clamando por sua ajuda e misericórdia, de modo que o Senhor enviou a seguinte mensagem por intermédio de Isaías: *Ouvi sua oração e vi suas lágrimas; acrescentarei quinze anos à sua vida* (v. 5).

Ezequias respondeu escrevendo um salmo testemunhal de ação de graças. Um versículo específico foi escrito em forma de oração a Deus e demonstra a humildade do coração do rei, a profundidade de sua devoção e a dimensão de sua percepção espiritual: *Foi para o meu benefício que tanto sofri. Em teu amor me guardaste da cova da destruição; lançaste para trás de ti todos os meus pecados, pois a sepultura não pode louvar-te, a morte não pode cantar o teu louvor* (v. 17). Ezequias entendeu, de forma bem nítida, que ele precisava pessoalmente de salvação e purificação dos pecados e que somente Deus poderia providenciar isso. Chegou a confessar que as provações que Deus lhe permitiu passar foram para seu benefício próprio. Ninguém pode duvidar da autenticidade de sua fé e salvação.

"NADA SERÁ DEIXADO"

Apesar de toda a reforma e da influência de sua liderança piedosa, o rei Ezequias não conseguiu eliminar a apostasia de Judá. A despeito das advertências de Isaías ao povo, o Reino do Sul, Judá, acabou seguindo o mesmo caminho de apostasia que levou a julgamento seus irmãos do Reino do Norte, Israel. (Vamos ver como isso aconteceu no próximo capítulo.)

Isaías sabia o que os aguardava, mesmo durante a reforma de Ezequias. Os últimos quatro versículos, dos primeiros 39 capítulos de Isaías, resumem a terrível profecia do julgamento por vir:

> *Então Isaías disse a Ezequias: Ouça a palavra do Senhor dos Exércitos: Um dia, tudo o que há em seu palácio, bem como tudo o que os seus antepassados acumularam até hoje será levado para a Babilônia. Nada ficará, diz o Senhor. E alguns de seus próprios descendentes serão levados, e se tornarão eunucos no palácio do rei da Babilônia* (Is 39.5-7).

A primeira impressão que se tem da resposta de Ezequias a essa profecia é que ela é egoisticamente indiferente: *É boa a palavra do Senhor que você falou, Ezequias respondeu. Pois pensou: Haverá paz e segurança enquanto eu viver* (Is 39.8). No entanto, essa resposta sugere que Ezequias sabia que Deus estava retardando o julgamento e que Judá não tinha direito às bênçãos de paz e segurança. A promessa que Deus fez de estender essa bênção além da existência de Ezequias era evidentemente mais do que ele podia esperar. Tomar conhecimento de que a calamidade não recairia sobre a nação enquanto estivesse vivo, naturalmente chegou a ele como um grande alívio.

Esse é o triste final para a primeira metade de Isaías e é, também, a última vez que o nome de Ezequias aparece no livro.

A propósito, vale a pena notar que a primeira grande divisão de Isaías termina com quatro capítulos de conteúdo histórico. Eles funcionam como um tipo de "amortecedor" entre as duas principais seções proféticas de Isaías. É possível que Isaías tenha incluído essa passagem para dar o contexto adequado às suas profecias contra a Assíria. O interlúdio histórico começa com o cerco de Senaqueribe contra Jerusalém e termina antes do registro da morte de Ezequias. Na verdade, esses capítulos (Is 36—39) são praticamente duplicatas de 2Reis 18.13—20.19, praticamente palavra por palavra, com exceção de dois versículos omitidos por Isaías, que são encontrados no final de 2Reis 20.20,21, e descrevem o final da vida de Ezequias: *Os demais acontecimentos do reinado de Ezequias, todas as suas realizações, inclusive a construção do açude e do túnel que canalizou água para a cidade,*[4] *estão escritos no livro dos registros históricos dos reis de Judá. Ezequias descansou com os seus antepassados, e seu filho Manassés foi o seu sucessor* (2Rs 20.20,21).

Se a tradição é verdadeira (o que parece ser provável), Isaías foi morto pouco tempo depois por Manassés. A morte do profeta demonstra perfeitamente a rejeição final da nação aos seus apelos proféticos.

Deus, no entanto, deteve graciosamente seu julgamento sobre Judá por mais cem anos após a morte de Ezequias. Judá foi abençoado com várias outras oportunidades de reforma antes que Jerusalém fosse finalmente conquistada.

---

[4]Túnel famoso que existe até hoje. Ele transportava água por cerca de 533 metros, através de rocha sólida, da única nascente natural de Jerusalém até o poço de Siloé. Cf. 2Crônicas 32.30.

capítulo dez

A QUEDA DE JUDÁ

O povo de Judá foi levado cativo para longe de sua terra (2Rs 25.21) cerca de 860 anos depois que recebeu de Josué a posse para nela habitar. E então se cumpriram as Escrituras que diziam: *O Senhor os levará, e também o rei que os governar, a uma nação que você e seus antepassados nunca conheceram* (Dt 28.36) O pecado manteve seus pais quarenta anos fora de Canaã e agora também os expulsa de lá. O Senhor é conhecido pelos julgamentos que executa e honra a palavra dada. *Escolhi apenas vocês de todas as famílias da terra; por isso eu os castigarei por causa de todas as suas maldades* (Am 3.2).

MATTHEW HENRY[1]

---

[1]HENRY, Matthew. *Commentary on the whole Bible*, 6 vols. Old Tappan, NJ: Revell, n.d., 2:835 (grifos no original).

O julgamento acabou chegando a Judá. Povo e bens da nação judaica foram levados cativos para a Babilônia, precisamente do modo previsto por Isaías 39.6,7. Nabucodonosor foi o instrumento humano que Deus usou para isso.

No final do século 7 a.C. (65 anos após a morte de Ezequias), o Império Neoassírio começou a se desmantelar. Uma sucessão implacável de insurreições, guerras civis e invasões de potências vizinhas gradualmente enfraqueceu o imenso império. Em 612 a.C., uma grande coalizão de exércitos inimigos atacou Nínive, a capital assíria. A cidade foi completamente devastada (cumprindo-se Na 3.5-7), mas o rei assírio escapou. Por volta de sete anos depois desse evento, os exércitos aliados de medos e caldeus, liderados por Nabucodonosor, esmagaram as forças coligadas do Egito e da Assíria na batalha de Carquêmis. O núcleo do poder mundial, então, mudou-se para a Babilônia, sob a liderança de Nabucodonosor.

A nova potência, o Império Neobabilônico (ou Império Caldeu), dominaria o mundo apenas por 87 anos, mas enquanto durou foi um reino muito próspero e influente. A Babilônia, mais de novecentos anos antes de Nabucodonosor, já havia sido o centro do poder mundial. O imperador, então, convergiu seus esforços para recriar (e superar) a antiga glória da cidade. Ele a reconstruiu transformando-a em uma espetacular metrópole, com largas avenidas e jardins exuberantes. Ele restaurou antigos templos, construiu edifícios cívicos magníficos (incluindo vários palácios ele próprio) e cercou a cidade com imponentes fortificações — as paredes eram grossas e conectadas por torres que possuíam enormes portões, colocados em intervalos simétricos, em muros feitos de tijolos coloridos vitrificados.² A força de trabalho utilizada para essa gigantesca construção consistia principalmente de pessoas por ele capturadas e escravizadas, uma parte procedente da Mesopotâmia e outra parte da região mediterrânea oriental.

Paralelo a isso tudo, Nabucodonosor empreendeu campanhas militares de grande alcance, em um esforço para expandir seu reino.

Em 597 a.C., uma revolta judaica o enfureceu tanto que enviou seus exércitos para capturar Jerusalém. Nas duas ou três décadas seguintes, a maioria dos habitantes de Judá foi realocada à força na Babilônia. Nada restou da famosa glória que destacava a nação hebraica durante o reinado de Salomão. A Terra Prometida ficou desolada até que os judeus puderam retornar — e, quando voltaram, não havia rei. De fato, após terem sido conquistados pela Babilônia, a continuidade da linha davídica parecia estar irreparavelmente rompida. Nenhum descendente de Davi se sentou no trono em Jerusalém desde aquela época até agora.

As Escrituras, porém, *não podem* falhar (Jo 10.35). Os propósitos de Deus não serão frustrados. Todas as suas promessas têm o *o sim e o amém* (2Co 1.20). É impossível que Deus minta (Hb 6.18). Sem dúvida, isso significa que Deus cumpre suas ameaças de julgamento com a mesma fidelidade com que ele cumpre suas promessas de bênção. Por isso, nenhuma interrupção na linhagem dos reis davídicos poderia impedir que o Messias viesse como prometido. Nem a passagem do tempo o impedirá de retornar algum dia para restabelecer seu trono. Jeremias 3.17 descreve um tempo, ainda futuro, em que *chamarão Jerusalém O Trono do* SENHOR, *e todas as nações se reunirão para honrar o nome do* SENHOR *em Jerusalém. Não mais viverão segundo a obstinação de seus corações para fazer o mal.*

---

²O famoso Portão de Ishtar fazia parte do muro de Nabucodonosor. Foi descoberto e escavado no início do século 20, depois transportado para Berlim, onde foi reconstruído, tijolo por tijolo, e hoje pode ser visto no Museu Pergamon de Berlim. É feito de tijolos azuis vitrificados, luxuosamente decorados com touros coloridos, dragões e enfeites decorativos. Inclui uma inscrição escrita pelo próprio Nabucodonosor e diz que ele mesmo projetou os portões da cidade e "os adornou magnificamente, com luxo esplendoroso, para que toda a humanidade pudesse contemplá-lo".

JUDÁ DEPOIS DE ISAÍAS

O relacionamento de Deus com o seu povo indiferente e desobediente nos lembra que *é de eternidade a eternidade a benignidade do* SENHOR (Sl 103.17). *Pois a sua ira só dura um instante, mas o seu favor dura a vida toda* (Sl 30.5). E a linha do tempo de Isaías prova que a paciência de Deus excede em muito a severidade de seu julgamento.

Lembre-se, Ezequias morreu em 686 a.C. Nabucodonosor invadiu Jerusalém cerca de noventa anos depois, em 597. Nesse intervalo, Deus foi incrivelmente gracioso com Judá, apesar de não terem dado atenção às palavras de advertência de Isaías; o povo também ignorou a liderança piedosa de Jotão e se entregou à iniquidade grosseira de Acaz. Depois, se recusaram a implementar integralmente as reformas de Ezequias. Deus, no entanto, segurou sua mão e adiou o julgamento por quase nove décadas *após* a morte de Ezequias.

Em contraste, o período desde o início do julgamento de Deus até o fim do cativeiro de Judá foi de apenas setenta anos (Jr 25.11,12).[3]

A apostasia de Judá nos ensina uma importante lição preventiva, dando uma nítida advertência sobre o perigo da apostasia, da *obstinação*. Esse é o termo bíblico utilizado para descrever o distanciamento cíclico frequente da nação hebraica: se achegam ao Senhor, depois se afastam e vão para a descrença e a desobediência. É, portanto, uma expressão bem adequada. O Senhor mesmo a usa em Isaías 57.17: *Fiquei irado e escondi o meu rosto. Mas ele continuou extraviado, seguindo os caminhos que escolheu.* E, em Jeremias 8.5, o Senhor pergunta retoricamente: *Por que, pois,*

---

[3] A conquista de Jerusalém por Nabucodonosor ocorreu em 597 a.C., e o cativeiro de Judá terminou com o decreto de Ciro, por volta de 536. Assim, os anos de cativeiro contaram menos de 65. Setenta era o número de anos que o solo deixaria de ser cultivado, ficando em repouso. Aparentemente, a contagem começou com a profecia de Jeremias, proferida na última década do século 7 a.C., quando a situação política em torno de Judá era volátil demais para que a terra fosse cultivada como normalmente teria ocorrido. Esse julgamento foi predito no tempo de Moisés (Lv 26.32-35) e deveria durar até o descanso previsto: *A terra desfrutou os seus descansos sabáticos; descansou durante todo o tempo de sua desolação, até que os setenta anos se completaram* (2Cr 36.21). Como Israel não havia observado o descanso obrigatório do ano sabático desde a época de Saul (cerca de 490 anos antes do cativeiro), o Senhor fez com que a terra ficasse desolada um ano para cada ano do jubileu que a nação havia negligenciado.

se desvia este povo de Jerusalém com uma apostasia contínua? Retém o engano, não quer voltar (ARC).

As palavras hebraicas nesses textos são derivadas de uma raiz que implica cair para trás, perder terreno, se afastar e voltar (sucessivamente) ao mesmo lugar. Remete à imagem de alguém que parece não conseguir a força necessária para avançar espiritualmente — mas que também não faz nenhum esforço nesse sentido. Em Oseias 4.16, o Senhor compara Israel a uma *novilha obstinada (ACF)*. A palavra hebraica para "obstinada" nesse versículo possui a conotação de um animal teimoso em uma colina, que vai lentamente escorregando para trás e, depois, se recusa a fazer qualquer força para subir novamente. A maioria das traduções modernas de Oseias 4.16 deixam claro que o Senhor está falando de uma recusa obstinada para seguir em frente: *O povo de Israel é rebelde e teimoso como uma bezerra selvagem* (Os 4.16, KJA).

Charles Spurgeon, possivelmente o melhor pregador do século 19, passou os últimos anos de sua vida alertando os cristãos sobre os perigos da obstinação. Ele citou vários exemplos da história da igreja para ilustrar o fato de que, quando o povo de Deus começa a se afastar da sã doutrina e das verdades bíblicas estabelecidas, está deixando a segurança da bênção e da proteção de Deus e descendo ladeira abaixo em um declínio que sempre termina em desastre. É uma descida acentuada com piso escorregadio onde é impossível manter-se estável. Ocorre então a sequência do quase cai, quase levanta, mas não se firma. A força da gravidade é implacável e o caminho, lotado de perigos, tornando impossível, em última instância, não cair. Aqueles cujos pés já estão escorregando, não há praticamente como recuperar o controle, muito menos recuperar o terreno perdido.

Essa é uma descrição precisa da experiência de Judá na época do reino dividido, especialmente após a morte de Ezequias.

MANASSÉS: PIOR QUE OS CANANEUS

Segue um resumo do que aconteceu após a morte dos quatro reis nomeados em Isaías 1.1. 2Crônicas 32.33 diz: *E dormiu Ezequias com seus pais, e o sepultaram no mais alto dos sepulcros dos filhos de Davi; e todo o Judá e os habitantes de Jerusalém lhe fizeram honras na sua morte; e Manassés, seu filho, reinou em seu lugar*. Manassés acabou sendo duas vezes mais demoníaco do que seu avô. Devemos nos lembrar que, de acordo com a tradição judaica, Manassés foi o rei que matou Isaías. As Escrituras dizem a seu respeito:

> *E fez o que era mau aos olhos do* Senhor, *conforme às abominações dos gentios que o* Senhor *lançara fora de diante dos filhos de Israel. Porque tornou a edificar os altos que Ezequias, seu pai, tinha derrubado; e levantou altares aos baalins, e fez bosques, e prostrou-se diante de todo o exército dos céus, e o serviu. E edificou altares na casa do* Senhor, *da qual o* Senhor *tinha falado: Em Jerusalém estará o meu nome eternamente. Edificou altares a todo o exército dos céus, em ambos os átrios da casa do* Senhor. *Fez ele também passar seus filhos pelo fogo no vale do filho de Hinom, e usou de adivinhações e de agouros, e de feitiçarias, e consultou adivinhos e encantadores, e fez muitíssimo mal aos olhos do* Senhor, *para o provocar à ira. Também pôs uma imagem de escultura do ídolo que tinha feito, na casa de Deus* […]. *E* Manassés tanto fez errar a Judá e aos moradores de Jerusalém, que fizeram pior do que as nações que o Senhor tinha destruído de diante dos filhos de Israel. *E falou o* Senhor *a Manassés e ao seu povo, porém não deram ouvidos* (2Cr 33.2-10 — grifos do autor).

Podemos observar que o leque de maldades praticadas pessoalmente por Manassés variava da idolatria habitual, à adivinhação e ao sacrifício de alguns de seus próprios filhos! E estamos falando de um descendente direto de Davi (e um ancestral de Cristo). Mas as Escrituras o classificam explicitamente como alguém pior que os próprios cananeus, povo que contaminou inteiramente a Terra Prometida com a idolatria antes do tempo de Josué! Essa é uma acusação muito significativa.

Durante o reinado de Ezequias, Jerusalém era literalmente a única grande cidade do mundo livre dos horrores da sede de sangue pagão. Sob o domínio assírio, o resto do mundo "civilizado" dedicava-se a crenças supersticiosas que não eram nada civilizadas. Atrocidades religiosas indescritíveis — incluindo o sacrifício humano — eram comuns em Nínive, na Babilônia e praticamente em todos os outros grandes redutos urbanos da Mesopotâmia. Rituais sangrentos eram considerados, digamos, elegantes.

Nas palavras de um escritor, Manassés homologou e promoveu uma tendência grotesca — "não como um amador, do tipo de seu avô Acaz, mas como um fanático".[4]

Manassés derrubou, vorazmente, a cultura da adoração levítica que seu pai tão atentamente procurou reavivar e preservar. Ele substituiu, sistematicamente, as crenças e práticas judaicas por *costumes do oriente* (Is 2.6). Em outras palavras, ele importou perversões religiosas ao estilo assírio, desde abomináveis imagens pagãs a rituais cruéis. Mais do que qualquer rei antes dele, Manassés encheu a terra com ídolos (v. 8). Ele transformou toda a cidade de Jerusalém, incluindo o templo, em um centro notório de idolatria aberta — profanando a casa de Deus de maneiras que nem mesmo seu perverso avô havia sonhado.

Parecia que ele estava tentando restaurar a adoração a Baal, incluindo a devoção ao sinistro deus amonita Moloque — uma divindade demoníaca que (acreditava-se) poderia ser aplacada apenas com sacrifícios de crianças.

Manassés construiu um santuário para Moloque no *vale do filho de Hinom* (2Cr 33.6; Jr 7.31; 32.35). Como já sabemos, esse local já havia sido utilizado com esse mesmo malévolo objetivo. É o lugar onde Acaz, o cruel avô de Manassés, havia sacrificado crianças (2Cr 28.3; veja nossas observações anteriores sobre o vale de Hinom no final do capítulo 6 e do capítulo 9).

Manassés reaviou a prática maligna do sacrifício infantil com tanto empenho que, com efeito, ele fez "uma instituição do que Acaz havia tentado como um recurso desesperado".[5] Isaías 57.5 indica que, sob a influência de Manassés, muitas pessoas em Judá abraçaram a prática do sacrifício infantil.

GRAÇA GARAVILHOSA — E AMOM

Arqueólogos encontraram inscrições assírias datadas do reinado de Manassés, registros dele como um vassalo dos reis assírios Esar-Hadom e Assurbanípal (respectivamente, filho e neto de Senaqueribe). O reinado

---

[4]GENUNG, John Franklin. "Manasseh: A King of Judah", in: ORR, James, ed. *The International Standard Bible Encyclopaedia*, 5 vols. Chicago: Howard-Severance, 1915, 3:1978.
[5]Ibid.

de Manassés foi tranquilo quanto a ameaças militares externas, principalmente porque ele pagava tributos a esses reis assírios.

O fato de o reinado de Manassés ter sido pacífico não ameniza em nada a maldade que causou. Foi ele, em grande parte, o responsável por provocar a severidade do julgamento que finalmente se abateu sobre Judá. As Escrituras são enfáticas quanto a isso:

> *Manassés os desviou, a ponto de fazerem pior do que as nações que o Senhor havia destruído diante dos israelitas. E o Senhor disse por meio dos seus servos, os profetas: Manassés, rei de Judá, cometeu esses atos repugnantes. Agiu pior do que os amorreus que o antecederam e também levou Judá a pecar com os ídolos que fizera. Portanto, assim diz o Senhor, o Deus de Israel: Causarei uma tal desgraça em Jerusalém e em Judá que os ouvidos de quem ouvir a respeito ficarão zumbindo* (2Rs 21.9-12).

Embora Manassés tivesse sido um dos piores reis que Judá já teve, perto do fim de seu reinado, o Senhor mostrou-lhe extraordinária graça, levando-o ao ponto de um verdadeiro arrependimento.

A graça de Deus chegou até ele com a aparência de um desastre. Manassés muito provavelmente fez algo que pareceu desleal ao monarca assírio reinante, o qual mandou prendê-lo. Manassés foi brutalmente manietado e levado para a Babilônia para ser levado a julgamento. As Escrituras dizem que esse era o desígnio soberano de Deus: *Por isso o Senhor enviou contra eles os comandantes do exército do rei da Assíria, os quais prenderam Manassés, colocaram-lhe um gancho no nariz e algemas de bronze, e o levaram para a Babilônia* (2Cr 33.11).

Na Babilônia, Manassés invocou o nome do Senhor. *Em sua angústia, ele buscou o favor do Senhor, o seu Deus, e humilhou-se muito diante do Deus dos seus antepassados. Quando ele orou, o Senhor o ouviu e atendeu ao seu pedido; de forma que o trouxe de volta a Jerusalém e a seu reino. E assim Manassés reconheceu que o Senhor é Deus* (2Cr 33.12,13 — grifos do autor).

Retornando a Jerusalém, Manassés instituiu novas e profundas reformas: *Manassés tirou do templo do Senhor os deuses estrangeiros e a imagem que lá havia colocado, bem como todos os altares idólatras que havia construído na colina do templo e em Jerusalém; e jogou-os fora da cidade. Então, restaurou o altar do* Senhor *e sobre ele ofereceu sacrifícios de comunhão e ofertas de gratidão, ordenando a Judá que servisse ao* Senhor, *o Deus de Israel* (2Cr 33.15,16).

Embora essas correções demonstrassem, pelo menos aparentemente, uma mudança real no coração de Manassés, não foram tão completas como as reformas que seu pai tinha realizado, e os danos que Manassés provocara anteriormente foram extensos e atingiram várias gerações do povo de Judá. O versículo 17 de 2Crônicas 33 acrescenta o seguinte: *O povo, contudo, continuou a sacrificar nos altares idólatras, mas somente ao* Senhor, *ao seu Deus*. Em outras palavras, foi uma reforma parcial. As pessoas passaram a adorar o verdadeiro Deus (pelo menos no nome), mas não de maneira que demonstrasse verdadeira obediência à Palavra. As reformas tardias de Manassés podem ter retardado temporariamente a decadência do país, porém Judá não pôde ser preservado da calamidade que estava à sua espera no final do escorregadio declive.

Manassés permaneceu reinando por 55 anos (mais do que qualquer outro rei em Judá durante o reino dividido). Ele foi sucedido por seu filho Amom, que rapidamente levou o reino de volta à apostasia e mais perto do que nunca do precipício do julgamento divino. Amom *imitou o seu pai em tudo; prestou culto aos ídolos aos quais seu pai havia cultuado e inclinou-se diante deles. Abandonou o* Senhor, *o Deus de seus antepassados, e não andou no caminho do* Senhor (2Rs 21.21,22). Amom estava reinando somente há dois anos quando sua vil liderança foi interrompida. Ele foi assassinado por seus próprios servos e sucedido por Josias, seu filho.

JOSIAS, O MELHOR DOS REIS DE JUDÁ

Josias foi um reformador como seu bisavô Ezequias. Ele tinha apenas 8 anos quando assumiu o trono, o que sugere que ele nasceu perto da época em que seu avô, Manassés, se arrependeu do mal que fizera. As Escrituras não nos dão detalhes sobre os primeiros dezoito anos de seu reinado, informando, apenas que *ele fez o que era reto aos olhos do* Senhor; *e andou em todo o caminho de Davi, seu pai, não se apartando dele nem para a direita nem para a esquerda* (2Rs 22.2).

Então, dezoito anos depois de assumir o trono, Josias começou a consertar e a reformar o templo. Enquanto essas reparações estavam em andamento, o sumo sacerdote descobriu um pergaminho contendo o livro da lei. O pergaminho foi lido para Josias, e ele reagiu com um contrito arrependimento: *Assim que o rei ouviu as palavras do livro da Lei, rasgou suas vestes* (2Rs 22.11).

Por causa da humildade e fé de Josias, o Senhor lhe declarou que o prometido julgamento não cairia durante seu tempo de vida. Os primeiros 24 versículos de 2Reis 23 descrevem as muitas reformas que Josias instituiu. As Escrituras dizem a seu respeito: *Nem antes nem depois de Josias houve um rei como ele, que se voltasse para o Senhor de todo o coração, de toda a alma e de todas as suas forças, de acordo com toda a Lei de Moisés* (2Rs 23.25). O reinado de trinta e um anos de Josias foi um último sinal da misericórdia divina e oportunidade para o seu povo rebelde.

Infelizmente, porém, Josias não conseguiu afastar seus compatriotas da decadência e da apostasia. Ele foi morto em batalha ao ser atingido por um arqueiro egípcio em um combate contra o faraó Neco em Megido. Com sua morte, todas as reformas realizadas pelos reis de Judá terminaram.

JEOACAZ E JEOAQUIM

Josias foi seguido por Jeoacaz, do qual as Escrituras dizem: *Tinha Jeoacaz vinte e três anos de idade quando começou a reinar, e três meses reinou em Jerusalém [...]. E fez o que era mau aos olhos do Senhor, conforme tudo o que fizeram seus pais* (2Rs 23.31,32). Jeoacaz é também chamado de Salum (Jr 22.11). Ele tinha um meio-irmão mais velho que deveria ter sucedido seu pai no trono (1Cr 3.15), mas 2Crônicas 36.1 diz: *Então o povo da terra tomou a Jeoacaz, filho de Josias, e o fez rei em lugar de seu pai, em Jerusalém*. Seu reinado foi descontinuado quando o faraó o levou cativo, e, no Egito, ele morreu.

O rei egípcio substituiu Jeoacaz no trono de Judá por seu meio-irmão mais velho, Jeoaquim, permitindo que ele permanecesse em Jerusalém. Jeoaquim reinou segundo a vontade do faraó e não se importou com o Senhor. As Escrituras dizem que ele *fez o que era mau aos olhos do Senhor, conforme tudo quanto fizeram seus pais* (2Rs 23.37). A tradição judaica registra que ele foi o pior tipo de tirano que existe — orgulhosamente sinistro, moralmente perverso e abertamente escarnecedor de tudo que fosse sagrado. Tornou-se notório por ser devasso e impiedoso, entregando-se à autogratificação de forma grosseira e carnal. O registro de sua má conduta demonstra como o estado espiritual de Judá se deteriorou de forma rápida e extremada após a morte de Josias. De acordo com antigas fontes rabínicas, Jeoaquim

> tinha relações incestuosas com sua mãe, com sua nora e sua madrasta. Ele desenvolveu o hábito de assassinar os maridos das mulheres que ele violava e de quem se apoderava. Suas roupas eram de *sha'atnez* [tecido misto, expressamente proibido em Dt 22.11], e, para esconder que era judeu, ele fez um *epispasm* [reversão artificial da circuncisão] por meio de uma cirurgia; ele também tinha várias tatuagens em seu corpo. Chegou ao ponto de se vangloriar de sua impiedade, dizendo: "Meus antecessores, Manassés e Amom, não sabiam como deixar Deus muito irado. Mas eu digo de forma escancarada; tudo o que Deus nos dá é luz, e isso nós não precisamos mais, pois nós temos o ouro que brilha exatamente como a luz; além disso, Deus deu esse ouro para a humanidade [Sl 115.16] e não é capaz de levá-lo de volta" [...]
>
> Quando Jeoaquim foi informado de que Jeremias estava escrevendo suas Lamentações, ele mandou que lhe trouxessem o rolo. Foi lendo pausadamente os quatro primeiros versículos, parou e comentou sarcasticamente: "Eu ainda sou rei!" Chegando ao versículo 5, ele viu as palavras: *O Senhor a afligiu, por causa da multidão das suas transgressões* (Lm 1.5), pegou o rolo, raspou os lugares onde estava escrito "Deus" e lançou-o no fogo.[6]

A carreira profética de Jeremias sobrepôs-se ao reinado de Jeoaquim. O profeta realizou muitas profecias severas contra a promiscuidade do rei. Jeremias 36 é o relato do próprio Jeremias de como Jeoaquim queimou um rolo contendo *todas* as palavras que Deus lhe havia falado (v. 2). *Mas a palavra do* Senhor *permanece para sempre* (1Pe 1.25). *Tomou, pois, Jeremias*

---

[6]Singer, Isadore, ed. *The Jewish Encyclopedia*, 12 vols. New York: Funk & Wagnalls, 1904, 7:85.

outro rolo, e deu-o a Baruque, filho de Nerias, o escrivão, o qual escreveu nele, da boca de Jeremias, todas as palavras do livro que Jeoaquim, rei de Judá, tinha queimado no fogo; E AINDA SE LHES ACRESCENTARAM MUITAS PALAVRAS SEMELHANTES (Jr 36.32 — grifos do autor).

Jeremias 22.18,19 é uma profecia sobre a morte de Jeoaquim:

> Portanto, assim diz o SENHOR acerca de Jeoaquim, filho de Josias, rei de Judá: Não o lamentarão, dizendo: Ai, meu irmão, ou ai, minha irmã! Nem o lamentarão, dizendo: Ai, senhor, ou, ai, sua glória! Em sepultura de jumento será sepultado, sendo arrastado e lançado para bem longe, fora das portas de Jerusalém.

Jeoaquim reinou durante onze anos em uma época de mudanças radicais na política mundial. Assim que ele assumiu o trono em Jerusalém, Nabucodonosor subiu ao poder na Babilônia. Ele fez de Jeoaquim seu vassalo por três anos (2Rs 24.1); no entanto, Jeoaquim, que havia obedientemente servido ao faraó egípcio, resolveu rebelar-se contra Nabucodonosor. A rebelião de Jeoaquim (expressão adequada ao seu caráter desafiador) acabou se tornando o gatilho que desencadeou a ira de Nabucodonosor contra Judá. Os exércitos de Nabucodonosor acabaram sendo o instrumento pelo qual Deus finalmente julgou a apóstata nação judaica:

> *E o SENHOR enviou contra ele as tropas dos caldeus, as tropas dos sírios, as tropas dos moabitas e as tropas dos filhos de Amom; e as enviou contra Judá, para o destruir, conforme a palavra do SENHOR, que falara pelo ministério de seus servos, os profetas. E, na verdade, conforme o mandado do SENHOR, assim sucedeu a Judá, para o afastar da sua presença por causa dos pecados de Manassés, conforme tudo quanto fizera. Como também por causa do sangue inocente que derramou; pois encheu a Jerusalém de sangue inocente; e por isso o SENHOR não quis perdoar* (2Rs 24.2-4).

Nabucodonosor ordenou que prendessem Jeoaquim em correntes, com a intenção de levá-lo para a Babilônia (2Cr 36.6). Mas o cerco continuou por muitos meses, e Jeoaquim morreu antes que Nabucodonosor pudesse levá-lo para lá. Josefo diz que Nabucodonosor ordenou que o corpo do rei fosse *arrastado e lançado fora das portas de Jerusalém!*[7], assim como Jeremias 22.19 havia profetizado.

O FIM DO REINO DIVIDIDO E O INÍCIO DO CATIVEIRO BABILÔNICO

O sucessor de Jeoaquim foi Joaquim (também conhecido como Jeconias e Conias). Jerusalém caiu no ano 597 a.C. As muralhas da cidade já estavam sendo destruídas pelos exércitos de Nabucodonosor. Dessa forma, assim que Joaquim subiu ao trono, ele se rendeu a Nabucodonosor e foi levado para a Babilônia — junto com praticamente todos os oficiais do governo em Judá (2Rs 24.12-16) — e foi mantido cativo pelo resto de sua vida. Essa foi a primeira grande leva do que se tornaria o cativeiro babilônico. Isaías havia prevenido a nação sobre isso, quase um século antes do ocorrido. Uma advertência detalhada desse exato julgamento foi incluída na lei de Moisés (Lv 26.14-39), séculos antes de Isaías!

Nabucodonosor depôs Joaquim, oficialmente como rei, quase imediatamente, mas o deixou viver. De fato, ele sobreviveu a Nabucodonosor e, de acordo com 2Reis 25.27-30, o sucessor de Nabucodonosor elevou Joaquim a um lugar de honra.

> *No trigésimo sétimo ano do exílio de Joaquim, rei de Judá, no ano em que Evil-Merodaque se tornou rei da Babilônia, ele tirou Joaquim da prisão, no dia vinte e sete do décimo segundo mês. Ele o tratou com bondade e deu-lhe o lugar mais honrado entre os outros reis que estavam com ele na Babilônia. Assim, Joaquim deixou suas vestes de prisão e pelo resto de sua vida comeu à mesa do rei. E diariamente, enquanto viveu, Joaquim recebeu uma pensão do rei* (2Rs 25.29,30).

Estes são os últimos versículos do livro de 2Reis e sugerem o fim permanente da dinastia davídica.

---

[7]*Antiquities of the Jews*, 10.6.3, in: WHISTON, William, trad. *The works of Flavius Josephus*, 2 vols. London: Henry G. Bohn, 1845, 1:419.

Joaquim (Jeconias) foi, realmente, o último monarca da linha direta de Davi a sentar-se no trono de Judá. Como muitos de seus antecessores, ele *fez o que era mau aos olhos do Senhor, conforme tudo o que seu pai tinha feito* (2Rs 24.9). Jeremias 22.30 registra uma maldição divina em toda a sua linhagem: *Assim diz o Senhor: Registrem esse homem como homem sem filhos. Ele não prosperará em toda a sua vida; nenhum dos seus descendentes prosperará nem se assentará no trono de Davi nem governará em Judá.*

O ponto principal aqui não era o fato de Joaquim não ter tido filhos, pois ele os teve (1Cr 3.17-20). Mas, no que diz respeito à dinastia davídica, ele poderia até não tê-los tido, o que não faria diferença, pois nenhum descendente dele jamais herdaria o trono de Davi.

Em face disso, essa profecia parece ter colocado um fim à linhagem real de Israel, descumprindo (aparentemente) a aliança davídica. Porém, Mateus 1.11-16 traça a linhagem real de Joaquim (Jeconias) até José. Cristo foi o filho adotivo de José e um verdadeiro descendente de Davi por meio da linhagem de Maria (Lc 3.23-31). Jesus, portanto, herdou o direito ao trono da linhagem de José, e a maldição contra a linhagem real de Joaquim não se aplicava a ele. Assim, Deus cumpriu tanto a promessa quanto a maldição, que desde os tempos de Jeremias até o nascimento de Cristo podem ter parecido irreconciliáveis.

O último rei titular de Judá foi Zedequias, tio de Joaquim, que foi citado no capítulo 4 deste livro. Seu nome de nascimento era Matanias, mas Nabucodonosor o mudou, comprovando que ele não passava de um rei fantoche em suas mãos (2Rs 24.17). As Escrituras dizem acerca dele: *Ele fez o que era mau aos olhos do Senhor, conforme tudo o que fizera Jeoaquim* (2Rs 24.19).

A decisão de colocar Zedequias no trono foi intencional e calculada por Nabucodonosor, tendo em vista enfraquecer o povo judeu. Nabucodonosor havia começado as deportações para a Babilônia levando, primeiramente, os cidadãos mais nobres, capazes e aptos de Judá. *Levou para o exílio toda Jerusalém: todos os líderes e os homens de combate, todos os artesãos e artífices [...] os oficiais do rei e os líderes do país. Era um total de dez mil pessoas; só ficaram os mais pobres [...]. O rei da Babilônia também deportou para a Babilônia toda a força de sete mil homens de combate, homens fortes e preparados para a guerra, e mil artífices e artesãos* (2Rs 24.14-16).

A escolha recaiu sobre Zedequias porque, entre os que tinham laços de sangue com a linhagem real, ele se destacou como a pessoa mais passiva e com modestas habilidades de liderança.

Zedequias, no entanto, tentou se rebelar fazendo com que Nabucodonosor reagisse furiosamente, implementando, assim, a grande e final deportação dos judeus da Terra Prometida. As forças da Babilônia arrasaram a cidade de Jerusalém, incluindo o templo. Nabucodonosor depôs Zedequias, vazou-lhe os olhos e, juntamente com ele, levou todos os outros habitantes (exceto uns poucos da camada realmente pobre) para o cativeiro na Babilônia (2Rs 25.1-21). Se, em meio ao espólio, restara algo de valor, aquilo foi tomado ou destruído. A terra, então, ficou desolada.

Todas as profecias proferidas por Isaías sobre o julgamento e o cativeiro de Judá foram literalmente cumpridas. Quem zombou de suas palavras percebeu que ele era um verdadeiro profeta. O cativeiro, então, teve um efeito benéfico, pois muitos dos judeus presos acabaram buscando a fé de seus pais. Salmo 137 é um famoso lamento, um clamor a Deus por libertação, escrito por algum desconhecido no período em que a nação estava sendo mantida em cativeiro:

> *Junto aos rios da Babilônia nós nos sentamos e choramos com saudade de Sião. Ali, nos salgueiros penduramos as nossas harpas; ali os nossos captores pediam-nos canções, os nossos opressores exigiam canções alegres, dizendo: Cantem para nós uma das canções de Sião! Como poderíamos cantar as canções do* Senhor *numa terra estrangeira? Que a minha mão direita definhe, ó Jerusalém, se eu me esquecer de ti!* (Sl 137.1-5).

Como as terríveis previsões de Isaías sobre o cativeiro babilônico foram cumpridas, as promessas de salvação por ele também escritas captaram a atenção do remanescente fiel à medida que ansiava por libertação. Este sabia que, da mesma forma que o julgamento havia chegado, surgiria um tempo em que *os resgatados do* Senhor *voltarão. Entrarão em Sião com cântico; alegria eterna coroará suas cabeças. Júbilo e alegria se apossarão deles, tristeza e suspiro deles fugirão* (Is 51.11).

Por isso, começando com o capítulo 40 e indo até o 66, o livro de Isaías contém múltiplas promessas e profecias sobre libertação. Agora, torna-se mais compreensível por que o capítulo 53 ancora e esclarece todas as outras promessas. A expiação realizada por meio do sofrimento do Servo de Javé é a base necessária e o pré-requisito para todas as outras expressões da graça e libertação dadas por Deus.

Agradecimentos

Quero deixar aqui os meus mais sinceros agradecimentos a:

- *Phil Johnson e a Dave Enos*, que prepararam este material com base nas transcrições de meus sermões.
- *Keith Erickson*, que fez um trabalho sensacional revisando o rascunho final;
- *Lydia Brownback e os demais da equipe da* Crossway por seu trabalho cuidadoso e habilidoso com o acabamento final deste projeto.

Apêndice

"O HOMEM DE DORES"

UM SERMÃO DE CHARLES SPURGEON[1]

Um homem de dores e familiarizado com o sofrimento.

ISAÍAS 53.3

Haverá, muito possivelmente, um murmúrio em meio à congregação: "Esse tema é muito triste e sombrio". Não, meu amado, não é bem assim, pois, por maiores que tenham sido os sofrimentos do nosso Redentor, eles ficaram todos para trás, e devem ser encarados como algo superado triunfantemente.

Por mais severa que tenha sido a luta, a vitória já foi ganha; a nau foi severamente sacudida pelas ondas, mas ela já está aportada no ancoradouro seguro. Nosso Salvador não está mais agonizando no Getsêmani, nem se esvaindo na cruz. A coroa de espinhos foi substituída por muitas coroas soberanas. Os cravos e as lanças deram lugar ao cetro. Porém, isso não é tudo, pois, embora os sofrimentos tenham terminado, as bênçãos dos resultados nunca terminarão.

---

[1] Este sermão foi pregado por Charles Haddon Spurgeon em março de 1873. Do *The metropolitan tabernacle pulpit*, 63 vols. London: Passmore & Alabaster, 1873, 19:121-132. As grafias britânicas foram americanizadas, as quebras de parágrafos e as referências das Escrituras foram inseridas, a pontuação foi simplificada, algumas expressões arcaicas foram modernizadas e o apelo final de Spurgeon à sua congregação foi abreviado. A capitalização de pronomes de divindade e de alguns outros termos reflete o padrão usado pela Crossway, a editora da versão americana deste livro As citações das Escrituras são ou da *KJV* ou ligeiramente parafraseadas por Spurgeon.

As dores de parto acompanharam a vinda do Homem Criança quando ele chegou a este mundo. A semeadura com lágrimas é seguida por uma colheita de alegria. O hematoma do calcanhar da *semente da mulher* é bem recompensado pelo esmagamento da cabeça da serpente. É compensador ouvir falar de batalhas travadas quando houve uma vitória decisiva que deu fim à guerra e estabeleceu a paz. Assim, com a dupla reflexão de que toda a obra do sofrimento foi concluída pelo Redentor e que, dali em diante, ele contempla o sucesso de tudo que realizou, também podemos nos regozijar, mesmo quando entrarmos em comunhão com seus sofrimentos.

Não devemos nos esquecer de que o tema das tristezas do Salvador tem se mostrado mais eficaz para consolar os enlutados do que qualquer outro, profético ou não. As glórias de Cristo não oferecem tanto consolo aos espíritos aflitos quanto seus sofrimentos. Cristo em tudo que fez tornou-se a consolação de Israel, porém nada se compara ao consolo do Homem de dores. Espíritos perturbados não se voltam tanto para Belém quanto para o Calvário. Eles preferem o Getsêmani a Nazaré. Os desassossegados não procuram tanto o conforto do Cristo em sua esplendorosa segunda vinda quanto do Cristo em sua primeira vinda, como o homem cansado e aflito.

A flor do maracujá exala um maravilhoso perfume. A árvore utilizada para montar a cruz sangra o bálsamo curador. Neste caso, semelhantes são curados por semelhantes, porque sob o sol não há melhor remédio para a tristeza do que as tristezas do Emanuel. Assim como a vara de Arão engoliu todas as outras varas, as aflições de Jesus também fazem nossas aflições desvanecer. Assim como se pode ver no solo fértil de nosso assunto, a luz é semeada para os justos — luz que brota para aqueles que estão nas trevas e na região da sombra da morte.

Vamos, então, sem titubear à casa do luto e tenhamos comunhão com o "enlutado- mor", aquele que acima de qualquer outro poderia dizer: *Eu sou o homem que viu a aflição* (Lm 3.1).

Procuraremos, nesta manhã, não nos desviar de nosso tema, tentando nos manter o mais próximo possível dele, detendo-nos em cada uma de suas palavras. E serão elas, também, que nos darão as divisões a serem seguidas: "Um homem"; "um homem de dores"; "familiarizado com o sofrimento".

UM HOMEM

Creio que a doutrina da perfeita e real humanidade do nosso Senhor Jesus Cristo não é novidade para os presentes aqui nesta manhã. Porém, mesmo não havendo novas evidências sobre ela, o tema é tão relevante que iremos revisitá-lo.

Este é um daqueles "sinos" das igrejas evangélicas que deve ser tocado domingo após domingo. É daqueles "alimentos" cotidianos dos quais o Senhor nos provê, como o pão e o sal, e deve ser colocado sobre nossa mesa a toda refeição espiritual. Este é o maná que deve cair todos os dias sobre o acampamento. Por mais que meditemos, nunca se esgotará esse tema da abençoada pessoa de Cristo como Deus e como homem.

Vamos refletir que aquele aqui chamado de homem era, certamente, o próprio Deus, "Um homem"; "um homem de dores"; "um homem familiarizado com o sofrimento". Mas ao mesmo tempo era o Deus que é *sobre todos, Deus bendito eternamente* (Rm 9.5). Aquele que foi *desprezado e o mais rejeitado entre os homens* (Is 53.3) era amado e adorado por anjos, e aquele de quem os homens escondiam o rosto em desprezo, era adorado por querubins e serafins. Esse é o grande mistério da piedade. Deus se *manifestou em carne* (1Tm 3.16). Aquele que era Deus, e estava no princípio com Deus, se fez carne e habitou entre nós. O altíssimo se inclinou e humilhou-se; o Maior tomou lugar entre os menores. De tão estranho que isso é, torna-se necessária toda a nossa fé para compreender [...]. Além do mais, continua sendo verdade que aquele que se sentou junto ao poço de Sicar e disse *Dê-me um pouco de água* não era outro senão aquele que abriu os canais do oceano e fez com que eles se alagassem.

"Filho de Maria, tu és também Filho de Deus! Homem da substância de tua mãe, tu és também a essência da Deidade; nós te adoramos neste dia em espírito e em verdade!"

Ao nos lembrarmos de que Jesus Cristo é Deus, também nos convém considerar que, apesar disso, sua humanidade era real e substancial. Ele diferia de nossa própria humanidade na ausência de pecado, mas em nenhum outro aspecto.

É inútil elucubrar sobre uma humanidade celestial, como alguns o fizeram, e que, por essa própria tentativa de exatidão, foram tragados por redemoinhos de erros. É suficiente sabermos que o Senhor nasceu de mulher, foi envolto em faixas, colocado em uma manjedoura, e precisou ser amamentado por sua mãe como qualquer outra criança. Ele cresceu em estatura também como qualquer outro ser humano, e sabemos que ele comeu e bebeu, que teve fome e sede, que se alegrou e se entristeceu. Seu corpo podia ser tocado, ferido e sangrado. Ele não era um fantasma, mas um homem em carne e osso, como nós mesmos; um homem que precisava dormir, necessitava de alimentos e era sujeito a dor; um homem que, ao final, entregou sua vida até a morte.

Pode ser que tenha havido, sim, alguma diferença entre o corpo de Jesus e o nosso, pois, como ele não foi contaminado pelo pecado, não era sujeito à corrupção. De outra forma, o Senhor Jesus foi um homem perfeito, de corpo e alma, nos padrões da nossa humanidade — *em semelhança da carne do pecado* — e devemos pensar nele assim. Temos a tentação de considerar a humanidade do Senhor diferente da nossa. Somos propensos a espiritualizá-lo e a não pensar nele como sendo realmente osso de nossos ossos e carne da nossa carne. Tudo isso pode ser considerado um erro grave. Podemos imaginar que estamos honrando a Cristo com tais concepções, mas ele nunca será honrado por algo que não for verdadeiro.

Ele foi um homem, um homem real, um homem da raça humana, o Filho do Homem; e, de fato, um homem representativo, o segundo Adão. *Como os filhos participam da carne e do sangue, também ele participou das mesmas coisas* (Hb 2.14). ... *esvaziou-se a si mesmo, tomando a forma de servo, fazendo-se semelhante aos homens* (Fp 2.7).

Essa participação condescendente com nossa natureza traz o Senhor Jesus para um relacionamento muito próximo. Ao mesmo tempo que ele era homem, também era Deus e, de acordo com a lei hebraica, nosso *goel* — nosso parente mais próximo. Podemos dizer que, de acordo com a Lei, se uma herança tivesse sido perdida, era direito de o parente mais próximo resgatá-la. Nosso Senhor Jesus exerceu seu direito legal e, quando nos viu vendidos em cativeiro e nossa herança sendo tirada de nós, antecipou-se e assumiu os passos necessários para redimir tanto a nós quanto a nossos bens perdidos.

Como fomos abençoados em ter um parente como ele! Quando Rute foi respigar nos campos de Boaz, a graça transbordou em sua vida, comprovando-se Boaz como seu parente mais próximo. Nós também, que colhemos nos campos da misericórdia, louvamos ao Senhor porque o seu Filho unigênito é o nosso parente mais próximo, nosso irmão, nascido para a adversidade.

Não seria coerente com a justiça divina se qualquer outra substituição tivesse sido aceita em nosso lugar, exceto a de um homem. O homem pecou e o homem deve reparar o dano causado à honra divina. A violação da lei foi causada pelo homem e pelo homem deve ser reparada. O homem transgrediu; o homem deve ser punido. Nenhum anjo poderia dizer: "Sofrerei pelo homem" — pois os sofrimentos angelicais não poderiam reparar os pecados humanos. Porém, o homem, o homem perfeito, o homem representante do homem, o "parente mais próximo", com o direito de resgatar, interveio e sofreu o que foi preciso para reparar a lesionada justiça e, assim, nos libertar! Glória ao seu santo nome!

E agora, amados, visto que o Senhor considerou Cristo apto, em sua humanidade, para que ele fosse o nosso Redentor, creio que muitos aqui, que estiveram sob o cativeiro de Satanás, verão nessa mesma natureza humana uma atração que os leva a se aproximar dele. Pecador, você não precisa chegar ao próprio Deus absoluto; você não está sendo convidado a se aproximar do fogo consumidor. Você pode, sim, se aproximar daquele a quem ofendeu tão gravemente. Há um homem que foi nomeado para mediar entre você e Deus; então, para se achegar a Deus, você deve ir por intermédio dele — o homem Jesus Cristo. Deus, separado de Cristo, é um Deus consumidor. Ele de modo algum poupará os culpados — mas olhe para o Filho do homem!

> Em suas mãos não há trovões,
> Em sua fronte não há terror;
> Não atira raios às almas culpadas;
> Para arrojá-las às chamas de horror!

Ele tem mãos abençoadoras, olhos com lágrimas compassivas, lábios transbordantes de amor e um terno e compassivo coração. Você não vê o rasgo em seu lado? Através dessa ferida há uma estrada para o seu coração, e aquele que carece de compaixão pode se animar. Ó pecadores! O caminho para o coração do Salvador está aberto, e a quem busca expiação, ela nunca será negada. Por que os desesperados deveriam ter receio de se aproximar do Salvador? Ele assumiu o caráter do cordeiro de Deus. Nunca conheci uma criancinha que tivesse medo de um cordeiro. Mesmo os mais tímidos se aproximarão dele. Jesus usou esse argumento quando falou com os cansados e oprimidos: *Tomem sobre vocês o meu jugo e aprendam de mim, pois sou manso e humilde de coração* (Mt 11.29).

Eu sei que vocês se sentem tristes e até trêmulos, mas precisam tremer na presença dele? Se você estiver fraco, ele entenderá a sua fraqueza; se não conseguir expressar adequadamente seu lamento, isso já será motivo suficiente para receber de sua abundante misericórdia. Se eu estivesse doente e pudesse escolher quem iria tratar de mim para que ficasse curado, eu diria: "Leve-me ao melhor e mais capacitado médico da terra. Leve-me a um excelente profissional, que também seja zeloso e cuide de mim". Eu, então, não me afligiria em vão, pois teria certeza de que, se ele pudesse me curar, o faria.

Pecador, coloque-se em um ato de fé, nesta manhã, ao pé da cruz de Jesus. Olhe para ele e diga: "Ó, médico bendito, tuas feridas me curam, tua morte me dá vida, olha por mim! Tu és homem, então conheces o sofrimento humano. Tu és homem. Deixarás alguém que clama por ajuda perecer no inferno? Tu és homem e podes salvar. Deixarás um pobre indigno que clama por misericórdia ser levado a um estado de miséria e desesperança, enquanto ele clama que tu o salves por teus méritos?"

Oh, culpados, tenham fé de que alcançareis o coração de Jesus! Pecadores, corram sem medo para ele. Cristo está à sua espera para salvar. É atribuição dele receber pecadores e reconciliá-los com Deus. Somos gratos por não termos de ir a Deus primeiro, como estamos. Somos convidados a ir a Jesus Cristo e, por meio dele, ao Pai. Que o Espírito Santo o leve a uma devota meditação sobre a humildade de nosso Senhor; e assim você possa encontrar a porta da vida, o portal da paz, o portão do céu!

Deixe-me acrescentar, antes de prosseguir, que todo filho de Deus também pode se consolar no fato de que nosso Redentor tornou-se um de nós, visto que ele foi feito semelhante aos seus irmãos e tornou-se misericordioso e fiel Sumo Sacerdote. Ele foi tentado em todas as áreas, como nós, para que pudesse, então, socorrer os que são tentados (Hb 2.17; 4.15).

A compaixão de Jesus é a sua outra característica mais preciosa, depois de seu sacrifício. Outro dia fui chamado para visitar um irmão enfermo e, quando estava ao seu lado na cama, ele comentou: "Sinto-me grato a Deus por nosso Senhor ter levado as nossas doenças". "É claro", disse ele, "que o mais importante de tudo foi Jesus ter levado os nossos pecados, mas, paralelamente a isso, eu, como padecente, também sou muito grato por ele ter levado as nossas enfermidades" (Is 53.4).

Pessoalmente, também dou testemunho de que, quando atravesso momentos de grande dor, tem sido de grande alento para mim saber que, em cada sofrimento que o povo de Deus atravessa, o Senhor Jesus se revela solidário. Nós não estamos sozinhos, pois alguém semelhante ao Filho do homem caminha na fornalha conosco (cf. Dn 3.25). As nuvens escuras que flutuam sobre o nosso céu também escureceram os céus para ele.

> Ele sabe o que fortes tentações significam,
> Conhecendo o significado disso.
> Ele toma a amargura da nossa dor
> por saber que também passou por isso.

Dizem que os soldados macedônios faziam longas marchas forçadas que pareciam estar além do poder da resistência humana, mas a razão de sua incansável energia estava na presença de Alexandre. Ele estava acostumado a andar com eles e a suportar o mesmo cansaço. Se ele tivesse sido levado como um monarca persa em um palanque em meio ao luxo e complacência, os soldados logo se cansariam; mas, quando olhavam para o "rei dos homens" que ficava faminto quando eles ficavam famintos, sedento quando ficavam sedentos, e que muitas vezes passava a taça de água que lhe era oferecida a um soldado que parecia mais fraco e combalido do que ele, o exército nem sonhava em se afastar. Os macedônios sentiam que poderiam aguentar qualquer cansaço se Alexandre pudesse.

Hoje, certamente, podemos suportar a pobreza, a calúnia, o desprezo, qualquer dor no corpo, ou a própria morte, porque Jesus Cristo, nosso Senhor, os suportou. Porque ele se humilhou, por amor a ele também podemos nos comprazer em ser humilhados; pelo cuspe que escorreu pelo seu rosto, podemos suportar zombaria por causa dele. Por ter sido esbofeteado e ter tido os olhos vendados, será uma honra sermos ridicularizados. Por meio da cruz, entregar a nossa vida pela causa e pelo precioso Mestre se tornará vida!

Que o Homem de dores apareça aqui entre nós e nos capacite a suportar nossas tristezas alegremente. Se há consolo em algum lugar, certamente será na deliciosa presença daquele que foi crucificado: *E será aquele homem como um esconderijo contra o vento, e um refúgio contra a tempestade* (Is 32.2).

Prossigamos, então, para nos determos mais tempo nas próximas palavras:

UM HOMEM DE DORES

A expressão é bem enfática, e não devemos confundir o seu significado, pois não é "um homem triste", mas "um homem de dores" [ou de tristezas, dependendo da tradução da Bíblia utilizada], como se ele fosse feito de tristezas, e essas tristezas fossem elementos integrantes de seu ser. Há homens "de prazeres", outros "de riquezas", mas ele era "um homem de dores". Ele e a dor poderiam ter trocado de nome. Aquele que o viu, viu tristeza, e aquele que quisesse ver a dor deveria olhar para ele. *Considerai e vede se há dor igual à minha, que veio sobre mim, com que o Senhor me afligiu* (Lm 1.12).

Nosso Senhor era chamado de homem de dores, pois esse era seu jeito e sua característica especial. Poderíamos chamá-lo de "homem santo", pois nele não havia culpa alguma; ou de "homem de lida", porque ele realizou a obra que o Pai lhe entregou e o fez magistralmente; ou até de "homem de eloquência", pois jamais homem algum falou como ele. Poderíamos também chamá-lo adequadamente na linguagem de nosso hino de "o homem do amor" (*The man of love*), pois nunca houve amor maior do que aquele que brilha em seu coração. Ainda patente em meio a todas essas e muitas outras características excelentes, se tivéssemos, contudo, olhado para Cristo e alguém nos perguntasse posteriormente qual a peculiaridade mais marcante nele, teríamos respondido "suas dores, suas tristezas".

As várias áreas de seu caráter eram tão particularmente harmoniosas que nenhuma qualidade se sobressaía, tornando-se uma característica predominante. Fazendo uma analogia, os olhos são perfeitos, mas também o é a boca. As faces são como leitos de especiarias, e os lábios como lírios, exalando mirra de aroma adocicado. No apóstolo Pedro nota-se entusiasmo exagerado, às vezes mesclado com presunção; e em João, o amor pelo seu Senhor poderia levá-lo a clamar fogo do céu sobre seus inimigos. Escassez e exageros existem em todos, menos em Jesus. Ele é o homem perfeito, o homem integral, o santo de Israel.

Mas havia uma peculiaridade, e estava no fato de *que o seu parecer estava tão desfigurado, mais do que o de outro qualquer, e a sua figura mais do que a dos outros filhos dos homens* (Is 52.14) por causa das excessivas dores que continuamente chegavam ao seu espírito. Lágrimas eram sua insígnia, e a cruz, seu escudo. Ele era, então, o guerreiro de armadura negra, e não como agora o é, o cavaleiro no cavalo branco. Ele era o Senhor da dor, o Príncipe da dor, o Imperador da angústia, *um homem de dores e que sabe o que é padecer* (Is 53.3).

> Ó, rei da dor! (um título estranho, mas verdadeiro,
> E entre todos os reis, somente a ti certeiro).
> Ó, rei das feridas! Como devo chorar por ti?
> Quem em todo pesar há de me impedir?

Não é o título "homem de dores" realçado entre outros do nosso Senhor? Ele não era apenas triste, mas destacava-se entre os tristes. Todos os homens têm um fardo a suportar, mas o dele foi o mais pesado que jamais existiu. Quem em toda a terra está livre de tristezas? Podemos procurar por todo o planeta, e por toda parte o espinho e o cardo serão encontrados, e estes ferem a todos os nascidos de mulher. Nos lugares mais proeminentes, opulentos e nobres da terra, há tristeza, pois a viúva real chora por seu senhor. Nos lugares mais rudimentares, nos casebres, onde imaginamos que nada pode haver além da simplicidade, lágrimas amargas são derramadas pela penúria e cruel opressão. Nos climas mais ensolarados, a serpente rasteja entre as flores. Nas regiões mais férteis, as plantas venenosas florescem entre as ervas saudáveis. Em todos os lugares "os homens devem trabalhar, e as mulheres, chorar". Há tristeza no mar e tristeza na terra. No entanto, exatamente nesse contexto, *o primogênito entre muitos irmãos* implica mais do que uma porção dobrada, pois sua taça é mais amarga e seu batismo é mais profundo do que o do restante da família.

Sofrentes comuns precisam reconhecer, pois nenhum pode superá-lo em sua angústia. Os enlutados comuns podem se contentar em rasgar suas vestes, mas ele mesmo é rasgado em sua aflição; eles bebem na tigela da tristeza, mas ele a seca. O Filho mais obediente sofreu acima de tudo, ao ser fustigado e afligido com a vara pelo próprio Deus. Nenhum outro ferido suou gotas de sangue ou teve a mesma amargura de alma, ao gritar: *Meu Deus, meu Deus, por que me desamparaste?* (Mc 15.34).

A razão de sua imensa tristeza não era decorrente de seu próprio pecado, pois não havia nenhum amálgama entre eles. O pecado merece tristeza, mas também causa aspereza, tornando a alma impiedosa e insensível. Não reagimos ao pecado como Jesus, nem nos afligimos com a morte do pecador como ele. Sua natureza era perfeita, pois, por não conhecer o pecado, não havia nele também tristeza, ele era como um pássaro terrestre lançado ao mar pelo vendaval. Para o ladrão, a prisão é sua casa, e também a carne à qual ele está preso, mas para um homem inocente uma prisão é uma tragédia, e tudo a esse respeito é estranho e obscuro. A natureza pura do nosso Senhor era peculiarmente sensível a qualquer contato com o pecado.

Nós, infelizmente, pela queda, perdemos muito desse sentimento. À medida que somos santificados, o pecado se torna fonte de mazelas para nós. Jesus, sendo perfeito, qualquer pecado lhe causava dores insuportáveis do que causaria a um de nós. Não tenho dúvidas de que há muitas pessoas em nosso mundo que poderiam, alegremente, viver nos antros do vício — ouvir as piores blasfêmias sem se horrorizar, ver a luxúria sem mortificação e olhar para um roubo ou assassinato sem pavor. Porém, para muitos de nós, a aproximação de uma hora com tais abominações seria a mais severa punição. Uma frase em que o nome de Jesus é blasfemado é uma tortura para nós. A própria menção dos atos vergonhosos dos vícios nos apavora. O simples convívio com os ímpios já seria um inferno para os justos. A oração de Davi está cheia de agonia quando ele clama: *Não junte minha alma a pecadores, nem minha vida a homens sangrentos* (Sl 26.9). Mas Jesus... Ele era perfeito! Quanta dor a visão do pecado lhe deve ter causado!

"O HOMEM DE DORES"

Nossas mãos ficam calejadas com a labuta, e nosso coração, com o pecado; mas o nosso Senhor era como um homem cuja carne era uma chaga totalmente aberta! Ele era sensivelmente suscetível a cada toque do pecado. Nós passamos por cima de espinhos e urzes pecaminosos porque estamos vestidos com a indiferença. Mas imagine um homem totalmente despido ser obrigado a atravessar uma floresta de espinhos — e tal era o Salvador quanto à sua sensibilidade moral. Ele via o pecado onde nós não podemos vê-lo e sentia sua atrocidade, o que não podemos fazê-lo. Havia, portanto, infinitamente mais motivos para que padecesse e se angustiasse.

Lado a lado de sua dolorosa sensibilidade pelo mal do pecado, estava sua terna graça para com as dores das pessoas. Se pudéssemos conhecer e penetrar em todas as angústias e aflições desta congregação, provavelmente chegaríamos à conclusão de que todos nós somos os mais infelizes da terra! Há, aqui, imensas tristezas representadas, nesta casa, nesta manhã. Se fosse possível ser verbalizadas, encheriam nosso coração da mais profunda agonia. Aqui há pobreza; ali, doença; observamos luto; e detectamos angústias. Notamos o fato de que os homens estão indo para o túmulo e (ah, muito mais dor ainda) caminhando para o inferno. Mas, de uma forma ou de outra, essas coisas acabam se tornando tão comuns a nós que nos tornamos insensíveis — ou, pior ainda, gradualmente nos endurecemos em relação a elas. O Salvador sempre se mostrou sensível e solidário com as mágoas do outro, pois seu amor estava sempre aumentando, como a maré alta. As dores de todos os homens se tornaram suas. Seu coração era tão grande que foi inevitável que ele se tornasse "o homem de dores".

Lembramos que, além disso, nosso Salvador tinha um relacionamento inusitado com o pecado. Ele não estava apenas aflito e entristecido por perceber seus efeitos sobre os outros, mas o pecado foi realmente lançado sobre ele, levando-o a ser contado entre os transgressores. Ele foi chamado para suportar os terríveis golpes da justiça divina. Ele sofreu agonias desconhecidas e incomensuráveis. O poder divino o fortaleceu para sofrer, mas a mera humanidade teria falhado. A ira, cujo poder ninguém conhece, passou por ele. *Contudo foi da vontade do Senhor esmagá-lo e fazê-lo sofrer* (Is 53.10).

Contemple o homem e note como seria impossível suportar a mesma dor.

O título "homem de dores" também foi dado ao nosso Senhor para indicar a constância de suas aflições. Ele deixou as moradas do altíssimo e passou a conviver com a tristeza. Suas faixas e o sudário foram tecidos com tristezas. Nascido em um estábulo, a dor o recebeu. Apenas na cruz em seu último suspiro a tristeza se separou dele. Seus discípulos poderiam abandoná-lo, mas suas tristezas não. Ele estava muitas vezes sozinho de seus amigos, mas nunca isolado da dor. Desde a hora do seu batismo no rio Jordão até a hora de seu batismo pelas dores da morte, ele sempre usou o manto da aflição, o que o tornou o "homem de dores".

Ele também era "homem de dores" em razão da variedade de suas angústias. Ele era um homem não só de dor, mas de *dores*. Todos os sofrimentos existentes, tanto do corpo quanto da alma, eram conhecidos por ele — as tristezas do homem que se esforça diligentemente por obedecer; a dor do homem que permanece calado e passivo; as aflições reais que ele conheceu por ser o rei de Israel. As angústias dos pobres eram por ele conhecidas, porque *não tinha onde reclinar sua cabeça* (Mt 8.20). Dores específicas e tristezas pessoais, fossem mentais ou espirituais; sofrimentos de todos os tipos e graus o assaltaram. A aflição esvaziou a aljava sobre ele, fazendo de seu coração o alvo de todas as desgraças concebíveis.

Reflitamos agora, um minuto ou dois, sobre alguns desses sofrimentos.

Nosso Senhor era um homem de dores pela sua pobreza. Oh, você que passa por necessidades, elas não são tão profundas quanto foram as dele. Ele não tinha onde reclinar a cabeça, mas você tem, pelo menos algum teto humilde como abrigo. Ninguém lhe nega um copo de água, mas ele assentou-se junto ao poço de Samaria e pediu: *Dê-me um pouco de água* (cf. Jo 4.7). Lemos, mais de uma vez, que ele teve fome. Sua labuta era tão pesada que ele estava constantemente cansado. Lemos sobre uma ocasião em que, *deixando a multidão, eles o levaram no barco, assim como estava,* e ele deitou-se próximo ao leme para que ali pudesse dormir. Mas ele não teve muito tempo para dormir, pois eles logo o acordaram, dizendo: *Mestre, não te importas que morramos?* (Mc 4.36-38). Sua vida era muito difícil, sem os confortos terrenos que a tornam suportável.

Lembremo-nos dos que lamentam a morte de seus amados, por choro saudoso ou luto recente. Nosso Salvador conhecia a pungência da morte. Jesus chorou diante do túmulo de Lázaro (Jo 11.35).

Talvez suas mais amargas tristezas tenham sido aquelas relacionadas ao seu ministério gracioso. Ele veio como o Messias enviado por Deus, como embaixador do amor de Deus, mas os homens rejeitaram suas reivindicações. Quando esteve na própria cidade em que fora criado, quando deu-se a conhecer, eles quase o precipitaram do alto de uma colina (Lc 4.28,29). É muito difícil transmitir uma mensagem de amor desinteressado e, em seguida, receber tal ingratidão. Partindo de uma fria rejeição, eles passaram a zombar dele e a ridicularizá-lo. Derramaram sobre ele todo tipo de expressão jocosa e depreciativa que conheciam. Não, aquilo não foi meramente desprezo, mas eles se utilizaram de falsidade, difamação e blasfêmia. Acusaram-no de estar embriagado (Lc 7.34). *Veio o Filho do homem, comendo e bebendo, e vocês dizem: Aí está um comilão e beberrão, amigo de publicanos e pecadores.* Sim, um daqueles bebedores de vinho chamou assim ao abençoado Príncipe da Vida! E, como se não bastasse, disseram que ele estava ligado a Belzebu, endemoninhado e louco (Jo 10.20) — mesmo tendo ele vindo para destruir as obras do diabo (1Jo 3.8)! Fizeram acusações de todo tipo de crime que sua imaginação maliciosa e deturpada pôde sugerir.

Não havia do que acusá-lo em suas palavras. Mas eles pegariam qualquer coisa e a distorceriam. Não seria uma doutrina em si, mas algo que pudessem deturpar. Ele podia não abrir a boca naquele momento específico, mas eles encontrariam palavras ditas em alguma outra ocasião e a usariam contra ele. O mais interessante é que, o tempo todo, seus atos e palavras eram feitos visando ao próprio bem deles! Quando era sincero e falava contra seus vícios, era por compaixão de sua alma. Quando acusava seus pecados, era para avisá-los de que, se continuassem pecando, seriam destruídos. Seu zelo contra o pecado sempre foi temperado com o amor pelas almas humanas. Houve alguém tão cheio de boa vontade para com os outros que tivesse recebido tão ignóbil tratamento vindo daqueles a quem desejava servir?

Enquanto ele prosseguia em sua vida, suas dores se multiplicavam. Ele pregava, mas quando o coração dos homens permanecia empedernido, não acreditando no que dizia, ele ficava *profundamente entristecido por causa dos seus corações endurecidos* (Mc 3.5). Ele só fazia o bem (At 10.38), mas por suas boas obras eles pegaram pedras para apedrejá-lo.

E, lamentavelmente, eles apedrejaram seu coração quando não puderam ferir seu corpo.

Ele mostrou-lhes sua inocência e declarou-lhes melancolicamente seu amor, mas o que recebeu deles foi um ódio impiedoso e diabólico. Amor rejeitado implica tristezas de pungência peculiar. Muitos morreram com coração partido por causa da ingratidão. Tal amor, como o amor de Jesus, não poderia ter sido desprezado por aqueles a quem amava. Ele sofria intrinsecamente porque os homens não conheciam sua misericórdia e rejeitavam sua salvação.

Seu medo não era de que os homens o machucassem, mas de que eles se destruíssem. Isso elevou as comportas de sua alma e fez com que lágrimas vertessem de seus olhos: *Jerusalém, Jerusalém, você, que mata os profetas e apedreja os que lhe são enviados! Quantas vezes eu quis reunir os seus filhos, como a galinha reúne os seus pintinhos debaixo das suas asas, mas vocês não quiseram* (Mt 23.37). O lamento não era pela própria humilhação, mas pela rejeição suicida de sua graça. Entre muitas outras, estas estavam entre as inúmeras tristezas que ele suportou.

Certamente ele encontrou algum consolo com os poucos companheiros que reuniu ao redor de si. Certamente. No entanto, no geral, ele seguramente recebeu tanto sofrimento quanto alívio com a companhia deles. Outro ponto: eles não eram bons alunos. Demoravam a aprender. Sim, seu aprendizado era lento. O que aprendiam, esqueciam! O que lembravam, não praticavam. E o que praticavam em determinada ocasião, contradiziam em outra. Eles não foram eficazes em confortar o Homem de dores. Sua vida era solitária. Isso significava que, mesmo quando estava com seus seguidores, ele continuava sozinho. Disse-lhes certa ocasião: *Vocês não puderam vigiar comigo nem por uma hora?* (Mt 26.40). Na verdade, a negativa a essa resposta poderia ter sido a mesma em todas as horas da vida, pois, mesmo que eles simpatizassem integralmente com o Mestre, não poderiam penetrar em aflições como as dele.

Um pai que tenha filhos pequenos não pode contar a eles suas mágoas sem filtrá-las. Se o fizer, eles não o compreenderão. O que eles sabem sobre transações comerciais aflitivas, ou sobre perdas esmagadoras na Bolsa de Valores? Pobres criaturinhas, o papai não espera que eles sejam capazes de solidarizar-se com ele; ele olha para baixo e se alegra com o fato de que

"O HOMEM DE DORES"

seus brinquedos os confortarão, e que suas conversas e brincadeiras infantis não serão desmanteladas por suas grandes dores.

O Salvador, na própria dignidade de sua natureza, devia sofrer sozinho. A visão de Cristo na cruz no alto do monte é um símbolo sugestivo de sua vida terrena. Sua grande alma vivia em sublimes e terríveis solitudes. E lá, em meio a seus mistérios, seu espírito comungava com o Pai, pois ninguém havia que fosse capaz de acompanhá-lo pelos vales escuros e pelas ravinas sombrias de sua experiência única. Em toda a batalha de sua vida, ele poderia ter dito: *Ninguém esteve comigo* (Is 63.3). E, mais ao final, isso tornou-se literalmente verdade, pois todos o abandonaram (Mc 14.50) — um o negou, e o outro o traiu, de modo que ele pisou sozinho no lagar.

Na mais culminante angústia de sua vida, a ele sobrevieram as infligências penais de Deus, e o castigo de nossa paz estava sobre ele. Ele foi preso no jardim de Getsêmani por "enviados de Deus" antes que os oficiais dos judeus se aproximassem dele. Vergado, ele lutou angustiosamente em sua alma até que suor de sangue brotasse por todos os seus poros. Sua alma estava *extremamente triste até a morte* (Mt 26.38). Conhecemos a história do nosso Mestre e sabemos como ele foi levado de júri a júri, tratado com desdém e crueldade que se mesclavam antes de cada julgamento. Quando o levaram a Herodes e Pilatos, eles quase o assassinaram com açoites e depois, ao entregá-lo, disseram: *Ecce homo* — *Eis o homem* (Jo 19.5). A maldade que os possuía ainda não havia sido satisfeita; eles tinham de ir mais longe, tinham de pregá-lo na cruz, debochar dele e, enquanto a febre ressecava sua boca, fazer como se o seu corpo estivesse sendo moído até virar pó.

Ele grita: *Tenho sede* (Jo 19.28), e é escarnecido com vinagre. Conhecemos o restante da história, mas gostaria que nos lembrássemos de que suas mais severas flagelações e angústias eram interiores; pois a mão de Deus o feria e a barra de ferro da justiça o dividia sob intensa tortura.

Ele foi apropriadamente chamado de "homem de dores". Sinto como se não conseguisse me comunicar, como se a minha língua estivesse travada, ao procurar falar sobre esse assunto. Não consigo encontrar palavras adequadas e dignas do tema. Porém, de uma coisa sei, que minhas figuras de linguagem aviltariam em vez de adornar as agonias do meu Senhor.

Que a cruz permaneça sublime em sua simplicidade! Qualquer tipo de semântica tornar-se-ia absolutamente dispensável! Mas, se eu tivesse guirlandas das mais lindas flores para nela pendurar, de bom grado o faria. Se, em vez das guirlandas, cada flor pudesse ser uma joia de inestimável valor, eu certamente consideraria que a cruz mereceria também. Porém, como não tenho algo semelhante, me alegro que apenas a cruz, em sua simplicidade nua, NADA precise de nossa esfera mortal.

Volte-se para o seu ensanguentado Salvador, ó ouvinte. Continue olhando para ele e encontre no "Homem de dores" seu Senhor e seu Deus.

E agora o último tema é: Ele era alguém...

FAMILIARIZADO COM O SOFRIMENTO

Ele teve um conhecimento íntimo da dor. Ele não somente conhecia a dor dos outros, mas acabou tornando-a sua. Nós lemos sobre a tristeza. Nós nos compadecemos da dor. Nós temos pesares. Porém, o sentimento de dor experimentado no íntimo do ser do nosso Senhor foi o mais profundo já existente em qualquer outro homem. Ele, muito mais do que todos nós, estava familiarizado com esse lúgubre sentimento. Ele conhecia o mistério do coração de quem se recusa a ser consolado. Ele sentou-se à mesa da dor, comeu do pão de dores e o mergulhou no vinagre. Fez das Águas de Mara sua habitação (cf. Êx 15.23) e conheceu profundamente aquele amargor. Ele e a tristeza eram íntimos.

Foi um convívio constante. Ele não passava à casa do pesar esporadicamente para "tomar um tônico" ao longo do caminho, como também não bebia absinto e fel eventualmente. A taça de quássia[2] estava sempre em sua mão, e as cinzas sempre se misturavam com o seu pão. Jesus não jejuou apenas durante aqueles quarenta dias no deserto, pois o mundo sempre foi um deserto para ele, e sua vida, uma longa quaresma.

Não estou afirmando que ele não fosse um homem feliz, pois no fundo de sua alma a benevolência sempre lhe dava uma fonte viva de alegria. Há uma alegria na qual um dia poderemos entrar — *a alegria do Senhor*

---

[2]Quássia é um remédio amargo feito de casca de árvore, usado como tônico, ou como inseticida.

(Ne 8.10) —, pois *ele, pela alegria que lhe fora proposta, suportou a cruz, desprezando a vergonha, e assentou-se à direita do trono de Deus* (Hb 12.2). Porém, essa outra vertente, de forma alguma afasta a verdade de que sua familiaridade com a dor era contínua e íntima, muito acima daquela já experimentada por qualquer homem.

Era de fato uma *crescente* ligação com a dor, pois cada passo o afundava mais nos sombrios tons da tristeza. Como há um percurso crescente no ensino de Cristo e na vida de Cristo, o mesmo acontece com as aflições de Cristo. A tempestade vai piorando, tornando-se mais escura e mais assustadora. O seu sol nasceu em uma nuvem, mas se pôs em uma densa escuridão, à qual foi se aglomerando, se amontoando, se compactando e se tornando cada vez mais densa, até o breu. E, de repente, num momento, as nuvens subitamente explodem, esparsam-se, derretem-se e ouve-se uma alta voz que proclama: "Está consumado"; uma manhã gloriosa surgiu, quando todos esperavam uma noite eterna.

Devemos novamente nos lembrar de que esse envolvimento do Filho de Deus com a dor foi voluntário e por nossa causa. Ele nunca precisaria ter conhecido qualquer tipo de dor e, quando quisesse, poderia simplesmente ter dito: "Tristeza, vai-te!" Ele poderia ter voltado imediatamente para a realeza do céu e para a felicidade do mundo superior, ou mesmo permanecido aqui e ter vivido sublimemente indiferente às desgraças da humanidade. Mas não! Ele não agiu dessa forma. Ele continuou até o fim, por amor a nós. E conheceu a dor.

Agora, então, como devemos concluir? Com isto: admiremos o superlativo amor de Jesus. Ó amor, amor, o que fizeste! Ó amor, amor, o que não evitaste! Tu és onipotente no sofrer. Poucos de nós podemos suportar a dor. Talvez ainda menos de nós possamos suportar falsas acusações, calúnias e ingratidão. São como ferroadas terríveis que picam como que se estivessem cuspindo fogo. Muitos homens foram conduzidos à loucura por escândalos cruéis de línguas que destilaram veneno.

Cristo, ao longo da vida, suportou entre muitos outros, sofrimentos como esses. Vamos amá-lo agora, enquanto refletimos em quanto ele deve ter nos amado? Você vai procurar, esta tarde ainda, antes de se achegar logo mais à noite à mesa da comunhão, permitir que sua alma fique saturada com o amor de Cristo? Embeba-a em seu amor a tarde toda, até que, como uma esponja, você absorva em si mesmo o amor de Jesus. E então venha ao culto esta noite, permitindo que esse amor flua para ele novamente enquanto você participa do memorial de sua morte e de seu amor. Admire o poder de seu amor e ore para que você possa desenvolver amor semelhante.

índice geral

Abraão, 24, 25, 50, 53, 66, 67, 83, 86, 97, 112, 113, 133, 135, 136, 145, 147, 152, 155
"abuso infantil divino", 141, 142
Acaz, 44, 168, 173, 174, 175, 176, 178, 186, 189; aliança com a Assíria, 174; sincretismo religioso, 169-170; ódio de Deus, 168-169; recusa-se a pedir um sinal de Deus, 168-169; sacrifício infantil 189
aflito, 19, 21, 85, 88, 92, 95, 96, 97, 99, 159, 202, 211
Agostinho, 27
alta crítica, 10
Amom, 189, 191, 193, 194
Apocalipse, livro de, 33, 70, 144
Aquino, Tomás de, 137
Arqueiro, 192
Arrependimento, 103
Assírios; destruição da Assíria por uma coalizão de exércitos inimigos (612 a.C.), 177-178; destruição de Israel pelos (722 a.C.), 170; insultos do povo sem fé em Judá por Rabsaqué, 178
Atônito, 54. *Veja também shamem* (hebraico: desolado ou assolado; entorpecido, petrificado ou paralisado; chocado)

Babilônia, 11, 12, 37, 39, 57, 66, 139, 180, 184, 185, 188, 190, 194, 195, 196, 197
Batismo, visão errônea sobre o novo nascimento (Jo 3), 150
Belém, 25, 66, 67; e os magos, 67
Bíblia de Genebra, 137
Bíblia, 9, 10, 11, 13. 19, 33, 34, 35, 52, 56, 70, 73, 90, 137, 141, 153, 166, 167, 208
Boston, Thomas, 138

Cades, 170
Caifás, 124
Calvino, João, 27, 129, 137
Campolo, Tony, 142
Cântico do Servo, 39, 114
Chalke, Steve, 142
Chandler, Edward, 59
Cirilo de Alexandria, 136
Ciro, decreto de, 186
Confissão de fé, 36, 109, 159
Confissão de pecado, 92
Crisóstomo, João, 136
Crucificação, 8, 12, 24, 26, 32, 33, 35, 36, 52, 53, 55, 56, 57, 58, 76, 78, 84, 88, 96, 98, 109, 110, 121, 134; adoção como meio de execução pública, 57; menção mais antiga no registro histórico (empalamento dos babilônios por Dario I em 519 a.C.), 57; como uma forma de execução geralmente reservada para escravos, 118; prática grega da, 57; de Jesus, 12, 32, 35, 121; prática romana da, 57

Dario I, 57
Delitzsch, Franz, 27, 28
Deus: amor de 91, 92, 117, 213, 140; ira de, 75, 83, 90, 91, 99
Dia da Expiação, 22, 24, 94; liturgia do século 9 (d.C.) para, 22
Desprezado, 19, 21, 29, 39, 62, 63, 64, 71, 80, 83, 84, 85, 86, 123, 124, 203, 214

Edwards, Jonathan, 138, 150
Edwards, William D., 58
Elias, 50, 68, 136, 170
Eliseu, 170
Enoque, Livro de, 68

Erickson, Millard, 139
Esmagado, 38, 58, 67, 74, 77, 93, 98, 99, 100, 109, 142, 160, 161
Evangelho, o, 8, 9, 20, 25, 27, 29, 30, 33, 34, 38, 60, 61, 73, 74, 75, 77, 79, 86, 97, 104, 105, 108, 109, 117, 124, 132, 140, 149, 150, 151, 152, 156, 158
Expiação penal substitutiva, 38, 39, 151. *Veja também* Deus, amor de; Deus, ira de
Expressões depreciativas para Jesus em iídiche, 122, 123
Ezequias, 168, 172, 175, 176, 177, 178, 179, 180, 181, 184, 187, 188, 191

Fariseus, 45, 71, 76, 84, 110, 118
Farrar, Frederic William, 57, 58
Ferido de Deus, 19, 21, 88, 92, 95, 96, 97, 99, 159
Flagelação, com um açoite romano, 55, 56, 87, 99
Flavel, John, 138

Gabel, Wesley J., 58
Gálatas, livro de, 150
Gamaliel, 76
Gill, John, 138
Grudem, Wayne, 140

Hendriksen, William, 139
Henry, Matthew, 183
Hinom, 125, 126, 173, 188, 189; e o aramaico *Gehenna*, 173
Hodge, Charles, 139
"Homem de dores" (sermão de Spurgeon), 201-208
Hosmer, Floyd E., 58

Incredulidade, 36, 64, 65, 75, 76, 77, 78, 79, 80, 95, 136, 138. *Veja também* apostasia
Inferno, 37, 38, 126, 129, 141, 142, 173, 206, 210, 211
Isaías, 165; relato da vida de Ezequias por, 175-180; citação de seu nome no Novo Testamento, 13; citação de seu nome nos Livros Históricos do Antigo Testamento, 18; detalhes biográficos sobre, 165; chamada de para o ofício profético, 167; comparação com Paulo, 167; morte de, 167; significado de Isaías ("Javé salva" ou "Javé é salvação"), 166; carreira profética de, 166,167; como "o filho de Amoz", 166
Isaías 165-197; falta de atenção cristã para, 41; temas doutrinários em, 28; como o evangelho em forma profética, 35; detalhes históricos dos eventos em torno da morte do Messias em, 26; localização de no livro de Isaías; como "monte Everest do Antigo Testamento", 28; omissão de leituras públicas programadas nas sinagogas, 110; sete perguntas importantes que resumem Isaías 159-160; texto de, 22-25; tema de, 44, 156; por que este capítulo foi tão mal entendido, 43
Isaías, livro de: antecipação e prefiguração do Novo Testamento em, 18; autoria de, 13-14; capítulos 44 (libertação de Judá do cativeiro babilônico), 164; os capítulos 40–66 como um tríptico extenso, prometendo diferentes tipos de salvação para o povo de Deus, 43; capítulos 49–57 (redenção do pecado), 169; capítulos 58–66 (o reino da justiça na terra), 169; capítulos de material histórico em, 168; divisão de duas seções (capítulos 1–39 e capítulos 40–66), 16, 164; como o "quinto Evangelho", 13, 27; cenário histórico de, 168; como um compêndio em miniatura da Bíblia, 18; e a frase "assim diz o Senhor", 168; profecias sobre o Messias em, 23; citação no Novo Testamento, 69, 149, 152, 153, 154; citação de no Evangelho de João, 10; citação de no Evangelho de Mateus, 10; o Servo em, 156, 157, 159 (*veja também* Cânticos do Servo, 39; Servo sofredor, o 14, 21, 32, 35, 41, 46, 55, 64, 88, 89, 92, 94, 101, 105, 134, 140, 152); tema da libertação do pecado em, 43; a posição privilegiada da qual Isaías escreve, 38-40, 52. *Veja também* Isaías 53
Israel (o Reino do Norte), 170, 171, 173, 180; destruição pelos assírios (722 a.C.), 170, 171, 173, 176, 177, 178; Samaria como a capital de, 170
Israel/israelitas, desprezo por Jesus, 83-89; sua vida teve um começo desprezível, 83-84; sua vida teve um fim desprezível, 86-89; todo o seu caráter era desprezível, 84-86

ÍNDICE GERAL

Israel/israelitas, confissão de seu comportamento pecaminoso, 95, 101-113; confissão de sua natureza pecaminosa, 95, 103-108

Israel/israelitas: cegueira e dureza de coração em relação a Jesus, 77-83; arrependimento e conversão nacional futura de, 38-40, 77, 134-139; vantagens espirituais de, 77, 78-79, 125. *Veja também* Israel/ israelitas, desprezo por Jesus; Israel/israelitas, futura confissão coletiva de

Israel, reino dividido de. *Veja* Israel (o Reino do Norte)

Jeoacaz (também Salum), 192
Jeoaquim, 192-196
Jeremias, 126, 185, 186, 193, 194, 196
Jeroboão, 170
Jerônimo, 9, 136, 167
Jesus, como o Messias, 75-76; profecias messiânicas do Antigo Testamento cumpridas por Jesus, 8, 18, 20, 25, 28, 65, 95; e a provisão de salvação, 75-76; rejeição de, 25, 43, 62, 64, 75, 77, 79, 97, 111, 114, 138; descrença como a resposta dominante a, 95; incredulidade como a resposta dos israelitas para com, 78-89 passim; diferentemente do que o povo judeu esperava, 95

Jesus, como Servo sofredor, 134,140, 152; exaltação surpreendente de, 18; humilhação surpreendente de, 20, 99; revelação surpreendente de, 25; a perspectiva de Deus sobre seu trabalho como servo, 149-151; como honrado, 144; silêncio de, 109; silêncio diante de seus acusadores, 60, 107, 114, 115, 116, 117; silêncio de sua morte, 125; silêncio da sepultura, 125; sofrimento e exaltação de, 129-131

Jesus, símbolos do Antigo Testamento, 132; o ramo da família de Davi, 35; a serpente de bronze, 24, 133; o Dia da Expiação, 22, 24, 94; a saída de Jonas do peixe, 22; ofertas principais no livro de Levítico, 22; o maná no deserto, 22; a arca de Noé, 22; o cordeiro da Páscoa, 24, 72; o cordeiro que Abraão ofereceu como substituto de seu filho Isaque, 24, 83, 109, 112, 113, 133; a pedra angular rejeitada, 24; a rocha da qual brotou água no deserto, 24; o pastor do rebanho, 24; a pedra cortada sem mãos humanas, 24.

Jesus: dirige-se a Deus como "Meu Deus, meu Deus", 142; ascensão de, 26, 32, 51, 132; batismo de, 80; nascimento e infância de, 80, 87; sepultamento de, 21, 32, 126, 127, 140; coroação de, 20, 32, 51; crucificação de, 12, 32, 35, 121; como "Davi", 28-29; visões falsas e blasfemas de, 54-55; encarnação de, 40; como intercessor-mediador, 157; como o cordeiro de Deus, 24, 32, 38, 73, 83, 89, 108, 113, 114, 117, 206; ministério para os excluídos da sociedade judaica, 71; milagres de, 74, 77, 78, 81, 82, 84, 95; previsões diretas do Antigo Testamento sobre sua primeira vinda, 12, 32, 35, 121; ressurreição de, 8, 14, 20, 23, 24, 26, 27, 29, 32, 49, 51, 56, 70, 109, 110, 111, 130, 133, 155; como "o justo", 159; no caminho de Emaús, 8, 14, 23, 24, 72, 132; segunda vinda de, 24, 35, 61, 136, 139, 202; autocompreensão de sua morte iminente, como previsto nos profetas do Antigo Testamento, 53; como servo, 53, 99; como sem pecado, 85; como Filho do homem, 25; tristeza de, 83, 85, 90; ensino de, 51, 54, 82; tortura de antes de sua crucificação, 55; transfiguração de, 80; julgamento de, 122; entrada triunfal de, 26, 72, 95; doze apóstolos de, 71. *Veja também* Israel/israelitas, desprezo por Jesus; Jesus como o Messias; Jesus, símbolos do Antigo Testamento; Jesus, como o Servo sofredor

Jó, 116
João Batista, 13, 25, 78, 114
João, evangelho de: ênfase na deidade de Jesus, 10, 78, 124
Joaquim (também Jeconias e Conias), 195, 196
José de Arimateia, 126
Josefo, 81,194
Josias, 191-194; e a descoberta do livro da lei, 192; reforma de, 192; reparação do templo por, 192
Jotão, 168, 172, 173, 186
Judá (o Reino do Sul), 170-176; 180-197

Judeus messiânicos, 123; e judeus ortodoxos, "sentar *shivá*", 123
Judaísmo 44, 68, 72, 76, 122, 123
Julgamento, 118
Julgamentos, no Israel do século 1, 115, 118, 183
Justiça, 8, 13, 14, 18, 22, 27, 28, 44, 45, 72, 73, 78, 93, 94, 105, 106, 113, 117, 119, 120, 141, 143, 144, 145, 149, 151, 153, 154, 155, 158, 160, 169, 205, 211, 215
Justificação, 9, 21, 31, 32, 41, 86, 109, 149, 150, 151, 155, 168
Justino Mártir, 136

Keller, W. Phillip, 102

Ladd, George Eldon, 139
Legalismo, 44, 45, 72
Levítico, livro de, 24, 54, 94, 112
Liberalismo, teológico, 10
Lowth, Robert, 59
Lucas, evangelho de, ênfase na humanidade de Jesus, 50
Lutero, Martinho, 27

Manassés, 44, 167, 171, 181, 187, 188, 189, 190, 191, 193, 194
Manton, Thomas, 138
Marcos, evangelho de, Jesus como servo em, 50, 53
Mártires, 141
Mateus, evangelho de: Jesus como Rei em 10, 50
Mather, Cotton, 138
Mather, Increase, 138
Medos, 11, 12, 184
Messias, o: antigos comentaristas judeus, 21; equivocadas expectativas judaicas de (como uma figura política poderosa), 43; no Antigo Testamento, 26, 27, 49, 50, 54, 81, 83, 89, 112, 176; no Talmude, 25; *Yinnon* como um nome rabínico para, 22. *Veja também* Jesus, como o Messias para os "judeus messiânicos", 123; e "judeus ortodoxos", "sentar *shivá*", 123
Método histórico-crítico. *Veja* alta crítica, 10
Mishná, 167
Moisés, 8, 23, 24, 25, 50, 89, 107, 110, 131, 133, 170, 176, 186, 192, 195

Moloque, 125, 173, 189
Moody, Dwight L., 7, 11, 122, 123
Mosheh El-Sheikh (também Moses Alshech), 22
Motyer, J. Alec, 112, 113, 133, 153
Murray, John, 139

Nabucodonosor, 65, 66, 184, 185, 186, 194, 195, 196, 197
Nazaré, 80, 81, 82, 131, 202
Neobabilônico, Império (caldeu). *Veja* babilônios
Nicodemos, 126

Obras: boas obras como fruto da fé, 151, 213; como "trapos de imundícia", 78; religião baseada em obras, 45
Oprimido, opressão, 19, 20, 21, 32, 49, 88, 92, 95, 96, 97, 99, 115, 159, 206
Orígenes, 136
Ovelha: importância no tempo de Isaías, 20, 24, 28, 32, 44, 46, 49, 88, 101, 102, 103, 104, 107, 108, 114, 116. *Veja também* Jesus, como o cordeiro de Deus
Owen, John, 138

Paulo, 45, 61, 64, 65, 74, 76, 77, 105, 107, 109, 115, 116, 134, 135, 136, 137, 148, 149, 150, 154, 155; comparação de com Isaías, 167; preocupação de seus companheiros judeus, 64; conversão de, 64; como Saulo de Tarso, 64
Pecado, 13, 14, 20, 21, 22, 24, 28, 29, 30, 32, 35, 37, 38, 39, 40, 41, 42, 43, 44, 55, 66, 69, 70, 73, 75, 76, 78, 83, 84, 88, 89, 90, 91, 92, 93, 94, 97, 99, 100, 101, 102, 103, 104, 105, 106, 107, 109, 112, 113, 114, 117, 118, 124, 125, 127, 134, 136, 138, 140, 141, 142, 143, 147, 148, 149, 151, 152, 154, 155, 156, 157, 159, 160, 169, 171, 174, 176, 177, 179, 183, 203, 204, 210, 211, 213
Pentecostes, 111
Perfurado, 98, 99
Pergaminhos do mar Morto, 11; o Grande Pergaminho de Isaías, 11; outros rolos de Isaías, 11
Perkins, William, 138
Policarpo, 27
Portão de Ishtar, 185
Pré-milenarismo, 69

ÍNDICE GERAL

Propiciação, 91, 92, 93, 94, 108, 113, 142, 143, 149, 151
Protoevangelho, o, 25
Puritanos, 138, 150

Reformadores protestantes, 149
Regeneração, 151
Resgate, 83, 84, 91, 96
Ressurreição, 8, 14, 20, 21, 23, 24, 26, 27, 29, 32, 49, 51, 56, 70, 100, 109, 110, 111, 130, 133, 137, 155
Restituição, 143
Retrocesso, 170
Roboão, 170
Romanos: destruição do templo em (70 d.C.), 111
Ryle, J. C., 139

Saddam Hussein, 12
Salmos, messiânicos, 133
Salvação, 129, 132, 135, 136, 137, 143, 144, 145, 149, 155, 159, 166, 167, 168, 169, 177, 179, 197, 214
Satisfação, 143, 144
Schleiermacher, Friedrich, 10
Schürer, Emil, sobre a escatologia hebraica do século 1, 68, 69
Scroggie, W. Graham, 165
Senaqueribe, 168, 177, 178, 179, 180, 189
Serpente de bronze, 24, 133, 176; como "Neustã", 176; como um símbolo da crucificação de Jesus, 24
Servo, 134, 140, 152; no livro de Isaías, 50; e o escravo inglês, 50; Jesus como, 50; no Antigo Testamento, 50
Shalom (hebraico: paz), 99
Shamem (hebraico: deixado desolado ou assolado; adormecido, petrificado ou paralisado; chocado), 54
Simeon, Charles, 31, 107
Sinédrio, 76, 99, 110, 111, 115, 116, 122, 123
Sistema sacrificial, Antigo Testamento, 28, 38; e derramamento de sangue, 39, 112, 133; e o livro de Levítico, 94, 112; holocaustos, 24, 42; oferta de cereais, 143; oferta pela culpa (ou transgressão), 29, 99, 109, 140, 143; a conexão de Jesus com o "cordeiro pascal", 133, 117, 111, 83; oferta pacífica, 143; e a repetição de sacrifícios, 32, 76, 114; oferta pelo pecado, 14, 20, 32, 94, 105, 142, 143; e o

espírito de fé salvadora compartilhado por todos os santos do Antigo Testamento, 113; sacrifício substitutivo, 21, 38
Spinoza, Baruch, 10
Sproul, R. C, 139
Spurgeon, Charles, 7, 17, 63, 87, 139, 147, 150, 187, 201; na apostasia, 187; o sermão "Homem de dores", 201-217
Servo sofredor, o 14, 21, 32, 35, 41, 46, 55, 64, 88, 89, 92, 94, 101, 105, 134, 140, 152; uma exaltação surpreendente do, 18; uma humilhação surpreendente do, 20; revelação surpreendente do, 25; como divino e humano, 133, 134; começo desprezível de ("uma planta jovem"), 81; caráter desprezível de ("raiz de terra seca"), 81; final desprezível de ("desprezado" e "rejeitado"), 203, 133, 129, 123; a perspectiva de Deus sobre a obra do Servo, 133, 134; como honrado, 144; identidade do, 65; silêncio diante de seus acusadores, 60, 107, 114, 115, 116, 117; silêncio da sepultura, 125; silêncio de sua morte, 119-126; como indivíduo específico, 21, 22; sofrimento e exaltação de, 129, 131; por que Israel não pode ser o Servo, 124
Sinagogas, leituras das Escrituras nas, 34; o *haftará*, 34; omissão de Isaías 52.13—53.12 de, 34; a Torá, 34

Talmude, 21; narrativa da execução de Jesus da perspectiva dos líderes judeus em, 121-123; denúncias de Jesus em, a, destruição de pelos romanos (70 d.C.), 111
Tertuliano, 136
thaumazõ (grego: maravilhar-se, adorar), 59
tristezas, 83, 85, 90

Urias, 167
Uzias (também Azarias), 167, 168, 171, 172; lepra de, 172

"Verdadeiramente", 89
Vos, Geerhardus, 139

Whitefield, George, 150

Zacarias, 18, 26, 49, 50, 118, 133, 167
Zedequias, 65, 66, 196, 197; rebelião de contra Nabucodonosor, 65, 66, 197

Sua opinião é importante para nós. Por gentileza envie seus comentários pelo e-mail editorial@hagnos.com.br

Visite nosso site: www.hagnos.com.br

Esta obra foi impressa na Imprensa da Fé.
São Paulo, Brasil.
Verão de 2021.